近世の摂家と朝幕関係

長坂良宏著

吉川弘文館

目次

序章　近世朝幕関係・天皇・朝廷研究の成果と課題

摂家とは摂関家ともいい、平安時代に栄華を極めた藤原氏を祖とし、近衛家・九条家・二条家・一条家・鷹司家の五家を指す。公家社会のなかで摂政・関白に唯一任じられる家であり、公家の最上位の家格であった。そして近世の朝廷においては、公家社会の最上位の家格という面だけでなく、江戸幕府により朝廷統制の要とされ、公家社会を統括する立場であり、大きな権勢を誇っていたのである。

本書では、近世朝廷・公家社会の中心に位置した近世摂家の特質を明らかにしていく。またそうした摂家の権威・権勢に揺らぎが生じ始めるのが近世中後期であり、当該期の院や天皇と摂家・摂関の関係性を解明していくことで、近世の、特に中後期の朝幕関係について考察を試みるものである。

一　近世朝幕関係・天皇・朝廷研究の成果

戦後の歴史学研究においては、戦前の皇国史観の影響や、天皇・朝廷研究に対する忌避などから、近世の天皇・朝廷研究が積極的に行われることはなかった。しかしそのようななか、一九四六年五月に、林基氏が「近世に於ける天皇の政治的位置」(1)を発表し、戦後はじめて近世の天皇・朝廷について取り上げた。しかし林氏は近世の天皇・朝廷を「全く無為な存在」と評価し(2)、以後、一九六〇年代まで近世の天皇・朝廷は無力な存在であるという評価が定着した。(3)

しかし一九七〇年代に入ると、青木美智男氏による国家史・国家論の提起(4)や、「家永教科書裁判」における、政治上の実権を失った江戸時代の天皇がなお「君主としての地位にあった」と主張する検定側の見解が示される。(5)これを受け、天皇・朝廷の機能や幕藩制国家における位置づけをめぐる議論が活発となった。

朝尾直弘氏は「幕藩制と天皇」(6)を発表し、そのなかで「幕藩制権力構造の研究とかかわらせ、それぞれの段階における天皇の位置と役割を事実のうえで確認しなければならない」と各時期における天皇の役割を明らかにする必要性を述べ、「固有の統治文化、および習俗を体現する象徴的権威として、幕藩体制のもとに位置づけ」ると説く。一方、一九七五年に宮地正人氏は、「近世の幕藩制国家がその中に朝廷の存在を不可欠の構成要素として組み込」み、公儀権力が「朝幕が一体的に結合して成立した」と論点を提起し、近世期にも国家の重要なファクターとして天皇・朝廷が機能し続けていたことを強調した。(7)この宮地氏の提起により、公儀権力の構成要素の一つとして天皇・朝廷が位置づけられることとなった。また一九七六年には永原慶二氏・山口啓二氏の「対談・日本封建制と天皇」(8)において、幕藩制成立過程での国郡制枠組みの機能と天皇の位置づけの追究、それぞれの時期における人民支配・階級結集の手段としてどのように天皇が利用されたかなど重要な論点が提起されている。深谷克己氏も、天皇・朝廷を幕藩体制存続のために有効な役割を担う内部的要素として、または宗教的身分的権威を分業したと捉えるなど、(9)近世の天皇・朝廷を公儀の一環として把握する議論が多く提示された。一九七〇年代には、近世史の全体像にどのように天皇・朝廷を組み込むのか、そしてどう位置づけるのかという問題が追究された。(10)

近世の天皇・朝廷の位置づけや朝幕関係の時期的変容について研究をさらに深化させたのは高埜利彦氏である。(11)氏は一九八九年の「江戸幕府の朝廷支配」で、朝廷の自立化志向と幕府による朝廷統制の枠組みとの関係を考察した。天皇・朝廷が宗教者や芸能者らの身分的編成に役割を果たしていた事実を検証して、近世の国家権力の特質を明らかにする一方、江戸幕府の朝廷統制の基本的枠組みが寛永期に確立し、摂政・関白（摂家）―武家伝奏という朝廷統制機構が確立したと述べる。その後、四代家綱から五代綱吉にかけて、摂政・関白（摂家）―武家伝奏―議奏による支配機構の再確立、将軍権力補強のために朝廷権威を協調させる体制が構築される「第一の変容」があり、幕府の統制下での朝幕協調体制がつくられ、その後それが維持される。しかし文化・文政期以降、内憂外患の国家危機を原因として、朝廷権威が協調の枠から逸脱する「第二の変容」によって、自立の途を歩み始めたとし、幕末に至る変容の道筋を示した。この論考の発表には、当時の昭和天皇の病と死去・代替わりに関わる、様々な国家的政策や社会の動向および関心の高まりといった時代背景が大きく関係していよう。

一方藤田覚氏は、高埜氏の「第二の変容」について、近世後期政治史に朝幕関係を取り入れ、寛政から文化期を「初発の体制的危機の時代」、文政から天保期を「本格的体制危機の時代」と捉え、寛政から天保まで多くの朝幕間交渉の事例を明らかにし、天皇・朝廷の幕末における政治的位置浮上への道筋を切り開いた。(12)

一九八〇年代以降では朝廷・公家社会の各構成要素や機構の研究・解明が大きく進展した。武家伝奏(13)や議奏、(14)院伝奏や院評定、(15)禁裏小番、(16)女院、(17)女官、(18)門跡、(19)地下官人(20)などがあげられる。また財政面から朝幕関係を捉える研究も進展している。(21)朝廷運営の視点で、霊元天皇と近衛基熙の対立や改元をめぐる朝幕関係など、主に近世前期から中期にかけてを対象に検討を加えた久保貴子氏の研究(22)や、朝廷内部の法・制度・機構の点から家綱・綱吉政権期の対朝廷政策やその政権の実態、国家構築の過程を具体的に明らかにした田中暁龍氏の研究(23)は、議奏や朝廷内の法度についての研究の嚆矢である。

山口和夫氏は、統一政権成立後の近世朝廷の構造変化を問い、十七世紀における御所の群立、新家取立による堂上公家の倍増に着目し、天皇・院に仕える公家集団の構造分析を行い、朝廷の自律化傾向を明らかにした。また近世の天皇・院と五摂家は、天皇家内部や摂家間、および六者相互にも種々の案件や官職・有職をめぐる確執・緊張関係を内包したが、共通して江戸幕府と将軍への期待・依存を持続し、近世の歴代天皇・院が、江戸幕府に反感を持続して全面対決や権力闘争の主体となったとは考えられないと結論づけている。(24)

また戦前からの研究史についての詳細な整理として、久保貴子氏(25)、山口和夫氏(26)の成果があげられる。久保氏は同年代の研究の現状について、機構・制度・家職の三点で整理し、それぞれ課題を提示している。機構では、幕府の確立した朝廷統制機構が十分に機能しなくなる時期を明らかにすることなどをあげた。制度では、朝廷の儀式典礼の大半は未研究の分野であり、儀式の復古の具体的内容の実態や、朝廷の年中行事と幕府の年中行事との関係性の解明をあげた。家職では、本山・本所による個々の成員組織化、幕府と本山・本所の関係、個々の成員と地域の関係の三点を論点としてあげている。また膨大にある近世公家日記などの史料公開や情報共有、諸職補任や法令集の作成といった、研究環境の向上・充実が不可欠であると指摘する。山口氏は戦前の研究成果について、詳細に整理を行い、一九七〇年代、八〇年代と時代ごとの研究動向の整理・把握を行った。特に八〇年代以降の動向については、研究の方法論、天皇・天皇家、公家・官人・門跡、公家社会、朝廷の諸機能、法規範、朝廷機構、通史的展望の構築の八項目に分けて整理している。また「史料をめぐる状況」としてこれまで刊行されてきた史料の整理などを行い、所在情報の共有と史料の公開促進、利用環境の向上にも言及している。

両氏のあげた史料の公開や情報共有、法令集や諸職補任といった、いわば研究ツールの作成などの研究環境について、近年その進展はめざましいものがある。専門の研究大会の開催や論文集、史料集の作成(27)、史料の利用環境の向上の面では、近世朝廷関係史料を所蔵している各機関によるＷＥＢ公開も飛躍的に増えてきている。(28) また史料集の影印版刊行も進んでいる。(29)

両氏の研究整理以後も、毎年成果が蓄積されており、すべてを整理することは難しいが、宗教社会論、社会集団論や社会と天皇・朝廷権威、身分論、身分的周縁論、天皇・朝廷と文化・芸能、公家社会の「奥」研究など、多くの研究成果が出されている。(30)

一方、こうした朝廷と幕府の関係性の把握や、朝廷・公家社会の各構成要素や機構の研究に対して野村玄氏は、「朝幕関係」という研究の枠組みについて批判し、朝尾直弘氏が示した、権力者の「政権構想」の解明を重視する「政治史」という方法論から、歴代の徳川政権にとって、天皇とは何であるのかを問うていくべきであるとした。また、江戸幕府の天皇・朝廷政策として、皇位の管理と「叡慮」の制御という新たな分析軸を提示した。(31)

二〇〇〇年代の研究史について詳細な整理を加えたのは西村慎太郎氏である。(32)氏は、「現在、近世天皇を理解する上で重要と思われる研究」として、朝幕関係研究・王権論、(33)天皇・朝廷と災害、天皇・朝廷と民衆、天皇自身の意識の四点をあげている。

近年では、松澤克行氏がこれまでの研究成果をふまえて、「近世の公家社会」の論考において、「近世の公家社会とはどのような姿をしていたのか、またそこに生きた人びととはどういう存在形態であったのか」の素描と、近世中期以降の公家社会が変容していく過程について言及している。(34)「一　公家社会のかたち」では、近世的公家社会の形成、武家との交流、寛永文化の三項目に分けて整理する。近世公家社会の特徴として、摂家の権勢が、江戸幕府の保護・統制を受け、幕府権力を後ろ盾として、非常に強い社会であったと述べる。武家との交流では、大名などの上級武家が、天皇・公家と交流することで、統治者である武家の貴種化に大きな役割を果たし、公家にとっては、財政的援助が期待できた、と双方にとっての交流の意義を述べる。またその交流から、近世の公家と武家は対立した関係ではなく、融和的であったと指摘する。寛永文化の項目では、江戸幕府の経済的支援や保護が、寛永文化の開花を促した一方、その文化は、幕府との関係性に規定され、その掌の上で営まれたものだったと結論づける。「二　公家社会の人びと」では、天皇・堂上公家・その他の人びと（世襲親王家・門跡・地下官人・公家の家臣・公家社会の女性）の三項目に分けて整理する。「おわりに」では、十八世紀中期以降から幕末維新期までの摂家権威の動揺・沈下について、その過程を詳細に描く。

二　近世摂家研究と課題設定

こうした先行研究により、近世の天皇・朝廷は幕藩制国家のなかで必要不可欠なものであるとされ、政治的・宗教的役割を担ってきたことが明らかとなり、その役割の内実や近世朝廷の内部構造なども解明されていった。そのうえで、近世の天皇・朝廷は幕府と「不可分の関係」[35]であり、両者の関係性を問う、朝幕関係史研究をよりいっそう進展・深化させることが重要であると考える。特に近世を通じての朝廷と幕府の関係については、前述したように高埜利彦氏により大きな二つの変容が提示されたが[36]、内部構造や機構の研究が大きく進展した現在、改めて両者の関係がどのように変容していったのかを、氏の二つの変容の評価もふくめ、検証すべきであると考えている。

そこで本書では、幕府により朝廷統制の要とされ、かつ朝廷内で最高の家格である摂家（近衛・九条・一条・二条・鷹司）に着目し、近世における摂家の特質・特権と摂家によって執り行われる朝廷運営と、それをめぐる天皇・院・堂上公家との関係、それらを通じて中後期以降の朝廷内部の動向と朝幕関係の実態の解明、その変化および変容を動態的に明らかにすることを目的とする。この近世朝幕関係の中心にいる摂家を軸に研究を進めることで、より具体的に朝幕関係の実態を解明することができると考える。

近世の摂家について代表的な先行研究として、高埜利彦氏、田靡久美子氏、藤井譲治氏、松澤克行氏、山口和夫氏の研究があげられよう。

高埜利彦氏は「「禁中並公家諸法度」についての一考察―公家の家格をめぐって―」の論考[37]で、「禁中幷公家諸法度」全一七条の字句解釈を行うこと、そしてこの法度の各条の内容が江戸時代を通して実際にどのように機能していたのか、その実態を明らかにすることの二つを課題に掲げ、一節で「法度」第二、三、四、五、一〇条の注釈の紹介をし、二節で第三、四、五条の摂関および三公任官の機能について『公卿補任』の分析から検討を加えている。その分析から、後光明・後西天皇の時代、時期でいえば慶安元年（一六四八）から寛文十一年（一六七一）の二〇年余りは、摂家に準ずる家格である清華家の誰かが三公（太政大臣・左大臣・右大臣ないし左大臣・右大臣・内大臣）に任官されている特殊な時期であり、それは後光明・後西天皇による摂家偏重にとらわれない公家登用の意図が見出せること、摂関就任については、慶安四年以降は五摂家当主の先任順であったが、寛政元年（一七八九）、光格天皇が実父典仁親王に太上天皇の尊号を贈ろうとして、幕府に拒否された尊号一件でそのバランスが崩れることになった。その理由として、尊号一件の際に、幕府寄りの態度をとった鷹司家に対する幕府の信任が、以後の鷹司政熙・政通の長期任官の原因になったのではないかと指摘している。

田靡久美子氏は「近世勅問衆と朝廷政務機構について」の論考[38]で、摂家大臣および摂家衆の日常政務への関わり方、政務機構での役割があまり明らかになっていない研究状況をあげ、天皇の下問に答える機構である勅問衆制度の実態を明らかにすることで、朝廷統制機構による政務独占という説を補完したいと述べ、勅問の内容や成員など勅問衆の実態および朝廷内の位置づけを試みている。特に、本来、摂関と大臣で構成される勅問衆が、元文三年（一七三八）に九条稙基が権大納言で勅問衆に加わったのを契機に、以後摂家当主ならば、権大納言で勅問衆への加列が基本となったことを指摘する。さらに文化年間以降には当主・嫡子にかかわらず、権大納言での加列となり、安政元年（一八五四）には一条実良が権中納言で加列するという事態となり、大臣であっても清華家や大臣家は勅問衆への加列が許されず、摂家による勅問衆の独占状態に変容していくことを明らかにした。高埜・田靡両氏の論考では、摂家が、大臣職の独占に加えて、本来大臣であれば加列が許される勅問衆をも独占し、他公家との差が絶対的に拡大していることを指摘している。

藤井讓治氏は「江戸幕府の成立と天皇」の論考で(39)、江戸幕府が自ら構築していった権力機構のなかに、天皇・朝廷をどのように位置づけていったのかを、その政治過程に注目しつつ明らかにするとし、摂家・伝奏・昵近衆についてそれぞれ検討を行っている。摂家については、天皇・朝廷の意志決定にいつから、どのように関わったのかを複数の事例をあげて検討している。慶長十五年（一六一〇）の後陽成天皇の譲位をめぐる一件で、家康が摂家および伝奏へ「申入」を行い、この一件により、幕府の意志を朝廷に貫徹させただけでなく、天皇の意志を統制する朝廷内の核としての近世的摂家創出の契機となり、その後家康は摂家を伝奏とともに公家衆支配の中心に位置づけた。藤井氏は、摂家偏重は公家衆内での権力闘争の結果ではなく、天下人家康が摂家を朝廷内の幕府機構として創出し位置づけた結果としてもたらされたものと結論付ける。

松澤克行氏は「近世の家礼について」の論考で(40)、十七世紀の近衛家に仕える家礼の実態を通して、公家社会の構造と公家衆の存在形態の一端を解明した。主家（摂家）から家礼への恩典として、自家が所蔵する記録類の利用、朝儀の作法指南や和歌指導、官位・官職の執奏権、家礼子息の元服許可などをあげる。また家礼の主家への奉仕として、主家当主の年始・奏慶・拝賀などに際しての参内への扈従、主家で催される様々な会への参仕などがあったことを明らかにした。これらの分析から松澤氏は、近世には一般公家衆に対する摂家の強力な統制が存在していたということを明らかにし、十八世紀に家礼の分属が確定したことを摂家権威の確立の現れと論じた。一方で、一般公家衆は摂家に対し強い自己主張をするなど、自立（律）性を喪失することはなく、自家の発展のために主家を代えることもあり、強力な統制下でも、一人の朝臣としての公家衆の自立（律）性は近世を通じて失わなかったと結論づけた。

山口和夫氏は「近世の家職」の論考[41]で、公家を対象に近世の家職の機能と実態について検討し、その時期区分と動態的把握に留意しつつ、近世初頭の転換とその後の展開の道筋を示した。二条昭実と近衛信尹の関白職をめぐる相論が、豊臣秀吉・秀次に関白職を奪われる契機となったが、徳川家康は慶長五年（一六〇〇）に九条兼孝を還任させ、五摂家の家職として再興させた。幕府は公家衆に知行を与え、「公儀」の規範下の朝廷でそれぞれの家職を担い、役儀を勤めさせるようにし、摂家にはさらに朝議運営を独占的に参画する権限を付与した。五摂家の家職とは、摂関を先途に大嘗会・即位灌頂・節会など朝儀の有職を相伝するものと規定し、他公家衆はこれら朝儀の作法などを指南してもらうため、家礼となり、摂家に従属するようになる。公家の家職とは、武家を主体とする「公儀」が改めて設定したものであり、その意図は全国統合に朝廷という集団を動員することにあり、朝廷も近世全体の秩序に統合されたとし、知行宛行・法規範の制定や家職と役の確定を媒介にして近世の公家身分が確立したと論じる。江戸時代の朝議は摂家が特権的に参画し、非職の諸家は排除されることとなる。しかし慶応三年（一八六八）の王政復古の沙汰書により、摂家・門流など摂家主導の朝廷支配の枠組みは幕府とともに一掃され、五摂家の家職も将軍家の家職と同時に廃されたとし、幕末維新までの公家家職について見通しを示した。

松澤克行氏は、前述した「近世の公家社会」[42]で、十八世紀中期以降の摂家権威の動揺・沈下を詳細に描いている。具体的には、十七世紀の霊元天皇、明正上皇・後西上皇、さらには後水尾法皇の、天皇・上皇・法皇が四人が存命したことによる御所群立の際に、多く取り立てられた新家が、十八世紀中期の寛延・宝暦期（一七四八―六四）になると、財政窮乏のため、家領の拝領や当面の拝借金に関する願いを度々提出するようになる。摂家や武家伝奏は幕府と交渉を試みるが成果を得ることができず、摂政は出願そのものを抑制するようになっていく。こうした摂家・摂関の政治的無力さの露見や醜態などが重なり、当該期に、摂家の権威が揺らぎをみせ始めたのではないかと指摘する。その後に起きた宝暦事件においても、同様の傾向が見受けられる。宝暦事件とは、関白近衛内前が差し止めた垂加流神道による桃園天皇への神書進講を、近習公家衆たちが強引に再開しようとしたのが発端で、これに対し、摂家一統が団結し関係公家を厳罰に処した事件である。この一件からは、関白の命を軽んじ摂家を蔑ろにするような動きが近習の公家たちによってとられ、それに与同する公家が多数存在するようになったことが確認される。近習公家たちは、自分たちが天皇と直接つながり、これを独占しようとする動きをみせ始めたのである。

さらに松澤氏は摂家権威動揺の具体的事例として、文化七年（一八一〇）に久我通明が、近衛家から伝授された練歩（節会の時の内弁の歩き方）の作法を、近衛家の許可なく一門の久世通理に教授した事件を取り上げ、摂家が独占していた有職などの知の管理にも揺らぎが生じたとする。弘化四年（一八四七）になると、学問所（学習院）が開設され、これにより堂上公家たちに共通の学問の場、学問集団の知が共有化されるようになっていく[43]。安政五年（一八五八）の条約勅許では、孝明天皇が一般の公家たちにも発言ができるよう命じ、朝政の独占という幕初以来の摂家の政治的特権が崩れ、家職である関白職についても、摂家だけでなく、清華家も加えて選任すべきであるとの声が、堂上公家からあがってくる。さらに家礼関係にある公家が、主家の教誡を拒絶する事件も発生する。このように、氏によって摂家の特権の象徴でもあった朝廷運営・家礼・摂関職が幕末には大きく動揺・崩壊していく様が鮮明に描かれた。

こうした先行研究により、近世の摂家は、豊臣氏に奪われていた摂関の家職を、幕府により回復・重用され、朝廷統制・運営を委ねられた存在であったことが指摘された。一方で、公家社会内部においても、公家衆を家礼とし、本来は清華家でも就くことができる左近衛大将や太政大臣、左大臣・右大臣をもほぼ独占していたことが明らかにされた。本来大臣以上で構成される勅問衆も、近世後期には清華家の大臣は排除され、摂家による独占状態となる。このように、近世に入り、摂家と他公家との間には絶対的な差が存在するようになった。中世・織豊政権期とは異なり、近世の摂家は、幕府により再編・維持されたといえる。

三　本書の構成

江戸幕府により再編され、朝廷統制の要として、公家社会全体を統轄する近世摂家が、幕府による庇護のもと、どのような特質を持ちあるいは特権を有し、そして時の天皇や院とどのような関係性を構築していったのか、さらには中後期に至りそれがどう変容し、彼ら近世摂家の変容とともに、朝幕関係がどう変化していったのか、本書では二部立ての構成をとり、これらの点について以下のような考察を加えていきたい。

第一部「近世摂家の特質―相続・再興・官位叙任―」では、主に摂家の相続や再興・官位叙任の事例を通して、近世摂家が有した特権について明らかにしていく。ここでは幕府がそれにどのように対応したのかを明らかにし、幕府の統制下における摂家の特権・特質を述べる。

第二部「近世中後期の朝幕関係と摂家・天皇・院」では摂家の家職である摂政・関白と天皇・院との関係、また天皇や院が執り行う「政務」との関係を、特に近世中後期を中心に検討する。その関係の変容や、摂関―武家伝奏―議奏という朝廷統制機構とその他の公家らの関係・朝廷内の変容についても検討し、それを通じて、中後期の朝幕関係の実態を明らかにしていく。第二部において、近世中後期を対象とするのには三つの理由がある。第一には、近世前期と比較して先行研究が非常に少ないという状況がある。そのため近世後期についても、前・中期と同様、基礎的な事実や事例を発掘し、それを積み重ねて研究を深化させていくことが必要であると考える。第二に、江戸幕府の対天皇観・朝廷観の変化があげられる。十八世紀末以降、従来の外交秩序にロシアやイギリスなど異質の要素が入り込むようになり、幕府の外交秩序は大きく動揺する。文化四年（一八〇七）の朝廷への対外情勢の報告[44]は、幕藩制国家内での天皇・朝廷の位置づけが変容するきっかけになったといえる。こうした理由から、特に近世中後期は重要な時期と考える。第三には、近世中後期以降に、松澤氏が指摘した摂家権威の揺らぎが生じてくるためである。家礼関係の動揺や、摂家を軽んじる動き、摂家による知の伝授とは別の学問所開設による知の共有化など[45]、摂家統制下にあるものとは異なる文化的空間が登場してくる。以上のように、近世中後期は近世摂家の変容が如実に現れてくる時期であり、当該期の朝廷・朝幕関係を動態的に明らかにしていくことで、いわゆる幕末維新期の天皇・朝廷の浮上について、具体的に解明していくことが可能となろう。

以下に各章の概要を示しておく。

第一部第一章「近世摂家相続の原則と朝幕関係―寛保三年摂家相続問題を事例として―」では、寛保三年（一七四三）に九条家・鷹司家が摂家当主の早世により断絶の危機に瀕した際の養子相続事例を通して、当時の桜町天皇・関白一条兼香をはじめとする摂家の動向と幕府のそれへの対応を検討し、当該期の朝幕関係を明らかにする。

補論「近世摂家養嗣子相続の基礎的考察」では、近世摂家の養子相続について、養子相続が行われる過程や、各摂家と家礼関係を結んでいる公家の動向を中心に分析を加える。具体的には、相続人の人選過程や決定過程に家礼がどのような関与をしたのか。また、寛保三年の摂家の養子相続では還俗しての相続が行われ、その際それは先例としないことが取り決められていたが、寛保三年以後の相続の場でこの取り決めがどのように扱われていたのかについて検討する。

第二章「「摂家」松殿家の再興―寛永・明和期の事例から―」では、本来「摂家」の家格である「松殿」家の寛永・明和の二度にわたる再興を取り上げ、再興の過程や、朝廷・幕府双方が「摂関家」の立家についていかなる認識を持っていたのかを検討する。

第三章「近世朝廷における太政大臣補任の契機とその意義」では、近世に太政大臣に補任された公家を取り上げ、その任官過程やその意義について考察を行う。近世における太政大臣補任の契機は、天皇加冠役や東宮・儲君元服に伴うもの、それ以外の補任の三つに分類することができ、補任の背景には、当時の天皇や院の意向があったとの見通しを示す。

第二部第一章「近世中期における摂政・関白の権限と天皇「政務」―「復辟」を事例に―」では、天皇が幼少時に、天皇「政務」を支える上皇が不在もしくは女帝であった場合、時の摂政・関白がどのように朝廷運営を行ったのか、そして摂政が「復辟」を行い天皇に「政務」を返上した後、関白となった摂家と天皇が行う「政務」との関係はどのようなものであったのかについて考察する。

第二章「文化期の朝廷と幕府」では、文化期の朝廷と幕府の関係を、朝廷内部の諸機構や院御所・中宮御所など禁裏御所以外の組織を動態的に把握することで、当該期の朝幕関係の実態を明らかにする。具体的には、第一に、光格天皇を中心として描かれている近世後期の朝廷を、後桜町院や光格の「皇位の正統性」の根拠たる中宮欣子内親王との関係から明らかにする。第二に、朝廷運営を担う関白や武家伝奏と光格天皇との関係性の解明である。特に光格と従兄弟の関係にあたり、二〇年にわたり関白に在職した鷹司政熙と光格との朝廷運営・朝議運営をめぐる関係について解明を試みる。これら二つの具体的事例から、当該期の朝廷と幕府の関係がどのようなものであったのかについて考察を加える。

第三章「光格譲位前後の朝廷」では、光格天皇の譲位にかかる院御所の建造・修復過程と院御料をめぐる朝幕交渉や、光格天皇の生家である閑院宮家への財政援助、光格の姪にあたる嘉宮を猶子とする事例から、光格譲位前後の幕府との関係について検討する。

補論「光格院御所の形成と院執事鷹司政通」では、光格院御所の形成過程を、人員構成・役料・財政の三点から検討を加える。また従来あまり注目されてこなかった院執事に焦点をあて、光格院の院執事となった鷹司政通の職掌について検討する。

第四章「文政期の朝幕関係」では、光格上皇・仁孝天皇と摂家の関係および朝廷側の幕府への財政的援助の事例を通して、文政期の朝幕関係の実態を明らかにする。従来、近世後期、特に寛政期以降の先行研究では、高埜利彦氏の「朝廷が自立の途をたどった」という見通しや、藤田覚氏の「幕府が朝廷にすり寄った」「朝廷統制より融和を重視した」朝幕関係という評価が通説的である。そうした評価に対して、天皇・院―摂関との関係、幕府からの財政援助をめぐる朝幕交渉などの事例から、再検討を行う。

なお、特記しない限り、各章の引用史料中の（ ）は、筆者による註記である。闕字・平出についても省略し、漢字は常用漢字の字体に統一した。

注

（1）林基「近世に於ける天皇の政治的地位」（『思潮』一巻三号、昭森社、一九四六年、後に歴史科学協議会編『歴史科学大系十七　天皇制の歴史（上）』校倉書房、一九八六年所収）。

（2）なお、西村慎太郎氏は、林基氏のこの評価は「決して非実証的な論拠でなく、戦前・戦中には明らかにされてこなかった史料を提示し、的確な評価を加えている」とし、「実証史学をも十二分に兼ね備えていた点」について評価している（西村慎太郎『近世朝廷社会と地下官人』吉川弘文館、二〇〇八年、序章注(12)）。

(3) こうした状況のなかでも武部敏夫「貞享度大嘗会の再興について」（『書陵部紀要』第四号、一九五四年）といった、公家日記を駆使し朝幕間交渉や朝廷内の路線対立を明らかにした優れた実証研究も存在したことは注目に値する。

(4) 研究史上の代表的なものとして、青木美智男「幕藩制国家論をめざして―『維新変革の再検討』の新たな前進のために―」（『歴史学研究』三六〇、一九七〇年）。

(5) 落合延孝「歴史教科書における天皇の叙述」（『歴史評論』三一四、一九七六年）、三鬼清一郎「江戸時代の天皇の地位」（安在邦夫ほか編『法廷に立つ歴史学―家永教科書論争と歴史学の現在―』大月書店、一九九三年）。

(6) 朝尾直弘「幕藩制と天皇」（『大系日本国家史三 近世』東京大学出版会、一九七五年、後に同著『朝尾直弘著作集』三、岩波書店、二〇〇四年所収）。

(7) 宮地正人「朝幕関係からみた幕藩制国家の特質―明治維新史研究の一前提として―」（『人民の歴史学』四二、一九七五年、後に同著『天皇制の政治史的研究』校倉書房、一九八一年所収）。

(8) 『歴史評論』三一四、一九七六年、後に同著『山口啓二著作集』第三巻、校倉書房、二〇〇九年所収。

(9) 深谷克己「幕藩制と天皇」（『人民の歴史学』四〇、一九七五年、後に同著『深谷克己近世史論集』第三巻、校倉書房、二〇〇九年所収）。

(10) 一方で、朝廷・公家社会を構成する武家伝奏（今江廣道「江戸時代の武家伝奏―久我信通『公武御用日記』を中心に―」高橋隆三先生喜寿記念論集刊行会編『古記録の研究』続群書類従完成会、一九七〇年）や議奏（武部敏夫「議奏日次案について」同『古記録の研究』）についての実証研究があったことも見過ごせない。

(11) 高埜利彦「江戸幕府の朝廷支配」（『日本史研究』三一九、一九八九年、後に同著『近世の朝廷と宗教』吉川弘文館、二〇一四年所収）。

(12) 藤田覚『幕末の天皇』（講談社選書メチエ、一九九四年、後に講談社学術文庫、二〇一三年）、同『近世政治史と天皇』（吉川弘文館、一九九九年）、同『近世天皇論』（清文堂出版、二〇一一年）。

(13)　大屋敷佳子「幕藩制国家における武家伝奏の機能一・二」(『論集きんせい』第七号・第八号、一九八二・八三年)、平井誠二「武家伝奏の補任について」(『日本歴史』四二二、一九八三年)。
(14)　田中暁龍「江戸時代議奏制の成立について」(『史海』三四、一九八七年、後に同著『近世前期朝幕関係の研究』吉川弘文館、二〇一一年所収)、同『近世朝廷の法制と秩序』(山川出版社、二〇一二年)、平井誠二「確立期の議奏について」(『中央大学文学部紀要』三三、一九八八年)。
(15)　村和明「近世院政の組織と制度―光格上皇の『院政』を事例に―」(『論集きんせい』第二四号、二〇〇二年)、同「近世仙洞機構の成立過程について―霊元院御所を中心に―」(『史学雑誌』第一一七編第三号、二〇〇八年)。両論考とも後に同著『近世の朝廷制度と朝幕関係』(東京大学出版会、二〇一三年)所収。
(16)　母利美和「禁裏小番内々衆の再編―後水尾天皇側近衆の動向―」(『日本史研究』二七七、一九八五年)、本田慧子「近世の禁裏小番について」(『書陵部紀要』四一、一九九〇年)、横田信義「近世初期の禁裏小番の変遷」(『国史学』一五二、一九九四年)。
(17)　久保貴子「近世の女院に関する基礎的考察―女院の要件にみる政治的背景―」(『早稲田大学教育学部学術研究』地理学・歴史学・社会科学編、四二、一九九五年)、渡邉雄俊「青綺門院と宝暦事件」(『書陵部紀要』四九、一九九九年)。
(18)　高橋博『近世の朝廷と女官制度』(吉川弘文館、二〇〇九年)。
(19)　高埜利彦『近世日本の国家権力と宗教』(東京大学出版会、一九八九年)、杣田善雄『幕藩権力と寺院・門跡』(思文閣出版、二〇〇三年)、原田和美「青蓮院門跡と輪王寺―青蓮院寺務所鞍馬寺をめぐって―」(『論集きんせい』第一七号、一九九五年)、田中潤「徳川将軍の年忌法要にみる門跡」(『近世の天皇・朝廷研究　第一号―第一回大会成果報告集―』二〇〇八年)、高埜利彦「近世門跡の格式」(『近世の宗教と社会2　国家権力と宗教』吉川弘文館、二〇〇八年)、西村慎太郎「近世非蔵人の門跡肝煎―霊元院政期の梶井門跡を事例に―」(『日本歴史』七五六、二〇一一年)など。
(20)　西村前掲注(2)書。
(21)　佐藤雄介「京都町奉行・京都代官と朝廷財政―文政・天保年間を中心に―」(『史学雑誌』第一一八編第三号、二〇〇九年)、同「近世後期の朝廷財政と京都代官―朝廷財政を支えた仕組みを中心に―」(『歴史学研究』八七五、二〇一一年)など。

両論考とも後に同著『近世の朝廷財政と江戸幕府』（東京大学出版会、二〇一六年）所収。
(22) 久保貴子『近世の朝廷運営』（岩田書院、一九九八年）。
(23) 田中前掲注(14)『近世前期朝幕関係の研究』。
(24) 山口和夫「天皇・院と公家集団―編成の進展と近世朝廷の自律化、階層制について―」（『歴史学研究』七一六、一九九八年）、同「近世の朝廷・幕府体制と天皇・院・摂家」（大津透編『王権を考える―前近代日本の天皇と権力―』山川出版社、二〇〇六年）。両論考とも後に同著『近世日本政治史と朝廷』（吉川弘文館、二〇一七年）所収。
(25) 久保貴子「近世朝幕関係史の課題」（『歴史評論』四七五、一九八九年、後に同前掲注(22)書所収）。
(26) 山口和夫「近世天皇・朝廷研究の軌跡と課題」（『講座前近代の天皇5 世界史の中の天皇』青木書店、一九九五年）。
(27) 朝幕研究会編『近世の天皇・朝廷研究』（学習院大学人文科学研究所共同研究プロジェクト「近世朝幕研究の基盤形成」学習院大学人文科学研究所、二〇〇八年〜）、同『人文叢書1 近世朝廷人名要覧』（学習院大学人文科学研究所、二〇〇五年）、同『近世朝幕関係法令史料集』（学習院大学人文科学研究所、二〇一〇年）など。
(28) 例えば国立公文書館、国文学研究資料館、東京大学史料編纂所、早稲田大学図書館、京都大学電子図書館、宮内庁書陵部（書陵部所蔵資料目録・画像公開システム）などがあげられる。
(29) 藤井讓治・吉岡眞之監修『天皇・皇族実録』（ゆまに書房、二〇〇八年〜）、深井雅海・藤實久美子編『近世公家名鑑編年集成』（柊風社、二〇〇八〜一一年）、岩壁義光監修・解題『近世有栖川宮歴代行実集成』（ゆまに書房、二〇一二年）など。
(30) 井上智勝『近世の神社と朝廷権威』（吉川弘文館、二〇〇七年）、梅田千尋『近世陰陽道組織の研究』（吉川弘文館、二〇〇九年）、高埜利彦編『身分的周縁と近世社会8 朝廷をとりまく人びと』（吉川弘文館、二〇〇七年）、深谷克己編『〈江戸〉の人と身分 権威と上昇願望』（吉川弘文館、二〇一一年）、上田長生『幕末維新期の陵墓と社会』（思文閣出版、二〇一二年）、鍛冶宏介「江戸時代教養文化のなかの天皇・公家像」（『日本史研究』五七一、二〇一〇年）、松澤克行「近世の天皇と学芸―「禁中並公家中諸法度」第一条に関連して―」（国立歴史民俗博物館編『和歌と貴族の世界』塙書房、二〇〇七年）、渡部泰明・阿部泰郎・鈴木健一・松澤克行『天皇の歴史10 天皇と芸能』（講談社、二〇一一年）、石田俊「霊元天皇の奥と東福門院」（『史林』第九四巻第三号、二〇一一年）、同「近世朝廷における意思決定の構造と展開」（『日本史研究』六一八、二〇一四年）

など。

(31) 野村玄『日本近世国家の確立と天皇』(清文堂出版、二〇〇六年)、同『天下人の神格化と天皇』(思文閣出版、二〇一五年)。

(32) 西村慎太郎「近世天皇をめぐる研究動向と課題」(『人民の歴史学』第二〇〇号、二〇一四年)。

(33) 例えば堀新氏の提唱した公武結合王権論などがある(堀新『織豊期王権論』校倉書房、二〇一一年)。

(34) 松澤克行「近世の公家社会」(『岩波講座日本歴史第一二巻 近世三』岩波書店、二〇一四年)。

(35) 山口前掲注(24)「近世の朝廷・幕府体制と天皇・院・摂家」。

(36) 高埜前掲注(11)論文。

(37) 高埜利彦「「禁中並公家諸法度」についての一考察―公家の家格をめぐって―」(『学習院大学史料館紀要』五、一九八九年、後に同前掲注(11)書所収)。

(38) 田靡久美子「近世勅問衆と朝廷政務機構について」(『古文書研究』五六、二〇〇二年)。

(39) 藤井讓治「江戸幕府の成立と天皇」(『講座前近代の天皇2 天皇権力の構造と展開その2』青木書店、一九九三年)。

(40) 松澤克行「近世の家礼について」(『日本史研究』三八七、一九九四年)。

(41) 山口和夫「近世の家職」(『岩波講座日本通史第一四巻 近世四』岩波書店、一九九五年、後に同前掲注(24)書所収)。

(42) 松澤前掲注(34)論文。

(43) 佐竹朋子「学習院学問所設立の歴史的意義」(『京都女子大学大学院文学研究科研究紀要』第二号、二〇〇三年)、同「学習院学問所が果たした役割」(『近世の天皇・朝廷研究 第二号―第二回大会成果報告集―』二〇〇九年)。

(44) 藤田前掲注(12)『近世政治史と天皇』三〇頁。

(45) 佐竹前掲注(43)「学習院学問所設立の歴史的意義」。

第一部　近世摂家の特質

——相続・再興・官位叙任——

第一章　近世摂家相続の原則と朝幕関係

――寛保三年摂家相続問題を事例として――

はじめに

近世の摂家は、秀吉期に奪われていた家職である摂関職を、江戸幕府により再興された。(1) 幕府は、天皇の意思を統制する朝廷内の核として摂家を位置づけ、(2) 寛永六年（一六二九）、後水尾天皇の突然の譲位を契機に、摂家重視の朝廷統制機構を確立させ、武家伝奏とともに朝廷統制機構の中心的役割を担わせた。(3) つまり幕府にとって摂家とは、朝廷統制のうえで非常に重要な存在であり、不可欠なものであったといえる。

本章は、そのような位置づけにあった摂家の相続について、それがどのような原則や基準に基づいたものであったのか、さらには当該期の朝廷運営がどのように行われていたのかを明らかにするものである。具体的には寛保三年（一七四三）の九条・鷹司両家の相続問題について取り上げる。

摂家は自家に相続人がいなければ、他の摂家から養嗣子としてもらい受け、相続をさせるのが通常の方法であったが、(4) この寛保三年当時では、摂家当主の早世が続き、他の摂家にも子息が存在しない状態であった。本事例についてはすでに木村修二氏が検討を行っており、(5) 氏は「いかに摂家の中からの相続人が困難であろうと、摂家との血脈上のつながりが明らかであっても、下位の家格出身者が摂家のもとへ相続人として入ることはない」と結論づけている。(6)

しかし木村氏はあくまで摂家と清華家の家格のみに着目し、本相続問題での幕府の対応、また当該期の朝廷内部の動向などを視野に入れておらず、その分析はいまだ不十分であるといえる。本事例の意義は、幕府にとって朝廷統制に欠かすことのできない摂家が、断絶するという状況下にあったということが他の相続と大きく違い、その点を視野に入れなければ摂家の相続を十分に理解することはできないと考える。本章では、木村氏の家格差についての分析は継承しつつ、当該期の朝幕関係、朝廷運営を視座にくわえて、論を進めていきたい。

また、相続問題を扱ううえで重要な論点となるのは、幕府の朝廷統制の基本である「禁中幷公家諸法度」（以下、「法度」とする）第六条の相続の規定(7)であろう。この第六条がどのように機能し、朝廷内で意識されていたのかについても本論で述べていきたい。

なお、相続人の候補者として複数の人物が登場するが、表1・2を適宜ご参照していただきたい。また本章で主として使用する史料は、当時の関白であった一条兼香の日記である「兼香公記」「兼香公記別記」（ともに東京大学史料編纂所所蔵謄写本）である。叙述するにあたり、同史料を根拠とする場合、注を付さなかったことをあらかじめお断りしておく。

表1　寛保3年当時の朝廷内構成

天　皇			桜町	23歳	
大　臣	関白左大臣	従一位	一条兼香	52歳	
	右大臣	正二位	一条道香	22歳	
	内大臣	正二位	九条稙基	19歳	
摂　家	権大納言	従二位	近衛内前	16歳	
	権大納言	従二位	鷹司基輝	17歳	
	権大納言	正三位	二条宗基	17歳	
武家伝奏	権大納言	従二位	久我通兄	35歳	
	前権大納言	従二位	葉室頼胤	47歳	九条家家礼
議　奏	前権大納言	正二位	庭田重孝	52歳	一条家家礼
	権中納言	正三位	柳原光綱	33歳	近衛家家礼
	前権中納言	正二位	高倉永房	56歳	近衛家家礼
	前権中納言	正三位	武者小路公野	56歳	
	参議	従三位	八条隆英	42歳	

※『新訂増補国史大系　公卿補任』（吉川弘文館，1982年），『日本史総覧補巻Ⅱ』（新人物往来社，1986年）をもとに作成した．
※家礼については松澤克行「近世の家礼について」（『日本史研究』387，1994年）を参考にした．

表2　寛保3年当時の天皇家・世襲親王家・摂家相続人候補

天皇家

	政宮	8歳	中御門天皇皇子	享保22年1月12日生	元文3年7月22日仁和寺相続，寛保3年12月1日親王宣下（寛全親王），延享4年2月27日入寺得度，5年薨去

世襲親王家

桂宮	富貴宮	3歳	家仁親王子	寛保元年1月8日生	延享5年正月21日知恩院相続，宝暦4年8月25日入寺得度
有栖川宮	遠久宮	14歳	職仁親王子	享保14年8月11日生	寛保3年9月4日親王宣下（音仁親王）
	菅宮	12歳	職仁親王子	享保17年7月15日生	元文2年2月3日三宝院相続，延享4年10月25日仁和寺相続，延享5年2月16日入寺得度
	律宮	6歳	職仁親王子	元文2年9月10日生	延享元年薨去
閑院宮	俊宮	11歳	直仁親王子	享保18年3月18日生	享保20年1月18日曼珠院相続，延享元年12月7日得度
	淳宮	4歳	直仁親王子	元文5年2月8日生	寛保2年10月4日桜町天皇猶子

摂家

近衛家	寛深	21歳	近衛家熙子		大覚寺門跡
二条家	祐常 隆遍	21歳 24歳	二条吉忠子 二条吉忠子		円満院門跡 大乗院門跡
九条家	尭厳	28歳	九条輔実子		随心院門跡
鷹司家	隆尊	53歳	鷹司房輔子		大乗院隠居

※『系図纂要』（名著出版，1999年），『近世朝廷人名要覧』（学習院大学人文科学研究所，2005年）をもとに作成した．

※本章であげられている相続人候補のみを表記した．

一　九条稙基死去後の九条家相続問題

本節では寛保三年（一七四三）二月に起きた九条家の相続問題について取り上げたい。九条稙基が死去したのは二月二十二日になるが、それ以前に相続人の選定が行われている。

〔史料1〕「兼香公記別記　六」寛保三年二月十七日条

昨夜蒙仰候九条家相続之儀委細令了簡候処、於政宮者病身ニも有之候間、遠久宮当今之御養子ニ被遊候而、兼香江被下致養子、九条家江遣し相続候様ニ仕度候事、右之外之思召ハ不能了簡旨言上了、

二月十六日に桜町天皇から一条兼香に九条家の相続人の候補者が示されたようである。政宮とは、中御門天皇の第六皇子で、元文二年（一七三七）生まれで当時八歳。元文三年七月二十二日に仁和寺を相続していたが、まだ、入寺・得度はしていなかった。それに対し兼香は、政宮は病弱であるので、九条家の相続は難しく、代わりに遠久宮を桜町天皇の養子とし、その後、兼香の養子として九条家を相続させたいと言上している。この遠久宮とは、有栖川宮職仁親王の第一王子で、享保十四年（一七二九）生まれの当時一四歳であった。寛保二年（一七四二）三月十六日に桜町天皇の猶子となり、呼称を若宮から遠久宮に改めている。

さらに天皇の御前において摂家一列がそろうなか、兼香は次のような意見を言上している。

〔史料2〕「兼香公記別記　六」寛保三年二月十七日条

一　華族由緒之筋を以可被仰付哉、仍而是無用之由言上、

一　法中還俗是も無用之由言上、

一　政宮遠久宮等之内可宣旨言上、
左候ハヽ、政宮内府（九条稙基）へ被下候様可被遊、二条家へ以葉室前大納言（葉室頼胤）被仰之由仰、若政宮難成候ハヽ、遠久宮予養子ニ而遣候由仰、先政宮ニ治定之沙汰也、二条家へ先葉室ヲ以可被尋之由仰也、

三点目については先ほどと同様であるが、華族（清華家）からの相続や、還俗しての相続を否定したうえで、さらに政宮が相続人として決定していることがわかる。ここで武家伝奏である葉室頼胤を二条家へ遣わしている点であるが、二条家当主の宗基は九条稙基の実弟であった。その関係から二条家の意向を確認のため葉室を遣わしたと考えられる。

1　九条家と桜町天皇の意向

次に九条家側の対応をみていきたい。九条家側からは、すでに稙基の病気が危急に及んだ時点で養子相続の願いが出されている。稙基の母親である信受院からは、二条宗基に血筋を理由に九条家を相続させたいと兼香に願っている。さらに武家伝奏である葉室も「二条大納言九条家へ取返し相続之事被申」[8]と述べている。また九条家の門流である坊城家や綾小路家などからも宗基による九条家相続を願う意見が出されている。[9]松澤克行氏によれば葉室家は九条家の家礼であり[10]、葉室も武家伝奏の立場というよりはむしろ九条家の家礼という立場からの発言と考えた方がよいだろう。

こうした願いに対し兼香は、信受院に二条宗基による相続は難しいと返答している。さらに二条家側からも宗基による相続に反対の意見が出される。[11]
九条家側からこうした意見が出されるなか、桜町天皇から次のような仰せが出される。

〔史料3〕「兼香公記別記　六」寛保三年二月十八日条

一　右大臣九条家へ可遣哉、文庫ハ勅封ニ而、右府九条兼帯可然哉之由仰、左候ハヽ、中絶同事ニ候間、先可了簡旨言上、

桜町天皇は一度政宮で決定した相続を翌日には撤回し、右大臣（一条兼香の子息道香）を九条家に遣わすか、もしくは九条家に伝わる文庫は勅封として、道香に九条家を兼帯させるというのはどうかとの意見を述べている。ここでの「兼帯」の意味であるが、凍結して断絶にはせず、九条家・一条家双方の当主を兼任するという意味と考えられる。

これに対し兼香はそれでは九条家の中絶と同じことであるとし、また思案をして言上すると述べている。兼香は九条家中絶を防ぐため、十九日に桜町天皇に対し新たな相続人候補として、有栖川宮の末子か[12]、三宝院[13]を示している。ここでは、兼香が還俗しての相続に反対していたのにもかかわらず、三宝院を候補者としてあげている。ただしこの三宝院は、親王家の王子であることに留意しておく。

桜町天皇は再び九条家の称号を道香に預け、兼帯させるのがよいと命じている。この仰せに兼香は、九条家の称号を預かるのみで、当主としての雑務はせず、（九条家の）諸大夫の位階などの申請は（一条家で）行うとの意見を言上している。

2　九条家からの願いと新たな相続人候補

一方九条家側は、あくまで二条宗基による相続を願っており、そうでなければ、随心院門跡尭厳の還俗による相続を希望している。当時の随心院門跡は、九条輔実の子息であり、植基の叔父にあたる。

この願いに対し、桜町天皇はそうすべきであるとし、あるいは「大乗院可被仰遣之由仰也[14]」と述べている。これは

二条吉忠の子の大乗院門跡隆遍と、鷹司房輔の子である隠居の隆尊のいずれかと考えられる。[15] ここで留意すべきことは、今回の候補にあがった者は摂家門跡であり、天皇家や親王家の出自ではない。つまり、桜町天皇はあくまで摂家出身者による相続を念頭においていたものと考えられる。

この後、随心院門跡が相続した場合の取り決めが出される。それを以下に示す。

〔史料4〕「兼香公記別記　六八」寛保三年二月二十一日条

一　若決定候ハヽ、自長橋女房奉書被下主上勅筆被遊也ニ而

此度還俗之義ハ外ニ人体無之故被仰付候、重而之例ニハ致間敷旨、且次ノ子ハ四家之内子出生候ハヽ、為養子遣之、随門其已後隠居不補職様ニ可被遊、（中略）九条家之外四家へ可申伝、於九条家者、自上内々被仰遣、外ニ子共出生候ハヽ、養子ニ遣之、其上ニ而ハ随門隠居旨可被仰遣旨仰也、

第一に、還俗しての相続を先例とはしないということ。次の嗣子については他の摂家に子が出生したならばその子息を九条家の養子として、随心院は隠居し、職には補任しないとのことが仰せとして出されている。そしてこのことを九条家に伝えるよう、桜町天皇は命じている。

次に、議奏へ随心院門跡と大乗院門跡の二人を相続人候補とし、幕府の意向を尋ねるよう所司代との交渉を指示している。再三候補にあがっていた政宮については、「於政宮者一列ゟ申上候得共病身故難成旨被仰遣」[16]と述べ、摂家より相続の願いが出ていたが、病身のため相続は困難である旨を所司代に伝えるように示されている。[17]

この後、摂家が天皇の御前を退き、兼香のみが残り、議奏から明日所司代へ渡す書付の写しを披見する。その書付では、先ほど桜町天皇から示された大乗院門跡ではなく、政宮と随心院門跡の二人を候補者として幕府へ伺うこと、となっていた。これはおそらくは兼香が変更を命じたものであろう。兼香としては候補者の二人がどちらも摂家出身

者であることに不満があり、皇子ないしは親王家子息を候補者に入れたかったものと推測できる。

相続人候補として政宮と随心院の両者で幕府に伺うこととなり、九条家側へ再びその意向を聞くことになる。その九条家側の意見と、それへの桜町天皇の返答も以下に示す。

〔史料5〕「兼香公記別記 六」寛保三年二月二十三日条

一 先時御書被下候通、坊城前大納言按察使（坊城俊清・綾小路俊宗）等ヲ以政宮相続ニ被下候義、信受院へ被仰遣候処、御断被申上、両度ニ及候、両卿被申候者、二条大納言九条家相続ニ取返し候義、尾張中納言ゟ関東へ相願事済候義旨被申、

（桜町天皇の意見）

併自関東申来候而も、自上九条家相続之事、二条大納言ヲ遣し候事難成被仰定候、又政宮二条家へ遣し候而ハ、納言之子ニなり候故王子も軽キ故、自関東申来候而も、遣し候義難被遊候、一列同心候ハヽ、兎角政宮相続之事被仰定候而、猶随心院者自九条家密々被願候故、還俗之事被仰遣候、政宮相続ニ被遊度旨ニ候、又二条大納言ハ九条家相続候ヘハ、二条家中絶故難成候、兎角政宮事被仰遣、又親王子御養子も難成旨被仰遣、所司代へ議奏申達之由仰也、併信受院返答無之候而ハ難成、若品々より候ヘハ、三家同心候ハヽ、九条家新ニ政宮ヲ予猶子として遣し相続候而、今迄之義ハ中絶と相立候由仰也、

信受院は尾張中納言宗勝を通じて、幕府側に二条宗基の九条家相続を願っていたことがわかる。これは信受院が尾張中納言継友の娘であることから、生家を通じて幕府側へそうした沙汰を出してもらうように願ったものであろう。

これに対し桜町天皇は、もし幕府からそのような沙汰が出ても、二条家が中絶になるためそうすることはできず、もし二条家側に政宮を遣わすということになれば、政宮が納言の子になってしまうので（二条宗基は寛保三年二月段階

で大納言であった）、遣わすことはできないとしている。さらに親王家子息の養子についても否定し、あくまでも皇親による相続を拒否している。しかし天皇は摂家が政宮相続を願っているということに配慮して、政宮相続のことも候補として出したとしており、さらに信受院から返答がない場合は、三家（近衛・一条・鷹司）が同心であれば、政宮を自分の猶子として遣わし相続させると言明している。

これに対し信受院は、政宮の相続に反対の意向を示し、さらに仁和寺の院家からも反対の書付が出される。これは政宮が仁和寺門跡を相続していたからである(18)。このように朝廷内で意見がまとまらないなか、幕府による裁許を仰ぐこととなる。

3　幕府の意向

兼香は息子の道香とともに二十七日に京都所司代と会談を行う。その内容を以下に示す。

〔史料6〕「兼香公記別記　六」寛保三年四月二十七日条

一　随心院ハ一列一統不得心趣示之、昇進之義等如何、一代ニ先被遊、次ハ四家之内子共候へハ遣し候様、一列へ自長橋被下奉書之趣令噂、（以下略）

一　只今ハ一列も幼少ニ候故、大事ハ現任公卿被招可有仗議御沙汰旨告之、猶少事者不及其儀候旨令噂了、

（中略）

一　九条家之儀信受院自外関東へ被願候而、二条大納言相続被願候由沙汰之旨尋、関東ハ自所司代不申入候事ハ、堂上之義自外申義ハ不被用旨申之、

随心院に関しては摂家が反対であることを示し、またもし随心院が相続したとしても一代限りであり、随心院の子

息には相続させず、次は九条家以外の四家から出すことを伝えている。二条目では、現在は摂家が幼少のため大事の朝議については現任公卿を召して仗議にかけるよう桜町天皇から指示があったことを伝えている。仗議とは、内裏の陣の座に公卿たちが集まって行った、政務についての評議のことで、陣定、陣議ともいう。議題は様々だが、内外・大小の国政全般にわたった。つまり桜町は、摂家がこれまで独占していた政務について、摂家幼少を理由に仗議を開き、摂家以外の公卿たちも政務に関わらせようとしたのである。

三条目では信受院からの幕府への願いについて、幕府は堂上のことは所司代を通じての願い以外は受け付けないとの認識を示している。この三条目については、幕府が改めて〈摂政・関白―武家伝奏―所司代―老中〉といういわゆる朝幕交渉ルートについて確認したものであり、たとえ御三家からの願いでも朝廷のことについては所司代を通すという原則を確認したものといえよう。

所司代はこの会談を受けて、老中に書状を送り、裁許を求めることとなる。その書状の内容は、随心院相続については関白が反対であり、政宮相続については九条家が反対であり、どちらを幕府からの沙汰として仰せを出すか、老中に対し「各様御評議」と所司代は伝えている[19]。所司代としてもこの相続問題の対応に苦慮していたようである。

四月九日になって、幕府からの決定が議奏宛の書状で伝えられた。その内容は、九条家の相続は血脈、そして当時の摂家一列が一条家以外が幼少であることを理由に[20]、随心院門跡にすべきとのことであった。最終的に相続人は桜町天皇や九条家側が希望した随心院門跡に決定した。この幕府の決定により、随心院門跡が相続人となった。

しかし幕府としては、もう一点解決しなければならいない問題が残っていた。摂家は、この相続に随心院一代限りという限定をつけ、さらに次の嗣子は他の四家から出して随心院は隠居し、職にも補任しないという条件を出していた。幕府はこれに疑問を投げかけたのである。

〔史料7〕『大日本近世史料　広橋兼胤公武御用日記』第二巻、宝暦元年十二月二十九日条

此度随心院殿相続可被仰出との上之思召ニ付、九条家血脈之筋を以之事ニ候、前々ゟ還俗候而俗家相続候例も有之、旁随心院殿九条家相続者相当之儀ニ候得者、御一列強而可被差止筋ニハ有之間敷様ニ存候、又一代計と有之候而者、此以後随心院殿子息出生候而も九条家相続難成様ニ相聞え、此段も如何敷儀ニ候、彼是其表之御沙汰と爰許之評議とハ相違之事候故、此段御自分為心得申入置候、

これは寛保三年三月五日付の老中連署奉書であるが、まず摂家一列が随心院相続に反対していることに対し、先例もあり妥当であるとし、摂家一列の対応を批判している。さらに「一代計」との文言について、老中は「其表之御沙汰」（朝廷の沙汰）と「爰許之評議」（幕府の評議）が違うと述べ、関白の考えを推察するように所司代に命じている。

これに対し所司代は、関白は摂家相続について還俗しての相続の前例がなく、そのために嫌ったのであろうとし、「随心院殿一代計」ということは「御内慮」と違いはないと述べている。[21]兼香ら摂家が、随心院の「一代計」の相続で、次の嗣子は他の四家からということを念頭に置いていたのは前述の史料からうかがえるが、そうした兼香の願いは受け入れられることはなかった。尭厳（還俗して尚実）の子息である道前は九条家を嗣ぎ、尚実自身も摂関を務めるなど職にも補任されることになる。

二　鷹司基輝死去後の鷹司家相続問題

本節では、鷹司基輝の死去により起きた鷹司家の相続問題について取り上げる。九条家の相続問題が一段落した直後にこの問題は表面化した。桜町天皇と兼香との間で再び相続人の選定が始まることとなるが、その様相を次の史料

からみていきたい。

〔史料8〕「兼香公記 二三二」寛保三年五月十日条

密々勅定、

一 有隣軒無男子哉之事、

一 西園寺方ニ外へ不知男子有之候ハヽ、有隣軒の子と申立られ、関白末子にて被願候様ニ被成間敷哉之事、

此通ニ成候ハ者、清花より摂家相続と申ものニハ不成がいかがとの御事、

先達而九条家之節、政宮随心院両様関東仰下され候処、関東より血脈ゆへ随心院と申来候訳も候がいかがとの御事、

桜町天皇は、有隣軒（鷹司房輔の子で輔信）に男子がいないかどうか確認するよう命じ、さらに西園寺に男子がいるのであれば、有隣軒の子として相続させてはどうかと述べている。西園寺家には、鷹司房輔の子、実輔が養子として入っており、この当時の当主は実輔の子の致季であった。つまり実輔の孫を有隣軒の子として鷹司家を相続させるのはどうかと天皇はいっているのである。

さらに桜町天皇は九条家相続の際の幕府の決定理由が、血脈であったことを持ち出し、今回も血脈を重視しての相続人決定をすべきであると述べている。これに対し兼香は、まず有隣軒に男子は一人もおらず、また西園寺からの相続については「御理」を述べ、兼香としては九条家の時と同様に政宮相続を願っている。

この桜町天皇との相談の後、兼香は所労により数日出仕していないが、近衛内前から天皇の仰せを聞いたり、鷹司家の相続について相談している。そのなかで候補者として政宮と俊宮があげられているが、鷹司家の養子[22]とはせずに相続させるとの桜町の仰せがあったようである。なお、俊宮とは、閑院宮直仁親王の王子で、享保二十年（一七三五）

に曼珠院を相続していたが、入寺・得度はまだ済ませていなかった。これに対し近衛内前は、養子にしなければ王子の氏のままになってしまうと述べている。ここでは氏について問題としていることを指摘しておきたい。

1　幕府への対応

所労から復帰し、出仕した兼香は葉室と幕府への対応について相談を行っている。

〔史料9〕「兼香公記 一二二」寛保三年五月十六日条

関白へ尋申候者、牧野備後守へ、鷹司家血脈を以て御内慮可被仰遣人体者無之と可申哉、西園寺も有之候間、血脈之人無之とも難申歟、如何可申候哉、答申され候ハ、西園寺前右府父中納言実輔者、鷹司房輔子ニ而、西園寺江養子と成相続候得共、閑院流へ養子と成相続候子孫摂家江相続之儀者、迷惑ニ存候、（中略）備後守江も鷹司家血脈西園寺有之候得共、西園寺儀者、兼香ゟ右之申上候旨被相達可被下候哉、但シ兼香におゐてハ此通存候得共、近衛大納言、二条大納言なとへも御尋可被遊候哉、又頼胤一分ニ心付候趣ヲ以テ西園寺前右府幼小成子有之候様ニも承存候、夫ヲ有隣軒の子と申立られ、関白の末子と有之候てハ如何と申候へ者、夫も難存候由関白申された候、（中略）兼香ニおゐては只なにとそ政宮御方ヲ願申候、

葉室は、西園寺家に鷹司家の血脈があるのに、どのように所司代の牧野へそのことを伝えればよいか、また西園寺の子を有隣軒の子とし、それを兼香の養子として相続させることについてはどうか、の二点を兼香に尋ねている。これに対し兼香は西園寺は閑院流であり、摂家とは別流のため相続は認められないとし、その理由を所司代に伝えてもよいと述べ、後者についても拒否している。兼香は九条家の時と同様、政宮相続を強く希望している。

このように再び相続人が決定しないなか、鷹司家の家礼である高丘敬季からは中絶回避の願いが武家伝奏に出され

るなど、[23]摂家以外の公家からも意見が出され始める。そのようななかで清華家である広幡長忠の意見を掲げておく。

〔史料10〕「長忠卿記 二四」寛保三年五月十九日条

或説云、大覚寺近衛家煕末子還俗歟、予思西園寺前右府者鷹司前殿下房輔孫也、前右府末男従五位下永季（寿季ヵ）十七可然儀也、不及其沙汰歟、摂家五家之外従華族為養子無例云々、又皇子者、後水尾院御舎弟後陽成院皇子近衛応山、一条恵観醍醐前内府為此血脈 一条家者房輔血脈、為親王子相続之例無之、

広幡は西園寺の末男が相続人としてよいのではないかと述べ、その沙汰が出ないことに疑問を感じている。さらに摂家に清華家や親王家子息からの相続がないことや、皇子による相続の例をあげるなど、先例を正確に把握していることが指摘できる。また大覚寺門跡の還俗ではないかとも述べているが、兼香はこれについてもはっきりと拒否している。還俗による相続が続くことに、「如何敷思召ニ相聞へ候事」[24]と述べていることからもその姿勢がうかがえる。兼香としては、これ以上の還俗による相続は防ぎたかったものと考えられる。

次に兼香は、京都所司代への書付について葉室と相談を行う。

〔史料11〕「兼香公記 一二二」寛保三年五月十七日条

政宮御方之儀、当春九条家相続御沙汰之節、先例も有之ニ付、被仰遣候得共、先例近衛家一条家江皇子を為養子被遣候儀ハ、皇子之御母儀中和門院ハ、近衛前久公之息女故、此御由緒を以養子ニ被遣候、当時政宮之儀ハ、右之御由緒も無之儀故、当春又今度両度まて同御方被仰遣も、強て皇子を被遣度様ニ関東へ相聞え候而も、如何可有之哉と、此度ハ不被仰遣候儀と相聞候事、

このなかで葉室は近世初期の皇子相続は、その皇子の母親である中和門院が近衛前久の息女であり、摂家との血縁もあることから養子として遣わされたことを述べている。しかし政宮に関してはこのような由緒もなく、九条家

の時に続いてまた相続人として願うとなると、皇子に相続させたいと幕府に思われるのではないかと危惧をしている。さらに「関東之御様子皇子を被遣被苦間敷趣ニ候ハヽ、其上御思案も被為有被仰遣候事も可有之候」[25]と口上の演説にあるなど、葉室は皇子を摂家に入れることが、幕府の意向に沿わないと考えていたようである。これに対し、兼香は西園寺の子息は病弱であることを所司代に伝えるよう指示するなど、西園寺家からの相続を徹底して排除しようとしている。

この相談の後、翌日に所司代へ渡す書付ができる。その内容は兼香の意向が通り、西園寺からの相続については、清華家から摂家相続の例がないこと、また別流であることから拒否している。大乗院については老人のため[26]、還俗による相続は困難であると述べている。皇子ないし親王家子息を桜町天皇の猶子として相続させてほしいとのことを所司代に伝えることとなる。しかしこの段階ではいまだその候補者はあげられておらず、兼香としてはまず幕府から皇子、あるいは親王家子息による相続の許可を得たかったものと考えられる。

2　幕府の返答と相続人の決定

相続人についての相談から一ヵ月ほど経過した後、幕府から返答書が到来する。その内容は、前回の九条家相続の際には、血脈を理由に随心院門跡尭厳としたが、今回相続人候補がなければ、「御内意次第」で政宮御方でよいとの見解を示している。ただし桜町天皇が政宮相続に反対なのであれば、世襲親王家の子息を天皇の猶子として相続させるのがよいとしている。幕府は皇親による相続に反対していないことがわかる。幕府から政宮相続に許可が出たことで、ついに政宮相続という思召が天皇から出され、さらに相続するにあたり、姓氏を同じにするために兼香の養子として相続をさせるとの仰せが出される。

この決定に仁和寺側は再び断固反対の意向を示したが、兼香の強硬な働きかけにより、この仰せを「御請」することになる。さらに兼香は、仁和寺院家以下から書付（誓約書）を提出させるよう武家伝奏を通じて指示している。兼香としても再び仁和寺から反対の意見を出させないように徹底したものといえよう。

この段階においてようやく政宮相続が決定し、その相続についての具体的な取り決めが桜町天皇と一条父子の間で行われる。政宮が摂家を継いだ際、「作法」（宮中儀式の作法や和歌指南などではないかと考えられる）については近衛家が世話をし、「雑掌」（当主の行う雑務など）については兼香の養子となるので、兼香が世話をするよう桜町から命じられている。このように鷹司家相続への準備が着々と進められつつあった。

ところが六月二十一日になり、政宮相続という方針が突然変更されることとなる。

〔史料12〕「兼香公記別記　七」寛保三年六月二十一日条

一　政宮鷹司家相続之義病身にも候故、律宮上ノ御猶子ニ被遊、相続可然哉之由言上、卜合之事仰、

兼香は、政宮は病身であるため、律宮（有栖川宮職仁親王王子）を桜町天皇の猶子とし、鷹司家を相続させるべきであるとの意見を桜町天皇に言上している。執拗に政宮による相続を願っていた兼香が、親王家子息による相続を言上しているのである。史料上の制約からこの兼香の意見の変化については判然としない。しかしたとえ政宮が病弱であれ、皇親による相続に固執していた兼香が意見を翻すとは思えず、桜町天皇が強硬に反対した可能性が強いと考えられる。

この兼香からの要望に対して、桜町天皇は「卜合之事仰」と述べ、卜合によって決めるべきとの命令を出している。この後さらに兼香は親王家子息による相続を願っているが、桜町天皇は再び血脈により西園寺の子息がよいとの意見を出し、さらに親王家の子息による相続の先例はないので、卜合により決めるべきとの命令を出している。この時点

においても、桜町天皇はやはり血脈を理由として、西園寺からの相続を望んでいる。しかし先例の有無から考えれば、清華家から摂家への相続の先例も存在しない。つまり桜町天皇の考えは先例の有無ではなく、あくまでも天皇家、親王家からの相続を防ぐことにあったといえよう。

3　桜町天皇からの思召と相続人の決定

兼香と桜町天皇の考えが食い違うなか、兼香は伝奏から次のような天皇の考えを聞く。

〔史料13〕「兼香公記別記　七」寛保三年七月十九日条

一　鷹司家相続之儀可了簡之由仰、仍而予申云、去十三日両伝を以被仰下候者、中絶之思召家領之事可了簡旨被申候故、中絶と存候旨言上、相談可被仰出思召ニ候間、先卜之上ニ而ハ、親王之息御猶子ニも可被遊之由仰、

兼香は七月十三日に武家伝奏を通じて鷹司家の中絶の思召を聞き、鷹司家の家領のことについて了簡するように聞いたとしている。「中絶と存候旨言上」とあるが、おそらくは桜町天皇に対し強い口調で兼香は迫ったのではないか。これに対し桜町天皇は中絶については相談をして考えることであり、まずは卜をしたうえで、親王家の子息という結果が出たならば、猶子として相続させると述べている。兼香はこの中絶という思召に対して、武家伝奏に直接尋ねるが、伝奏は家領のことについては述べたが、中絶とは述べていないとしている。この真偽は定かではないが、兼香はこの言葉を聞いてその事態を恐れたのか、すぐさま近衛家・二条家へ相談に赴いている。

まず息子である道香が近衛家へ赴き、近衛内前と相談を行っている。そのなかで相続人候補として富貴宮（桂宮家仁親王王子）、律宮、淳宮（閑院宮直仁親王王子）の三者があげられ、さらに中絶は防ぎたいとの願いが出されている。二条宗基との相談でもやはり中絶回避との意見が出された。

摂家内での相談を終え、兼香は卜合による相続人の選定を行うことを正式に決定する。

次にこの卜合をどこで行うか、兼香と桜町天皇の間で相談がなされる。兼香は、吉田神社か春日社のどちらかがよいのではないかと桜町天皇に示し、天皇はこれに対して、春日社へ申し付けるように命令を出す。これを受け兼香は、春日社司を呼び、この旨を指示している。次にこの卜合の方法が示され、さらに「律宮・淳宮両人又白紙一紙ヲ添候而卜候由言上」(27)と、律宮と淳宮の二人の候補者があげられ、また白紙を一枚添えて卜合を行うこととなった。冨貴宮が候補から外れたことは、兼香の独断によるものと考えられるが、その理由は不明である。この卜合の結果、淳宮が鷹司家の相続人に決定することとなる。

朝廷内で相続人が淳宮に決定し、桜町天皇から幕府に通達の指示が出る。その後幕府から許可の書付が届き、この問題は決着する。これに対し広幡長忠は次のように述べている。

〔史料14〕「長忠卿記 二四」寛保三年八月十日条

若法中（南都大乗院隠居鷹司房輔男、大覚寺近衛家久男、又大乗院二条吉忠男、円満院同上、以随心院還俗之例見之者、右四人之内可然）只親王計云々、嗚呼朝政務衰尽鷹司家血脈雖有西園寺、以花族子為相続之儀関白甚不庶幾、若押而被仰下者、関白父子内府已下申合不可出仕、并従親王家直為養子例旧規無之（近衛一条之者後、水尾院直王子也）、仍此度以閑院子為御猶子関白子等云々、於叡慮者不然以花族子可然由云々、只関白一向不庶幾云々、当時父子為内覧政務在掌中、

広幡は法中の摂家血脈の人物たちをあげ、彼らの還俗による相続ではなく親王による相続に不満を述べている。また血脈が西園寺にあるのに、清華家であることを理由に関白が拒否しており、もし西園寺による相続の仰せが出れば、摂家が出仕しなくなるであろうと述べている。さらに叡慮では清華家による相続が「可然」とされたが、関白が反対をしており、当時の朝廷政務が一条父子の掌中にあったと述べている。ここから広幡がこの問題の摂家の対応に不満

を持っていたことが指摘できよう。

おわりに

最後に、本章で明らかとなったことについてまとめておきたい。

①関白である一条兼香は、九条家・鷹司家のどちらの相続においても、中御門院の皇子である政宮か、世襲親王家の王子を相続人として望んでいる。また、還俗しての相続については先例がないことを理由に反対している。ただ、九条家相続の際に三宝院からの還俗を容認しているが、この三宝院門跡も王子である。つまり兼香は摂家に皇子ないし王子を入れることに固執しており、摂家より下位の家格からの相続については絶対拒否するという、強い姿勢の現れといえよう。また兼香は近衛家・二条家へも相談に訪れ、相続人候補について話し合っていることから、皇子ないし王子相続は兼香のみが望んでいた訳ではなく、近衛家・二条家も同様の考えであったと考えられる。

②桜町天皇は、九条家相続については、当初政宮、あるいは世襲親王家の遠久宮のいずれかという意向であった。しかし相続人決定をめぐる過程においてその意向を変え、随心院還俗という九条家側からの意見を支持している。また政宮を二条宗基の養子にすることには「王威」が軽くなるとの理由から否定している。鷹司家の場合は、皇子や王子の相続については終始反対であり、血脈上つながりのある西園寺家からの相続を望んだ。こうした桜町天皇の対応は「大納言の養子ニ皇子を被遣候而ハ、王威も甚かろく成候事ニ候故、愚身天位之間ハ、如此事一向有間敷候」と桜町自身が述べているように「王威」への強烈な意識からくるものであり、臣下である摂家、特に

大納言に対して皇親を遣わすことが「王威」を軽んじることになるとの認識を如実に示していたといえよう。

③従来、桜町天皇と一条兼香・道香父子は官位制度改革などに代表されるように、朝議を協調して行ってきたとの評価であるが、(28)この相続問題においては、桜町天皇と一条兼香の意見は真っ向から対立し、双方の「摂家」の捉え方はまったく異なっているといえよう。こうしたことから、桜町天皇期の朝廷運営のあり方は再検討すべきであると考えている。特に注目しておくべきこととして、桜町天皇はこの相続問題を通じて前官の大臣、現任公卿を召して「群議」を行うよう指示をしたり、摂家一列が幼少のため、重要な事項については現任公卿を招いて「仗議」を行うように仰せを出すなど、それまで摂家によって独占的に行われてきた朝議を、現任公卿も参加できるよう促していることがわかる。特に当時は一条兼香・道香主導による朝廷運営が行われており、こうした点は桜町天皇による摂家勢力、特に兼香への対抗策とみることができよう。

④清華家である広幡長忠は鷹司家相続問題について、西園寺家からの相続や還俗による相続がよいという意見を述べている。これは兼香のように家格や「先例」を重視した視点ではなく、「血脈」を重視した視点で相続を捉えていることによる。広幡家自体は八条宮智仁親王の家筋であるが、二代豊忠は同じ源氏姓で清華家の久我家から入っており、親王家の血筋は絶えている。そうした出自もこうした考えに影響をしているといえるのではないだろうか。また当時の朝廷政務が一条父子の掌中にあることや、摂家であることのみで年少でも大臣に任官されることへ不平を述べるなど、(29)摂家への不満をみることができる。

最後に今後の課題と展望についてあげておく。第一に「法度」第六条との関連である。近衛内前が姓氏について言及したり、兼香が「法度」の条項が遵守されていないことに触れているなど、(30)少なくとも摂家内においてはこの「法度」が認識されていたことは確かである。清華家である広幡長忠も、「血脈」や「先例」を考慮に入れて意見を述べたり、相続人候補として同じ藤原姓の者をあげるなど、この「法度」についてある程度把握していたと推測できる。武家伝奏が皇子相続について幕府へ配慮している点も、この第六条の規定によるものと推測できよう。

また近世初期の近衛家・一条家への後陽成天皇の皇子による相続が、両人の母親が近衛前子という縁によることが本章で明らかとなった。その点においては「法度」第六条の制定時に女縁からの相続の禁止が盛り込まれたことは、高埜利彦氏の「皇親の朝議参加を阻み、摂家重視を貫く意図が幕府に存在していたのではないか」との指摘[31]は的確であるといえるだろう[32]。久保貴子氏によれば、異姓[33]の家間で頻繁に養子相続が行われる状況があり、この第六条の効力について検討の必要があるとしているが[34]、今後は摂家を除いた公家衆が、この「法度」第六条をどの程度認識・意識していたのかを解明していく必要がある。

第二に幕府の対応である[35]。今回の事例においては、幕府は皇子による相続を許可しており、また「先例」の存在しない随心院門跡尭厳の還俗や血脈上つながりのある西園寺からの相続ではなく、兼香の希望した「先例」が存在しない世襲親王家王子による相続を認めている。これは「法度」制定時からの幕府の政策変化と捉えられないだろうか。この時期においては、摂政・関白―武家伝奏―議奏という朝廷統制機構が確立していたことから、幕府としては摂家という家格が重要であり、断絶させることよりも、朝廷統制の要である摂家を維持することを求めたと考えられる。「法度」制定時の幕府の目的が「皇親の朝議参加を阻む」ことにあったとしても[36]、この段階においては摂家を維持する方針を優先させ、皇子相続に反対する考えを抑制したのではないか。

また当該期は朝幕協調体制の時期であり[37]、そうした点からも幕府が朝廷の意向を尊重したといえる。ただし九条家の事例では、当時の摂家当主が若年者ばかりであることを理由にあげるなど、朝廷統制の中心である摂家が若年者ばかりになるという「摂家弱体化」を防ぐために、随心院還俗による相続の決定を行ったという見方もできる。幕府は摂家を頂点とした朝廷統制機構の機能を注視しており、それを維持・管理することに重きを置いていたといえる。しかし本事例のみで当時の幕府の政策を論証することはいまだ不十分であり、今後の課題としたい。

注

（1） 山口和夫「近世の家職」（『岩波講座日本通史第一四巻 近世四』岩波書店、一九九五年）、同「統一政権の成立と朝廷の近世化」（『新しい近世史① 国家と秩序』新人物往来社、一九九六年）。両論考とも後に同著『近世日本政治史と朝廷』（吉川弘文館、二〇一七年）所収。

（2） 藤井讓治「江戸幕府の成立と天皇」（『講座前近代の天皇二 天皇権力の構造と展開その2』青木書店、一九九三年）。

（3） 高埜利彦「江戸幕府の朝廷支配」（『日本史研究』三一九、一九八九年、後に同著『近世の朝廷と宗教』吉川弘文館、二〇一四年所収）。

（4） 一例をあげれば、元文三年六月に薨去した二条宗熙の養子相続では、九条家の二男である石君をその相続人とする願書がすぐに出されている（「兼香公記 一七三」元文三年六月十七日条、東京大学史料編纂所所蔵謄写本）。また堂上公家も石君が相続することについて特に問題視していない（「実惟卿記 四」元文三年六月十九日条、「長忠卿記 十五」同日条など。ともに東京大学史料編纂所所蔵謄写本）。このことからも摂家の養子相続は、他摂家の子息による相続が基本であったと考えられる。

（5） 木村修二「近世公家社会の〈家格〉制―「摂家」と「清華家」を中心に―」（藪田貫編『近世の畿内と西国』清文堂出版、二〇〇二年）。

（6） 木村前掲注（5）論文、二二二頁。

（7） 「一、養子者連綿、但可被用同姓、女縁者家督相続、古今一切無之事」の一条である。

（8） 「兼香公記別記 六」寛保三年二月十八日条。

（9） 「長忠卿記 二十三」寛保三年二月十八日条。

（10） 松澤克行「近世の家礼について」（『日本史研究』三八七、一九九四年）。

（11） 「長忠卿記 二十三」寛保三年二月十八日条。

（12）寛保三年段階で有栖川宮職仁親王の末子は、元文二年九月十日生まれの律宮である（『系図纂要』名著出版、一九九二年参照）。
（13）有栖川宮職仁親王の王子で、菅宮。元文三年二月三日に三宝院を相続していた。
（14）「兼香公記別記　六」寛保三年二月二十一日条。
（15）当時、摂家出身の大乗院門跡は、鷹司房輔の子の隆尊（五三歳）と二条吉忠の子の隆遍（二四歳）がいた。
（16）「兼香公記別記　六」寛保三年二月二十一日条。
（17）政宮は延享五年（一七四八）、二二歳で薨去している（『系図纂要』参照）。事実は定かではないが、早世していることから、病弱であった可能性が高いのではないだろうか。
（18）政宮は元文三年七月二十二日に仁和寺を相続しているが、入寺得度はまだ行っていない。兼香があげている相続人候補は、門跡でも得度を行っていない者たちのみであり、そのことが大きな選定理由と考えられる。これは還俗しての相続を拒否している点とも関連しており、重要な論点であると考えている。
（19）『大日本近世史料　広橋兼胤公武御用日記』第二巻（東京大学出版会、一九九二年）宝暦元年十一月二十七日条。これは九条家を嗣いだ尚実（随心院門跡尭厳）の嗣子決定に際し、宝暦元年当時の所司代である松平豊後守資訓から渡された寛保三年の九条家相続に関する所司代書留を、当時の武家伝奏である広橋兼胤が写したものである。
（20）当時の摂家の年齢構成は、一条兼香五二歳、道香二二歳、近衛内前一六歳、鷹司基輝一七歳であった。
（21）『大日本近世史料　広橋兼胤公武御用日記』第二巻、宝暦元年十二月二十九日条。
（22）公家社会には実子・養子・猶子の制度が存在していた。ここでの「養子」とは養家・生家双方と親子関係を継続するものにあたると考えられる（久保貴子「系譜にみる近世の公家社会」『大倉山論集』四七、二〇〇一年参照）。
（23）「長忠卿記　二十四」寛保三年五月十八日条。
（24）「兼香公記　二二二」寛保三年五月十七日条。
（25）同右。
（26）史料では「前大乗院隠居仰高院殿ニ而候得共、最早御老人之事、迚御還俗と申儀難相成候」（「兼香公記　二二三」寛保三

年五月十八日条）とあるため、鷹司房輔の子である大乗院門跡隆尊を指すものと考えられる。
(27)「兼香公記別記 七」寛保三年七月二十七日条。
(28) 橋本政宣「寛延三年の「官位御定」をめぐって」（『東京大学史料編纂所研究紀要』二、一九九一年、後に同著『近世公家社会の研究』吉川弘文館、二〇〇二年所収）。
(29)「長忠卿記 二十四」寛保三年五月十四日条。
(30)「兼香公記 一四五」享保二十年四月二十二日条。田中暁龍「禁中並公家諸法度第一条についての一考察」（竹内誠編『徳川幕府と巨大都市江戸』東京堂出版、二〇〇三年）を参考とした。
(31) 高埜利彦「禁中並公家諸法度」（『歴史と地理 日本史の研究』四六〇・四六三、一九九三・九四年、後に同前掲注(3)書所収）。
(32) 近年、「法度」について詳細な分析を行った吉田洋子氏の論考が出された（吉田洋子「朝廷の存在形態と役割―「禁中幷公家中諸法度」の規定から―」『日本史研究』四九五、二〇〇三年）。吉田氏は三公任官の条文分析から高埜氏の摂家偏重との条文理解を批判されているが、「法度」制定以降、三公任官者に摂家が圧倒的に多いことや、本章で扱った広幡の年少での摂家の大臣任官への不満などに鑑みれば、そうした理解には疑問の余地があろう。
(33) ここでいう「異姓」とは藤原氏・源氏・菅原氏などの姓のことである。
(34) 久保前掲注(22)論文。
(35) 当時幕府への職制人事などの報告は「御内慮」伺いの制度が定着していた。また相続問題への幕府の介入については、世襲親王家への介入の事例がみられる（山口和夫「朝廷と公家社会」『日本史講座 第六巻』東京大学出版会、二〇〇五年、後に同前掲注(1)書所収）。
(36) 高埜前掲注(31)論文。
(37) 高埜前掲注(3)論文。

補論　近世摂家養嗣子相続の基礎的考察

はじめに

本章は、近世の摂家の養子相続について、養子相続が行われる実際の過程や、各摂家の家礼関係にある公家の動向を中心に分析を加えるものである。

近世の摂家は、武家伝奏・議奏とともに、幕府に朝廷統制を担わされた存在であり、(1)その相続を分析することによって、公家社会内で摂家がどのように扱われていたかをみることができると考えている。以下、いくつかの事例をあげ、相続の過程および家礼の動向についてその一端を明らかにしていきたい。なお、適宜以下に付した摂家当主一覧表（表3〜7）・摂家系図（系図1〜5）をご覧いただきたい。

一　近世摂家養子相続についての先行研究

近世摂家の養子相続についての先行研究は、管見の限り久保貴子氏と木村修二氏の論考がある。本節では二人の論考の内容について概観していきたい。

久保貴子氏は「系譜にみる近世の公家社会—養嗣子の出自を中心に—」の論考にて、(2)摂家のみならず、堂上公家全体を対象とし、近世堂上公家の系譜である『系図纂要』や「華族系譜」を基本史料に、系譜からうかがえる公家社会における相続、特に養嗣子相続の傾向を検討し、家格や血縁、門流について考察を行っている。まず「系譜」類の不備について述べ、公家社会における実子・養子・猶子それぞれの違いについて述べる。[3] 次に摂家、清華家の養嗣子について分析を加え、各家ごとに養嗣子が入った回数や、男系親族を優先しているかどうか、また前述した摂家各家の「家譜」に、その養嗣子が「実子」と記載されているかどうかについて、その実態を明らかにしている。さらに「禁中幷公家諸法度」第六条の他姓による相続の禁止が、実際の養子相続の場で厳守されていたのかどうかについても検討を加え、姓が異なる相続の場合、多くが「実子」相続であるが、その効力についてはなお明らかにしていく必要があると述べている。

さらに久保氏は摂家の養嗣子について検討している。近衛家については、近世初頭の後陽成天皇の皇子である信尋が当主となって以後、その血統は絶えることなく明治維新を迎えている。一条家も、近衛家同様、近世初頭に後陽成天皇の皇子が養子となるが（昭良〈兼遐〉）、その後は鷹司家から兼香を養子として迎えている。また血脈は同じだが、

系図1　近衛家系図

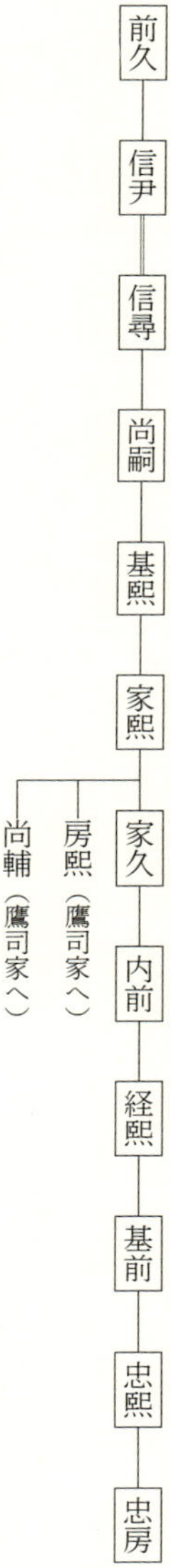

※『系図纂要』（名著出版、一九七三年）、『近世朝廷人名要覧』（学習院大学人文科学研究所、二〇〇五年）、『近世公家名鑑編年集成』（楓風舎、二〇〇九年～一一年）などを参考に作成した。
※囲み枠は当主、二重線は養子を表す。
※系図2～5も同様。

系図2　九条家系図

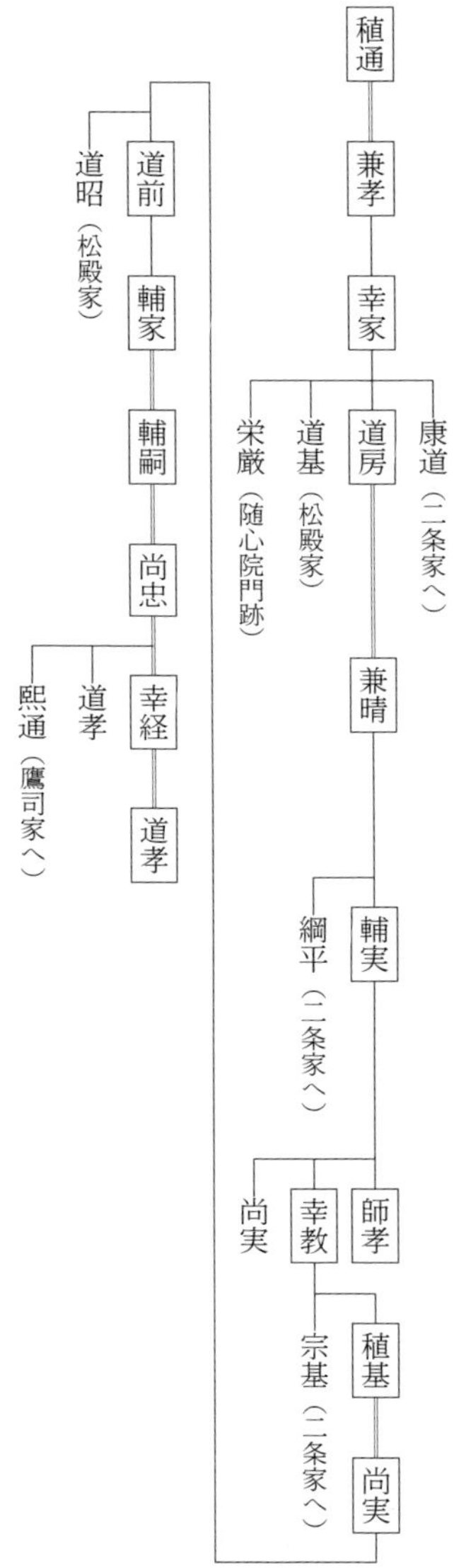

太政大臣	摂関	准三宮	摂関在職年数	実　父
			7年	御陽成天皇
			3年	近衛信尋
62			14年	近衛尚嗣
44		59	7年	近衛基熙
47		51	11年	近衛家熙
41		50	24年	近衛家久
				近衛内前
				近衛師久（経熙）
			2年	近衛基前
				近衛忠熙

太政大臣	摂関	准三宮	摂関在職年数	実　父
		36	5年	二条晴良
			10年	九条兼孝
			1年	九条幸家
				鷹司教平
			13年	九条兼晴
				九条輔実
				九条輔実
				九条幸教
64		71	12年	九条輔実
				九条尚実
				九条道前
				二条治孝
	59	71	7年	二条治孝
				鷹司政通
				九条尚忠

表3　近衛家当主一覧

名　前	生　　没	没年齢	権大納言	内大臣	右大臣	左大臣
信　尋	慶長4年(1599)～慶安2年(1649)	51	13	14	16	22
尚　嗣	元和8年(1622)～承応2年(1653)	32	13	19	21	26
基　熙	正保5年(1648)～享保7年(1722)	75	11	18	24	30
家　熙	寛文7年(1667)～元文元年(1736)	70	11	20	27	38
家　久	貞享4年(1687)～元文2年(1737)	51	11	25	29	36
内　前	享保13年(1728)～天明5年(1785)	58	9	16	18	22
師久(経熙)	宝暦11年(1761)～寛政11年(1799)	39	9	19	27	
基　前	天明3年(1783)～文政3年(1820)	38	15	17	32	33
忠　熙	文化5年(1808)～明治31年(1898)	91	12	17	40	50
忠　房	天保9年(1838)～明治6年(1873)	36	14	26		30

※『新訂増補国史大系　公卿補任』（吉川弘文館）をもとに作成した.
※数字は年齢，摂関在職年数の欄はその在職した年数.
※表4～7も同様.

表4　九条家当主一覧

名　前	生　　没	没年齢	権大納言	内大臣	右大臣	左大臣
兼　孝	天文22年(1553)～寛永13年(1636)	84				
忠栄(幸家)	天正14年(1586)～寛文5年(1665)	80	19		22	27
道　房	慶長14年(1609)～正保4年(1647)	39	13	24	32	34
兼　晴	寛永18年(1641)～延宝5年(1677)	37	14	24	25	31
輔　実	寛文9年(1669)～享保14年(1729)	61	12	25	36	40
師　孝	元禄元年(1688)～正徳2年(1713)	26	12			
幸　教	元禄13年(1700)～享保13年(1728)	29	19	27		
稙　基	享保10年(1725)～寛保3年(1743)	19	11	15		
尚　実	享保2年(1717)～天明7年(1787)	71	29	34	39	43
道　前	延享3年(1746)～明和7年(1770)	25	9	14		
輔　家	明和6年(1769)～天明5年(1785)	17	10			
輔　嗣	天明4年(1784)～文化4年(1807)	24	16			
尚　忠	寛政10年(1798)～明治4年(1871)	74	14	24	27	50
幸　経	文政6年(1823)～安政6年(1859)	37	20			
道　孝	天保11年(1840)～明治39年(1906)	66	23			28

系図3　一条家系図

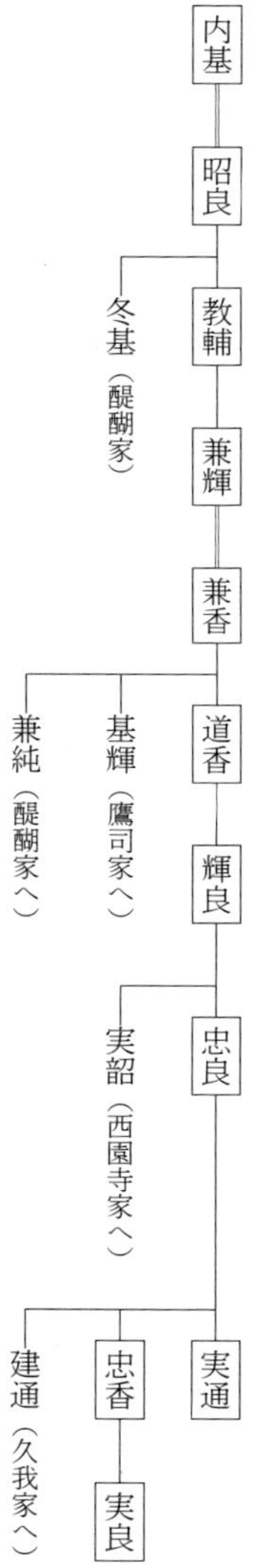

太政大臣	摂関	准三宮	摂関在職年数	実　父
			13年	後陽成天皇
				一条昭良
			11年	一条教輔
55		60	10年	鷹司房輔
		48	14年	一条兼香
			5年	一条道香
	41	55	10年	一条輝良
				一条忠良
				一条忠良
				一条忠香

太政大臣	摂関	准三宮	摂関在職年数	実　父
		50	5年	二条晴良
			13年	九条幸家
			13年	二条康道
			5年	九条兼晴
		追贈（明和6年）	2年	二条綱平
				二条吉忠
				九条幸教
				二条宗基
				二条宗基
				二条治孝
				二条治孝
			6年	二条斉信

表５　一条家当主一覧

名　前	生　　　没	没年齢	権大納言	内大臣	右大臣	左大臣
昭良（兼遐）	慶長10年（1605）～寛文12年（1672）	68	10	15	17	25
教輔（教良・伊実）	寛永10年（1633）～宝永4年（1707）	75	15	18	23	
兼輝（冬経・内房）	慶安5年（1652）～宝永2年（1705）	54	12	21	26	
兼　香	元禄5年（1692）～寛延4年（1751）	60	17	31	35	46
道　香	享保7年（1722）～明和6年（1769）	48	12	17	17	24
輝　良	宝暦6年（1756）～寛政7年（1795）	40	13	16	24	32
忠　良	安永3年（1774）～天保8年（1837）	64	16	19	23	41
実　通	天明8年（1788）～文化2年（1805）	18				
忠　香	文化9年（1812）～文久3年（1863）	52	17	47		48
実　良	天保6年（1835）～慶応4年（1868）	34	24		33	

表６　二条家当主一覧

名　前	生　　　没	没年齢	権大納言	内大臣	右大臣	左大臣
昭　実	弘治2年（1556）～元和5年（1619）	64				
康　道	慶長12年（1607）～寛文6年（1666）	60	13	15	23	26
光　平	寛永元年（1624）～天和2年（1682）	59	14	19	24	29
綱　平	寛文12年（1672）～享保17年（1732）	61	13	33	37	44
吉　忠	元禄2年（1689）～元文2年（1737）	49	16	27	34	38
宗　熙	享保3年（1718）～元文3年（1738）	21	16	20	21	
宗　基	享保12年（1727）～宝暦4年（1754）	28	16	19	23	
重　良	宝暦元年（1751）～明和5年（1768）	18	10			
治　孝	宝暦4年（1754）～文政9年（1826）	73	19		38	43
斉　通	天明元年（1781）～寛政10年（1798）	17	14	17		
斉　信	天明8年（1788）～弘化4年（1847）	60	21	28	33	37
斉　敬	文化13年（1816）～明治11年（1878）	63	16	44	47	48

系図4　二条家系図

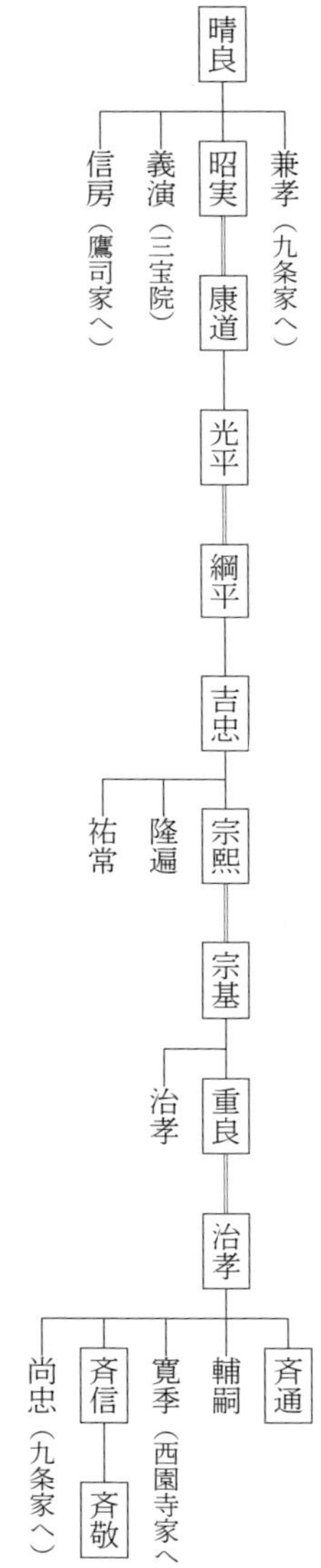

系図5　鷹司家系図

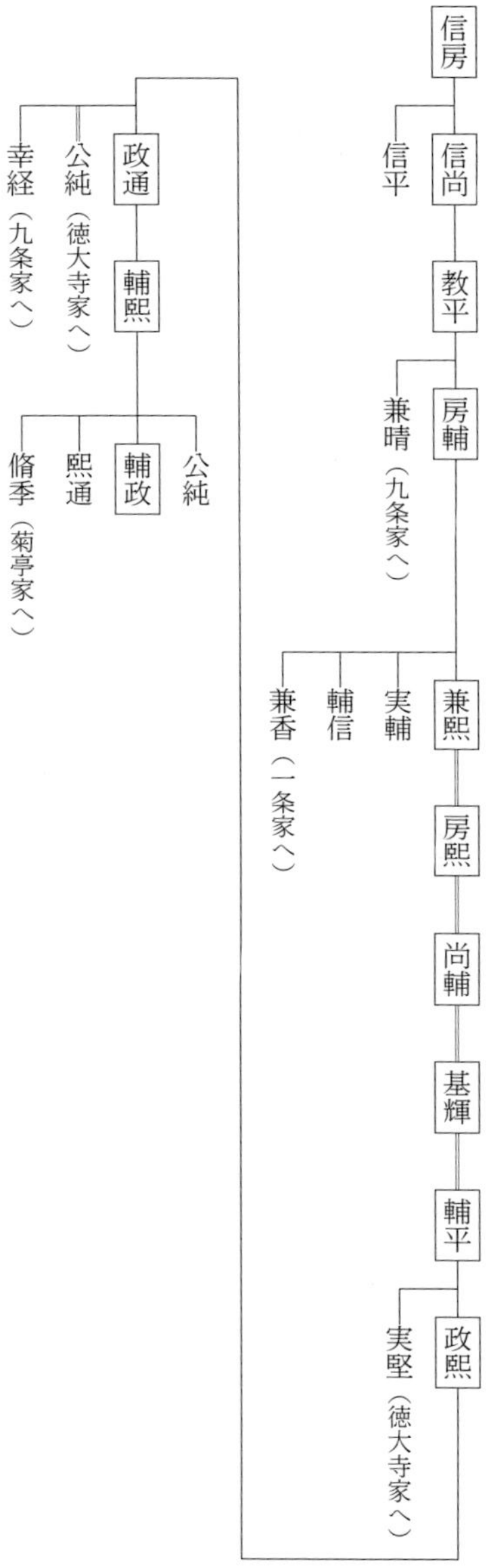

実通が早世し、その弟の忠香が実通の養子となり当主となっている。忠香の子実良は慶応四年（一八六八）四月、王政復古直前に死去してしまい、文久二年（一八六二）生まれの醍醐忠貞が養子に入り、さらにその後は四条家から養嗣子を迎えるなど、明治維新後は摂家より下位の家格から養嗣子を迎えている。(4)

二条家は九条家から三度養嗣子を迎えている。戦国末期の二条家当主晴良には四人の男子がおり、長男の兼孝が九条家、次男の昭実が二条家、四男の信房が鷹司家を相続した（三男は三宝院に入室した義演）。しかし昭実には嗣子がなく、兄である兼孝の嫡孫康道を養嗣子として迎える。康道の子である光平も男子に恵まれず、再び九条家から綱平を迎える。その後二条宗熙の時にも宗熙に嗣子がなく、彼の弟二人は大乗院と円満院に入寺・得度しており、宗熙の父である吉忠には兄弟がなかったため、祖父綱平の兄である輔実の孫にあたる宗基を九条家から迎えることとなる。宗基の後は他家から養子を迎えることなく、明治維新を迎えている。

次に九条家であるが、九条兼孝以降、鷹司家から二度、二条家から二度、養嗣子を迎えている。兼孝の孫にあたる道房には男子がなく、二条家を継いだ兄康道にも嫡子光平しかおらず、弟道昭にも子がなく、下の弟である栄厳は随心院に入寺・得度しており、父幸家の弟も寺院に入寺のため、祖父兼孝の弟信房の曽孫兼晴を鷹司家より迎える。(5)その後兼晴から輔家までは弟による相続や還俗による相続があるものの実子相続が続く。しかし、天明五年（一七八五）に輔家が一七歳で死去し、最も近い男系親族である九条輔家の父である道前の従兄弟・二条宗基の家から宗基の孫である輔嗣を迎えることとなるが、その輔嗣も二四歳で死去してしまい、その弟の尚忠を養嗣子とし、明治維新を迎える。

最後に鷹司家であるが、最初に養嗣子を迎えることになったのは、鷹司信房の玄孫である兼熙の代である。兼熙には三人の男子がいたもののいずれも早世で、享保二年（一七一七）に近衛家熙の次男で当時八歳の益君（後の房熙）を迎えることとなる。なお、兼熙自身は享保十年に亡くなっており、享保二年当時は五九歳であり、新たに嗣子をもうけることは難しかったと考えられる。なぜこの時期に相続人が決定したのかについては次節で検討を加える。

さてこの兼熙には西園寺家を相続した実輔と部屋住の輔信、一条家を相続した兼香、大乗院に入寺・得度した隆尊と四人の男子がいたものの、一条兼香には当時まだ子がなかったため、実輔およびその子どもである二人の男子、そして輔信が相続人候補であったが、結果的にその四人から鷹司家を相続した者はいなかったのである。輔信は幼少時から目が不自由であったらしく、このことが相続者候補とはなり得なかった要因のようである(6)。西園寺家の人間が相続候補者になり得なかった点は、木村修二氏がすでに摂家より下位の家格出身者からの摂家への養子相続はあり得なかったことを明らかにしている(7)。さてこの房熙は二一歳という若さで死去してしまい、再び近衛家から房熙の弟である尚輔を養嗣子として迎え入れる、しかしこれも八歳で死去し、享保十二年（一七二七）生まれの一条兼香の子基輝が養嗣子となる。しかし基輝も一七歳で死去し、閑院宮から王子（輔平）が養嗣子として入ることとなる。輔平の後は還俗による相続（三宝院を相続していた熙通）があったものの、他家から養嗣子を入れることなく、明治維新を迎えている。

久保氏は清華家についても同様の分析を加え、養嗣子の出自という視角から、江戸時代の公家社会秩序は、家格の重視によって保たれていた面があると指摘し、これは江戸幕府の方針であり、この姿勢が前代との違いであると述べる。また十六世紀

太政大臣	摂関	准三宮	摂関在職年数	実父
			3年	二条晴良
			4年	鷹司信房
				鷹司信尚
			20年	鷹司教平
			5年	鷹司房輔
				近衛家熙
				近衛家熙
				一条兼香
			5年	閑院宮直仁親王
	35	55	20年	鷹司輔平
54	35	68	34年	鷹司政熙
			1年	鷹司政通
				鷹司輔熙

表7　鷹司家当主一覧

名　前	生　　没	没年齢	権大納言	内大臣	右大臣	左大臣
信　房	永禄8年(1565)～明暦3年(1657)	93				
信　尚	天正18年(1590)～元和7年(1621)	32				
教　平	慶長14年(1609)～寛文8年(1668)	60	11	24	24	32
房　輔	寛永14年(1637)～元禄13年(1700)	64	12	22	25	27
兼　熙	万治2年(1659)～享保10年(1725)	67	13	23	25	32
房　熙	宝永7年(1710)～享保15年(1730)	21	13	19		
尚　輔	享保11年(1726)～享保18年(1733)	8				
基　輝	享保12年(1727)～寛保3年(1743)	17	11	17		
輔　平	元文4年(1739)～文化10年(1813)	75	10	18	21	40
政　熙	宝暦11年(1761)～天保12年(1841)	81	10	29		31
政　通	寛政元年(1789)～明治元年(1868)	80	13		27	32
輔　熙	文化4年(1807)～明治11年(1878)	72	15	42	51	
輔　政	嘉永2年(1849)～慶応3年(1867)	19	15			

末までは異姓間の養子相続はあまり問題にはされていないが、江戸時代には「禁中幷公家諸法度」第六条の影響からか、「実子」という方法で異姓間の養子相続が行われることになる。また幕末に近づくほど「実子」相続が増える点について、「養子」相続には幕府・朝廷双方への届け出の義務があり、また摂家から清華家に「養子」に入った場合、その養子一代は実家の家格待遇を受けることになるため、こうした煩雑さを避ける意図があるのではないかと指摘した。さらに、幕末期に増加することについては、公家衆の幕府への意識変化、幕府に監視される嫌悪感・抵抗感が公家衆のなかに生まれてきたのではないかと推測している。

　次に木村修二氏の「近世公家社会の「家」に関する一試論―養子縁組をめぐって―」の論考(8)を取り上げたい。木村氏は摂家の養子相続を事例に、江戸時代の「朝廷」世界の身分的特質の検討を行っている。摂家の養子相続そのものの分析については、久保氏と同様であるためここでは省略するが、養子相続の事例および摂家血脈図から、摂家には「皇親系摂家」（近衛家・一条家、後に一条家が外れ、鷹司家）と「藤原氏系摂家」（二条家・九条家・鷹司家、後に鷹司家が外れ一条家）の二つの系統が存在していたことを明らかにし、この二系統以外からは摂家の家督相続者が出なかったことを強調している。また後水尾天皇（上皇）が在世していた時に、摂家に「内々の摂家」と「外様の摂家」と呼ばれる区別があったことにも言及している。(9) 木村氏はこの区別はあくまで後水尾の実弟が近衛・一条を嗣いでいたからであり、その後の時代を通じて存在していたとは考えにくいと指摘する。この指摘は非常に重要であり、後に久保氏は二条綱平の養嗣子相続を取り上げ、そのなかで二条光平に嗣子がなく、後水尾院から自身の弟である一条昭良の次男冬基を養子にするよう勧められた。これに対し光平は、九条兼晴の次男石君を養子にする契約を内々に交わしており、また二条家に実子がない時は、九条家から養子を迎えるようにという父康道の遺命があるとの理由で断っている。また康道は後陽成天皇の皇子が藤原氏に改姓して、近衛・一条両家を相続したことを好ましく思っておらず、康道は、天皇は天照大神の正統であり、摂関家は天児屋根命の神孫である鎌足が藤原氏を賜って以来、藤原氏の長者として代々摂政関白の重職を担う家で、君臣がこれを犯してはならないとの考えを持っていたことを明らかにしている。(10) つまり少なくとも後水尾院が在世していた時期、摂家内部でも皇子相続に対する意識が異なっていたことがわかる。それが二条家独自のものであったのか、他摂家はどうであったのか、また時代を下るにつれて、そうした意識はどう変化していったのかについてはさらに検討していく必要があろう。

さて以上先行研究についてみてきたが、改めて本章で明らかにしていく点を述べていきたい。

最初に、摂家の養子相続の人選過程・決定過程である。こうした相続人の決定過程における各家の家礼の動向は、系図や血脈図だけでなく、同時代史料を用いて、丹念にその経緯を追っていかなければ明らかにはできない問題であろう。第二に、寛保三年（一七四三）の摂家相続問題では、入寺・得度した随心院門跡尭厳が還俗して九条家を嗣ぎ（九条尚実）、閑院宮家から王子がいったん一条兼香の養子となり鷹司家を嗣いだ（鷹司輔平）。これにより、入寺・得度をした人物が還俗して相続するという先例ができた訳だが、その際、時の関白一条兼香が還俗しての相続を先例とはしない旨を述べている。(11)では、実際の相続の場でどのような経緯があったのかを検討していく必要があろう。以上二つの課題を中心に次節で述べていきたい。

二　養嗣子相続・還俗相続事例の検討

最初に、寛保三年（一七四三）以後で還俗しての相続を行った事例について検討していきたい。寛保三年以後、五摂家は比較的家督相続が安定し、他家から養子を迎えての相続は減少した。そのようななかで、養子相続を行っているのは、天明五年（一七八五）、九条輔家が死去し、二条治孝の次男輔嗣が九条家を相続する事例がある。また当主の弟が相続する事例として、明和五年（一七六八）二条重良が死去し、弟の治孝による家督相続、寛政十年（一七九八）、同じく二条家で治孝の嫡男斉通が亡くなり弟の斉信が家督を嗣ぐ事例がある。さらに「実子」相続の事例として、九条尚忠が鷹司政通の子幸経を貰い受ける事例があげられる。なお、一条家へ醍醐家・四条家から養子として家督相続する事例については松田敬之氏の分析があるため、(12)本節では除外する。

さて、これらの事例のなかで、還俗が関係してくるのは、明和五年の二条重良の弟である治孝による家督相続と、寛政十年、二条斉通が死去し、寛政六年に九条尚実の猶子となり、随心院を相続していた二条斉信の還俗が該当する。ただ、後者は未だ当主として二条治孝が健在であり、すぐに家督相続をしていないため、前者の治孝の還俗相続をここでは取り上げたい。治孝は当時、三宝院を嗣いでおり、兄である重良の急死に伴い、急遽還俗して家督を嗣ぐことになった。

二条重良は明和五年七月二日に死去するが、その当日に二条家の家督について相談が持たれる。以下の史料は当時武家伝奏を勤めていた広橋兼胤の公武御用日記からの引用である。

〔史料1〕「兼胤記　四十」[13]明和五年七月二日条

一　二条前大納言（二条重良）被差出病気危急之処、依無男子、弟衛君（後の二条治孝）十五才雖三宝院相続、未入寺得度不相済之間、二条家相続之事被願度之由書付直願両人（武家伝奏広橋兼胤・姉小路公文）宛、別紙三宝院無住ニ不相成候様ニ、早速相続被仰出候様ニ被願度之由、使口上書両人御雑掌宛已上二通之書付、摂政殿（近衛内前）へ入御覧可令披露被命、附石井中納言（議奏石井行忠）披露、右ニ付右府（鷹司輔平）・前関白（一条道香）被召候所、前関白依所労不参、依之両人向一条家、衛君相続之事無所存哉否、且右府ハ無所存被申上之由可申達、将又三宝院無住相成ニ付、前関白次男教君二才、三宝院相続候間、可被仰出御請可被申哉内々可申達之由摂政殿被命、両人向一条家詣見参、右之趣申入、衛君相続無子細被存候、次男教君三宝院相続之事被仰出候ハヽ、可被申御請之由也、還参、此旨摂政殿へ申入了、右相続之事関東へ御内慮可申達被仰出之由石井被示了、

二条家から武家伝奏に対して、二条重良に嗣子がないため、三宝院を嗣いでいる弟の衛君に二条家の家督相続を願う願書と、衛君が抜けたことで三宝院が無住とならないようにしてほしい旨の願書、あわせて二通の願書が出される。これに対し武家伝奏は摂政近衛内前へ願書をみせ、摂政から右大臣鷹司輔平と前関白一条道香に対し、二条家の家督を衛君が嗣ぐこと、無住となった三宝院を道香の次男教君が相続することについて所存を尋ねるよう命じている。伝奏は輔平および道香から異論がない旨の返答を受け、これを近衛内前に報告し、後桜町天皇から議奏の石井行忠を通して幕府へこの相続について御内慮伺いするよう命じられている。

翌日武家伝奏が京都所司代阿部正允の役宅へ赴き、そこで所司代に願書の書付を渡す。渡した書付を以下にあげたい。

〔史料2〕「兼胤記 四十」明和五年七月三日条

三日

一 巳刻両人同伴向飛驒守（京都所司代阿部正允）役宅、左之趣申入心覚之書付渡之、

二条前大納言病気危急之処、依無男子弟衛君十五才、雖三宝院相続、未入寺得度不相済之間、二条家相続之事被相願候、摂家中へ被尋候処、各無子細被存、血縁之儀ニ茂候間、旁願之通被仰出、無子細之由被申上候間、願之通被仰出度被思召候、且又三宝院無住ニ相成ニ付、前関白次男教君二才、三宝院門跡相続被仰出度被思召候御内慮之趣、関東へ宜被申入之由、二条家願書二通渡之、飛驒守謹奉之、関東へ可申遣之由也、

幕府への願書でも、三宝院を相続したが入寺・得度がまだ済んでない旨、また弟という「血縁」であることも明記されているのがわかる。ここからはあくまで推測であるが、もし衛君が三宝院の入寺・得度を済ませていたならば、一条道香の次男教君が二条家の家督を嗣ぐことになったのではないだろうか。寛保三年の相続問題の際、一条兼香が九条家・鷹司家の相続人候補としてあげた者たちも門跡を相続しているが、入寺・得度はまだ済ませていない者たちであった(14)。あくまで兼香のいうように尚実の事例は特例であり、その後は先例とならなかったものと考えられる。一方、こうした入寺・得度した者が相続人になり得ないという考えは、摂家だけでなく、公家社会全体の共通観念であったとも考えられるので、堂上公家をふくめた公家社会全体の還俗による相続のなかで改めて考察を試みたい。

次に摂家の養子相続に家礼(15)がどのように関わっていたのかについて検討していく。

最初に享保二年（一七一七）に鷹司兼熙の養子となった近衛家熙次男益君（後の房熙）の事例を取り上げる。益君が

正式に鷹司兼煕の養子となったのは享保二年のことだが、この鷹司家の相続問題は、その前年からすでに問題となっていた。以下は当時左大臣であった二条綱平の日記「綱平公記」[16]からの引用である。

〔史料3〕「綱平公記　四」享保元年六月十日条

一　午ノ刻過程鷲尾大納言（鷲尾隆長）・伏原三品（伏原宣通）同道ニて入来、其訳者摂政（九条輔実）ゟ為使入来、内々鷹司若君之事鷹司家相続相済候へ共、九条家ニも子孫無之、其上伝授之事共多有之故、何とそ左府（二条綱平）世話候て、九条家家続相済申入候様、以女二宮（栄子内親王・二条綱平室）、院（霊元院）御所江宜敷御沙汰候様頼被存候間、可然候様ニ両人共ニ是又頼被申候、左府申入候ハヽ、於此方少も如在之事ニ無之故、常々左様ニ存候、

左大臣二条綱平の元に摂政九条輔実の使者として鷲尾隆長と伏原宣顕が尋ねてきて、鷹司「若君」の相続の件について相談を行っている。その内容は「若君」はすでに鷹司家を相続しているが、九条家にも子がない、また「伝授」[17]のこともあるため、綱平から女二宮（綱平正室で霊元院皇女の栄子内親王）を通じて、霊元院から鷹司「若君」が九条家相続の「御沙汰」を頂けるよう、仲介してもらいたいとのことであった。

この鷲尾大納言と伏原三品は、松澤克行氏によれば九条家家礼であり[18]、九条輔実の命を受けて綱平の元に参上している。なぜ綱平の元に参上し、仲介を頼んでいるのかといえば、綱平は輔実の弟にあたり、綱平の正室は霊元院皇女の栄子内親王であった。摂政輔実は実の弟である綱平を介して、鷹司「若君」を鷹司家から九条家に取り返し、九条家家督相続の仰せを霊元院から得ようとしたものと考えられる。また当時の九条家は、摂政輔実の子である師孝が正徳二年（一七一二）に二六歳の若さで死去しており、その師孝の遺児も享保元年閏二月二十三日に五歳で死去している[19]。これにより、九条家は当主の輔実を残すのみとなってしまい、にわかに家督相続の問題が生じたものと考えられ

る。

次にこの鷹司「若君」であるが、「九条家譜」[20]をみると、後に師孝の跡を嗣いだ幸教の箇所に「鷹司関白兼煕猶子」と記載があり、どの段階かは不明だが、猶子になったことにより、鷹司家を相続することが鷹司・九条両家の間で約束されていたものと考えられる。しかし、師孝の遺児が早世してしまったことにより、師孝の弟にあたる「若君」（幸教）を鷹司家から取り返す必要が出てきたのである。

またこの史料で注目すべき点として、「伝授」についてもその相続人の選定に重要な条件であるとされていることである。元々九条家出身である「若君」が相続する方が、そうした作法の伝授についても円滑に行えるということではないだろうか。

この九条家側からの願いを受け、鷹司家当主である前関白鷹司兼煕へどのように幸教の取り返しについて話をするのか、相談が行われる。

〔史料4〕「綱平公記 四」享保元年六月十七日条

一 藤谷三品（藤谷為信）入来対談、其様者伴君之事、前関白（鷹司兼煕）相続候処ニ、九条家子孫も無之候間、何とそ九条家返候被下候様ニ頼被存候由、此間鷲尾・伏原ヲ以示給候、尤女二宮先日参院之節、御前にても其御噂有之候、且其許頼申事候哉、蜜々言上申候間、宜前関白へ被申入候様頼申候、日柄宜候間、来十九日ニ前殿下江被申入候様頼申候也、藤谷三品も迷惑ニ存候得共、少々仰も有之、其上此義ハ御尤ニ存候間、伺公申入候而可申由被申帰ル、

鷹司家の家礼であり、霊元院の院参衆でもある藤谷為信[21]が二条綱平の元を訪れ、院からの仰せにより、十九日に藤谷が兼煕の元へ参上し、伴君（幸教の児名）の取り返しについて申し入れることになったと述べている。綱平はこれ

を受け、同日に摂政九条輔実、九条家家礼鷲尾および伏原へ書状でこの旨を伝えている。十九日に藤谷が鷹司兼煕へこの件を申し入れたところ、兼煕は「早速返答難被成候」(22)と述べ即答を避けている。

さて九条家側は鷹司家側だけでなく、綱平を通じて霊元院へも働きかけを行っていた。次の史料は鷹司兼煕の弟で、一条家を養子相続した一条兼香の日記である。

〔史料5〕「兼香公記 二十二」(23)享保元年六月二十九日条

昨夜自前関白以使種田信濃守（種田貞嘉・鷹司家諸大夫）被申送云、去日改元以後事歟自摂政以鷲尾大納言・大蔵卿（伏原宣通）等左府被申伝云、摂政家段々不幸、猶于今者無実子而、一段友君摂政実子前関白家可為養子雖有申合、摂政両年間及五旬、然者友君九条可為家督之儀、段々以両卿被令之、仍左府以藤谷右兵衛督遣前関白亭、委細被申伝、前関白当座未言語、追而可為返答之由政所有相談所、於武家者一段有養子不改其人之由返答、仍其始自法皇有御内意故、以梅小路前中納言、右兵衛督被伺御気色、院宣云、両家共ニ有一理之間、前関白可任所意之由被仰出、仍再三雖巡思案、所存無思案旨、仍以右兵衛督二条家於唯今前関白無申分、然者可任摂政意之由返答也、以何々々、

抑此儀一両年已前先鷹司家取置而、元服急々可及沙汰所解替、仍及今度時儀以何々々、

兼香は実の兄である兼煕から相続問題について詳細を聞いており、その内容は以下のようなものである。九条家は輔実の子息師孝、さらにはその子息も早世するなど不幸が続いており、すでに実子は鷹司家を相続する予定の友（伴）君のみである。鷹司家と相続の申し合わせがあるとはいえ、輔実の年齢から、この後の跡継ぎは望めず、伴君が九条家の家督を相続するしかない。そのため、輔実の弟である二条綱平が、兄の求めに応じて、鷹司家家礼である藤谷を通じて兼煕の意向を尋ねてきた。兼煕はその場では答えられず、その後兼煕の正室(24)に尋ねたところ、武家では、

一度養子と決まったものは改めないのではないかとの返答があった。これにより霊元院の御内意を尋ねるため、院伝奏梅小路共方を介して、藤谷が尋ねたところ、霊元院からは九条・鷹司両家の言い分ともに一理あるとし、兼煕の意見に任せるとの仰せが出された。しかし兼煕側は特に所存がないため、摂政九条輔実の意見に任せることになった。兼香はこの相続について二年ほど前に鷹司家から持ちかけられ、急いで相続の契約を行ったものの、今回このようなことになってしまったと述べている。

判断は輔実に委ねられ、その後伴君が九条家を相続することが朝廷内で決定した。[25] 輔実から武家伝奏・幕府へその旨を申し入れるよう仰せが出され、[26] 幕府の許可を得て、正式に伴君が九条家の家督を相続することとなる。伴君は十二月十三日に元服し幸教と名乗り、加冠は輔実・綱平の父である兼晴（後往生院）の次第により、綱平が勤めることとなった。[27]

さて九条家の跡継ぎは無事鷹司家より取り返しが済んだが、鷹司兼煕にも嗣子はなく、この取り返しと同時並行で鷹司家の相続人をどうするのかが持ち上がる。以下に史料を掲げる。

〔史料6〕「基煕公記　七十五」[28] 享保元年六月二十日条

一　鷹司家諸大夫密来、彼家相続事マサ君ヲ可被申請旨、前関白強而被申入云々、可領状歟旨也、家門繁栄得時歟、早々可有領状旨返答相共歓喜々々、上件当時九条家無相続人故可被返旨也云々、委細追而可註之、

この史料から、すでに六月二十日段階で、伴君が九条家に戻され家督を嗣ぐことがほぼ確実視されていることがわかる。そのため鷹司家は近衛家煕の次男「マサ」君（後の房煕）を養子として迎え入れたいと近衛家に申し入れたのである。基煕はこれを家門繁栄として喜んでいる。近衛家は、その後に三宝院にも家煕末子の音君が入寺するなど、[29] 基煕・家煕・家久三代で栄華を極めることとなる。

次に元文三年（一七三八）六月に死去した二条宗熙の養子相続について取り上げたい。二条宗熙は六月十八日に死去し、同日付けで九条稙基の次男石君が二条家を相続することが武家伝奏より廻状で通達された[30]。亡くなる二日前に、当時の関白一条兼香が二条亭へ見舞いに向かっている。その時の史料を以下に掲げる。

〔史料7〕「兼香公記　一七三」元文三年六月十七日条

自女二宮（栄子内親王・二条綱平室）依案内向右府（二条宗熙）亭、中院前内府（中院通躬）・葉室前大納言（葉室頼胤）・武者小路中納言（武者小路公野）・綾小路前中納言（綾小路有胤）・宮内卿（五辻広仲）・中御門前中納言（中御門宣顕）等被行向也、

向女二宮、是ハ右府所労以外其故養子之事、九条家二男石君可為養子之由被為存、又伝授物女二宮・政所（二条吉忠室・前田綱紀女か）等可被加封之由也、（中略）葉室前大納言、武者小路中納言等被申合養子之事、即女二宮江被為内談而、予相談、此日参入之輩皆九条家々礼也、中御門前中納言老人之義不及其儀、武者小路中納言内々為使女二宮被申入之由ニ而、被向九条家石君養子之事被申入可然事也、其上了掌之後、以諸大夫共被申入可然事云々、仍治定後刻可被行向之由也、（後略）

この史料からは、次の二条家の家督について、女二宮と宗熙の父である吉忠[31]の正室、さらに二条家ではなく、九条家の家礼たちが集まり協議していることがわかる。また二条家の伝授物（二条家伝来の書物などか）について、女二宮と政所両名によって封が加えられるなど、養子相続に際しての、伝授物の扱いについてもその一例を垣間見ることができる。

おわりに

本章では、摂家の養子・還俗による相続についていくつかの事例をあげて、相続時におけるその家の家礼の動向と寛保三年（一七四三）以後で摂家の養子相続に変化が見られたのかどうかについて検討を加えた。

養子相続時の家礼の動向については、鷹司兼熙・二条宗熙双方の事例で、九条家の家礼が積極的に関与していることが明らかとなった。伴君取り返しの事例では、九条家家礼が九条輔実の弟とはいえ他家である二条綱平のもとを訪れ取り返しを依頼するなど、家礼として積極的に活動していることがわかる。後者の二条宗熙の事例では、二条家の家礼ではなく、九条家の家礼が養子相続の協議に参加しているのは注目すべきであろう。二条宗熙は九条家から養子にはいった二条綱平の孫に当たり、九条家とは血縁関係があった。また宗熙の跡を嗣いだ宗基は九条輔実の孫に当たる幸教の子であった。おそらくはこの関係から九条家側が二条家の相続に積極的に関与したと考えられる。またすでに木村修二氏が、九条家と二条家は養子のやりとりが多く、非常に緊密な関係がうかがえると指摘しているように、九条家から二条家への養子相続が行われる際、九条家の家礼も二条家側の相続への関与が認められ、また他家を嗣いでいても、二条綱平のように九条輔実の弟として九条家側から相談を持ちかけられたり、幸教の加冠役を勤めるなど、他摂家と違い、非常に血縁の結びつきが強固であったといえよう。

一方で、この二つの事例から、鷹司家・二条家の家礼の動向をうかがうことができなかった。これは近衛家や九条家、一条家と比較して、鷹司家や二条家の家礼が元々少ないということが大きな理由として考えられるが、今後さらに検討が必要であろう。(32)

次に寛保三年以後の還俗による相続についてである。二条治孝相続の事例では、「未入寺得度不相済」と入寺・得度をしていないことが願書に明記されるなど、九条尚実が還俗して家督相続した後も、入寺・得度を済ませているか、済ませていないかが相続における大きな条件であったことは指摘できたと考える。九条尚実の事例が先例となったのかどうかについては、摂家の事例だけでなく、公家社会全体の還俗による相続を考えていく必要があり、改めて検討を加えたい。

注

（1）高埜利彦「江戸幕府の朝廷支配」（『日本史研究』三八四、一九八九年、後に同著『近世の朝廷と宗教』吉川弘文館、二〇一四年所収）。
（2）久保貴子「系譜にみる近世の公家社会─養嗣子の出自を中心に─」（『大倉山論集』第四七輯、二〇〇一年）。
（3）久保氏によれば、実子とは養子ではあるが、生家とは親子兄弟の関係を絶った者のことで、生家の服忌からも除外され、本来は生家の系譜にもその存在は記されない者のことであり、養子とは、養家・生家双方と親子関係を継続するものであり、猶子とは、養子と異なり、親族関係に影響されないものであるとしている（久保前掲注(2)論文）。
（4）醍醐忠貞・四条実輝の養嗣子相続については、松田敬之『次男坊たちの江戸時代─公家社会の〈厄介者〉─』（吉川弘文館、二〇〇八年）を参照。
（5）彼は摂関家号である「松殿」家の再興を許可されている（本書第一部第二章参照）。
（6）山口吉郎兵衛『茶人鷹司輔信』（リーチ、一九六三年）。
（7）木村修二「近世公家社会の〈家格〉制─「摂家」と「清華家」を中心に─」（藪田貫編『近世の畿内と西国』清文堂出版、二〇〇二年）。
（8）木村修二「近世公家社会の「家」に関する一試論─養子縁組をめぐって─」（『史泉』七九号、一九九四年）。
（9）ただし木村氏はあくまで「皇親系」か「藤原氏系」かを強調したい訳ではなく、摂家が皇親であったことに一定の意義があったというように考えないと述べている（木村前掲注(8)論文）。
(10) 久保貴子『ミネルヴァ日本評伝選　後水尾天皇』（ミネルヴァ書房、二〇〇八年）二〇七頁。
(11) 本書第一部第一章を参照。
(12) 前掲注(4)参照。
(13) 東京大学史料編纂所所蔵謄写本。
(14) 本書第一部第一章を参照。
(15) 家礼については、松澤克行「近世の家礼について」（『日本史研究』三八七、一九九四年）を参照。
(16) 東京大学史料編纂所所蔵謄写本。
(17) ここでの「伝授」であるが、九条家に代々伝わる儀礼・儀式の作法や和歌指南、家礼への儀式の習礼方法、当主への伝授物の取り扱いなどが考えられるが、詳細は今後の検討課題である。
(18) 松澤前掲注(15)論文。
(19) 「輝光卿記　享保元年　十六」（東京大学史料編纂所所蔵謄写本）享保元年閏二月二十三日条。
(20) 東京大学史料編纂所所蔵写本。九条道孝差出本。請求記号四一七五―三八九。
(21) 藤谷為信は後に院評定を拝命し、院伝奏に昇任するなど、晩年の霊元院の取次を勤めている（山口和夫「近世の朝廷・幕府体制と天皇・院・摂家」大津透編『王権を考える―前近代日本の天皇と権力―』山川出版社、二〇〇六年、後に同著『近世日本政治史と朝廷』吉川弘文館、二〇一七年所収）。ここで藤谷が使者として訪れているのは、鷹司家の家礼という面よりも、院御所からの使者という側面が強いと考えられる。この時期鷹司家の家礼は六家と少なく、また近衛家への使者も諸大夫が勤めるなど、本相続問題では九条家と対照的に、家礼の動向をうかがうことがほとんどできない。
(22) 「綱平公記　四」享保元年六月十九日条。
(23) 東京大学史料編纂所所蔵謄写本。
(24) 「政所」とは摂政・関白の正妻を指し、兼熙正室は讃岐高松藩松平頼重女であった。
(25) 「綱平公記　五」享保元年七月一日条。

(26)「綱平公記　五」享保元年七月十三日条。
(27)「綱平公記　五」享保元年十二月十日条。
(28)東京大学史料編纂所所蔵謄写本。
(29)「基熙公記　七十七」享保二年四月二十六日条。
(30)「長忠卿記　十五」（東京大学史料編纂所所蔵謄写本）元文三年六月十九日条。
(31)二条吉忠は前年の元文二年（一七三七）に死去している。
(32)松澤氏によれば享保年間で各家の家礼の数は、近衛家で四九家、九条家で一五家、鷹司家で六家、一条家で三三家、二条家で六家であるとされている（松澤前掲注(15)論文）。

第二章　「摂家」松殿家の再興

——寛永・明和期の事例から——

はじめに

近世に入り公家の家数は飛躍的に増加した。高埜利彦氏によれば、寛延元年（一七四八）段階で、その総数一三三家、その内新家が六七家と倍増していることを指摘している。(1)特に慶長・寛永期には仙洞御所、女院御所など御所の増加により、多くの新家が取り立てられている。幕府は近世中期頃までは新家増設を許容し、知行給付を続けていた。(2)またそのなかには摂家に次ぐ家格である清華家の広幡・醍醐二家も取り立てられている。

本章はこうした公家の立家のなかでも、寛永期と明和期に二度取り立てられた松殿家の再興について考察するものである。数多くの家が取り立てられているが、本章が扱う松殿家は「摂関家」の家柄であることが他の新家とは大きく異なる点である。近世において摂家は、「家職」である摂関職を徳川氏により回復され、その後武家伝奏とともに、朝廷運営・朝廷内統制を担った存在であった。(3)つまり幕府にとって摂家とは朝廷統制に欠かすことのできない家柄であり、「摂関家」の家柄である松殿家の立家は、他の新家立家とは大きく異なり、同列に論じることはできないと考える。そこで本章では、この松殿家の再興がどのような過程を経て行われたのかを詳細に分析し、朝廷・幕府双方が「摂関家」の立家についてどのような認識を持っていたのかを明らかにしていきたい。

最初に松殿家について概観しておく。松殿家は高倉天皇の時代に摂政・関白を勤めた基房の家である。基房は藤原忠通の二男で、長兄には近衛流始祖である基実、弟には九条流の始祖である兼実がいる。基房は仁安元年（一一六六）に摂政に任じられ、承安二年（一一七二）に関白となった。しかし治承三年（一一七九）に平清盛により大宰府へ配流され、同年出家する。清盛亡き後、源義仲を頼り再び入京し、子息師家を摂政とし家領を掌中におさめたが、義仲の敗死とともに失脚し、家領および摂関職を奪われてしまう。そして寛喜二年（一二三〇）に基房は死去している[4]。摂関を勤めたものの、摂家としての継続した「家」の確立はできなかった。

一　寛永期の再興

1　寛永十一年の再興許可

松殿家再興の許可が幕府から正式に出されるのは寛永十一年（一六三四）七月に入ってからである。

〔史料1〕「道房公記[5]」寛永十一年七月二十九日条

廿九日、癸丑、晴、大殿（前関白九条忠栄）御出、此日余弟道基松殿相続之事相調了、珍重々々此事自幼年之時、大殿令望之所大殿再三被仰将軍家至今日大樹（徳川家光）無同心、今日以使同大樹被申国母（東福門院）、是自先年国母御執奏也、仍被申之旨自国母被申院（後水尾院）、々御気色宣云々、以両伝奏（三条西実条、日野資勝）被申禁裏云々、久断絶之家、当此時相続、珍以祝之中之祝也、大殿慶此旨、

これは当時の九条家当主である九条道房の日記であるが、道房の弟である道基が松殿家を再興することを今日に至りようやく許可されたことがわかる。ではなぜここで九条家の子息が松殿家相続を許可されているかであるが、これ

は血縁関係が大きな理由である。道房、道基の母親は従二位豊臣完子参議秀勝女で、(6)この完子の母親は徳川秀忠の御台所である江与であった。(7)つまり家光や東福門院（徳川和子）にとって、道房、道基は甥に当たる。この血縁関係が、おそらくは道基による松殿家再興を実現させた最も大きな理由であろう。そしてこの交渉は、後水尾院、東福門院、九条忠栄（後の幸家、以下は幸家とする）、徳川家光の四者が中心となっており、史料にもあるようにその執奏は東福門院であった。そしてこの再興について、武家伝奏へ申し渡しが行われる。それが以下の史料である。

〔史料2〕「凉源院殿御記　二」(8)寛永十一年七月二十九日条

午刻時分板倉周防守ゟ御城ニ御用候間、三条同道申急可参由申来候、其後急登城申候也、三条伺公候て奥へ伺公申候へハ、吉良殿出会致申候、御本丸へ端ノ御上段ニて有御対面、両人上段ニ召候て来四日吉日候間、御鞠御見物ニ可有院参由被仰出候、又松殿御跡九条殿千世鶴御取立有度由被仰出候、左様ニ候へハ、五摂家ナミにて有候歟、又有ましくとの仰ニ候、三条被申候ハ、近代ハ五摂家ニ相定候ても、上意ニ候へハ、別ニ子細も有ましく由被申上候、又御取立ノ上ハ、摂家衆ナミ替事有間敷由被申上候、又公家衆ノ行儀ノ悪敷衆直談ニ可申上由被仰出候、今程ハ法度不被仰付候禁中ノ御法度も怠懈可有候間、此度御改可有と思召候由被仰出候、三条重而書付可申上由也、

〔史料3〕「資勝卿記　九」(9)寛永十一年七月二十九日条

午刻時分板倉周防守ゟ御城ニ御用候間、三条同道申急可参由申来也、其後急登城申候也、二条少遅参候、三条同公、今ゟ奥へ同心申候へハ、吉良殿出会致申候、御本丸ノ端ノ御上段ニテ有御対面、両人上段へ召して来四日吉日ニテ候間、蹴鞠御見物ニ可有院参由被仰出候、又松殿御跡九条殿千世鶴御取立有度由被仰出候、左様ニ候ハヽ、五摂家ナミニ相定候へ共、上意ニ候へハ別ノ子細も有間敷由被申上候、又御取立之上ハ、摂家衆之行義ノ悪衆直

談ニ可被申上由被仰出候、今程御法度不被仰付候ハヽ、禁中ノ御法度も何レ怠転じ可有候間、此度御改可有と思召候由被仰出候、三条重而書付可申上候也、

これはどちらも当時武家伝奏であった日野資勝の日記である。日野資勝の日記は複数謄写本が存在しており、かつ記録内容についても差異がみられる(10)。どの写本も完備されたものではなく、それぞれの写本を比較し、補ってみていく必要があろう(11)。

さて、この史料からは武家伝奏である日野資勝と三条西実条が京都所司代である板倉重宗から呼び出され、二条城へ向かっている。なお、この寛永十一年七月は徳川家光による上洛が行われた年であり、ここで「御対面」をしているのは徳川家光である。この席で伝奏は九条殿の「千世鶴」（道基）による松殿再興について申し渡され、取り立てられた場合、その待遇は五摂家並なのかそうでないのか問われた。その際三条西は、近代では五摂家に定まってはいるが、上意であれば（五摂家並の待遇でも）特に子細はないと述べている。問題となるのは次の条文である。史料2では「又御取立ノ上ハ、摂家衆ナミ替事有間敷由被申上候、又公家衆ノ行儀ノ悪敷衆直談ニ可申上由被仰出候」とあるが、史料3では「又御取立之上ハ、摂家衆之行義ノ悪衆直談ニ可被申上由被仰出候」とあり、こちらは五摂家そのものを監視する立場として松殿家を利用する条文と捉えられる。しかし道基は寛永十一年当時で二〇歳と非常に若い。そのような若い道基に摂家衆の統制を行わせるとは考えにくい(12)。おそらく複本作成の際に、史料2にある「ナミ替事有間敷由被申上候、又公家衆ノ」との箇所が抜け落ちてしまったと考えるのが妥当であろう。さらにこの「公家衆ノ行儀ノ悪敷衆直談ニ可申上由被仰出候」という文言は、松殿の文言とは関係なく、不行跡な公家衆を武家伝奏が綿密に調査し、書付にして報告するよう、所司代から伝奏が言い渡されたものと考えられる。つまりこの時、所司代板倉から武家伝奏に申し渡された事柄は、御鞠会見物への出仕のこと、前述した松殿家の家格のこと、不行跡な公家衆の

報告の三点であったことがわかる。(13)

さて、松殿家を再興することは決定したものの、その家格についてはどのような待遇であったのだろうか。これについては『徳川礼典録』(14)所収の「将軍家光公御上洛之次第」に興味深い記事が確認できる。

〔史料4〕寛永十一年七月十二日条

一　九条殿ゟ御使吉良若狭守を以明日之御礼、先松殿家相続一通り之御礼可被請候、摂家之列之事ハ、未松殿も若年ニ候間、重而御分別有而可被仰出候、明日は先御長袴ニ而可有御対面旨被仰出之、

ここでは相続は決定したが、その家格については摂家の列とも、清華家の列とも記されておらず、この段階では未定だったことが指摘できよう。ただし、史料上にもあるように朝廷・幕府ともに「摂家之列」にするということを念頭に置いていたことは留意しておきたい。

この相続の決定により、道基には正五位下が与えられ、当日元服し禁色昇殿をしている。(15)しかしその後、幕府からの指示はなく、官位昇進などについては寛永十八年まで待たなければならなかった。(16)

2　松殿家の待遇と道基の死去

松殿家の家格については、寛永十一年段階では決定することなく、相続ということが決まったのみであった。次に幕府からその待遇について示されるのは寛永十八年になってからのことであった。(17)

〔史料5〕「道房公記　四」寛永十八年四月二十八日条

廿八日癸酉晴、女院（東福門院和子）被仰前殿下（九条幸家）云、御使天野豊前守、

道基立身之事従関東被申云、道基一代可為摂関家之由、可被存知云々、此事先年道基加首服之節、従将軍家、

為摂関家松殿相続可有之哉之旨（此事年来前殿下令申将軍家給、仍如此）被経院奏、其後従関東被申付家領之後、可為摂関之事無沙汰、仍被叙五位正下之後、不申一官有子細、送年月之処、去年春日（将軍家女房）上洛之便、自女院被仰関東、其趣女院御方令経院奏給、御返答旨、松殿家号如何、以九条家号道基一代為摂関家可有官位昇進歟、従女院以此趣被仰関東、其旨為将軍家執奏、道基可為摂関家之由可被申之歟、不然者以九条家号、道基一代可為摂関之旨可被奏之歟両様也、其以後又無沙汰、今度従関東有返答、其子細以御使、被仰候見右、

ここでは女院（東福門院）から、道基の処遇について父である幸家に幕府からの返答とこれまでの経緯、そして朝廷から幕府へ伝えた内容が示されている。まず第一に、道基の処遇については、一代摂関家として取り立てること。さらにこれまでの経緯については、道基が元服の際に、幕府から摂関家として松殿家相続とのことが示され、女院（東福門院）からそのことが後水尾院へ奏上された。その後は家領のことなどが幕府から指示があったのみで、摂関家についてはしばらく沙汰もなく、ひとまず正五位下に叙爵しただけで、官職については補任されなかった。そのまま数年を経たが、昨年の寛永十七年に春日局が上洛した際に、女院は幕府へ道基の処遇について朝廷の意向を示している。その内容は、女院が道基の件について後水尾院へ奏上した際に、院から示されたものであり、それは松殿家号ではなく、九条家号で道基を一代摂関家として官位昇進などすべきではないかとのことであった。女院はこの院の意向を改めて幕府へ伝えるが、その内容は、将軍家の執奏として道基一代を摂関家として取り立てるのか、そうでなければ、九条家号で道基一代を摂関として取り立てる旨で院へ奏上するという二案であった[18]。

この史料では寛永十一年段階では出てこなかった「一代可為摂関之旨」という文言が重要であろう。寛永十一年では道基の家格などは決定していなかったが、寛永十八年に至り、道基一代限りは摂関家としての家格として取り立てると、幕府がはっきりと示している。しかし問題は寛永十一年ですでに決定していた松殿家号による相続そのものが

ここでは揺らいでいる点である。それは九条家号で道基を一代摂関家として取り立てるということである。そしてこれは後水尾院の強い意向でもあった。院は松殿家号での道基の取り立てではなく、九条家号で道基を一代摂関として取り立てたいとはっきりと表明している。では院はなぜ九条家号での取り立てを望んだのだろうか。推測になるが、この当時九条家当主は道基の兄である道房であった。しかし道房は病弱であり、また子息もいなかった。(19)一代摂関家とは述べているものの、子息のない道房の養子として九条家を継がせるという意向が後水尾院にあったのではないだろうか。一方、史料最初の割書部分では、道基を摂関家として松殿家相続させることは「此事年来前殿下令中将軍家給」と、九条家側は松殿家での相続を望んでいたことがわかる。つまり院の意向と九条家側の意向は異なっていることが指摘できる。

東福門院は道基の処遇について、京都所司代である板倉重宗を呼び、道基の称号について、九条家号なのか、松殿家号なのかいずれになるのかその真偽を糺している。それが以下の史料である。

〔史料6〕「道房公記　四」寛永十八年五月一日条

一日　丙子、霽、有申女院事、使女房、去月廿九日、従女院、被得仙洞御気色、道基事自関東被申事也、其旨道基一代可為摂関歟之由、従女院被院奏之処、称号之事如何、如去年仰、以九条家号歟、為松殿家号哉之旨及御再問、仍女院被尋仰板倉周防守重宗、々々申云、以松殿家号一代可為摂関家之旨、従将軍家被奏了、仍又被経院参之処、於関東執奏者無異儀之由被仰出、大慶為悦不少者、松殿家号之事可違院御気色歟、

ここで板倉ははっきりと松殿家号での一代摂関家と述べていることがわかる。(20)これを受け女院は院へ奏上したところ、院からは特に異論はないとの意向が示されるも、「松殿家号之事可違院御気色歟」と、松殿家号での道基取立は後水尾院の意向と異なるのではないかと述べられている。後水尾院は幕府の裁許について異論は述べなかったものの、

史料5でもみたように、あくまでも院の意向は九条家号での取り立てであった[21]。

この寛永十八年の幕府からの仰せを受けて、道基は官職に補任されることとなった。それが以下の史料である。

〔史料7〕「道房公記　四」寛永十八年五月二日条

二日　丁丑、雨降、以女房申、道基一代可為摂関家之由、於仰出者、道基官位昇進事、可出所望歟之由於女院、

　即従女院、被得院御気色、被仰無別条可望申之由、祝着〳〵、

この官職補任、官位昇進についても、基本的には東福門院から後水尾院の意向を伺いつつ進められている。それだけ道基の処遇について、院の強い意向があったといえよう。

道基は、五月六日に左近衛権少将、そして十日には参内、参院し、六月に入り従四位下となるなど、摂家と同じ官位昇進をたどっていくこととなる[22]。道基はその後権大納言右近衛大将、そして従三位、正二位と着実に昇進していくが、正保三年（一六四六）、三二歳の若さで死去してしまう。正保三年当時、他摂家には嫡子以外で男子がいたのは鷹司家であるが、当該期の公家日記史料などからは養子相続についての記事は散見できない。推測となるが、一代摂家という格式が、他摂家からの養子相続などがなかった理由ではないかと考える。道基の死去により松殿家は断絶し[23]、その後与えられていた知行については父である幸家の隠居領となり、幸家死去後は九条家領に併合されることとなった[24]。

さて松殿家は再び絶家となったが、万治三年（一六六〇）に一度その家号を相続するという話が持ち上がる。それは八条宮智仁親王の第三宮幸丸（後の忠幸、以下は忠幸とする）の一家創始の時である。結論から述べれば、彼は広幡という家号で清華家に列せられることとなるが[25]、どのような待遇、そして称号を用いるかについては朝廷内でも議論があった。以下に史料を掲げる。

〔史料8〕「八条宮忠幸源姓色奏称号並官位之事」(26)

万治三年六月十日被遣常照院（智仁親王妃）殿書付

一 三宮様御官位の御事、よへ法皇様へならせられ候て、御内証うかゝひなされ候へハ、ひとひ江戸ゟ申参候ハ、清花の列にと御座候、さやうに御座候へハ、御官位いつれもの清花なミに仰上られ候御事ニ而候ハんと、法皇様覚しめされ候よし仰られ候、細野右近参、宣盛罷出、江戸ゟ申参候ハ、今度伝奏衆江戸参勤ニ付、禁中、仙洞ゟ江戸へ申参候事、御書付ニテ三个条有之、

一 禁中仰ニ候、幸丸殿松殿之家可有相続之由、乍去権現書出シニ、家相続之時可用同姓、不可用他性、箇様ニ候、如何候ハん哉、

一 仙洞仰ニ候、幸丸殿御猶子ニ被成、親王可有御取立候ハん哉、

一 同源家ニ御取立可有候ハん哉、

ここでは忠幸の処遇について、禁裏と仙洞それぞれから意見が出されており、幕府に対して三つの案を提示している。さて問題となるのは二条目である。禁中（ここでいう「禁中」の意志の主体は関白二条光平や武家伝奏などの考えと捉えておきたい）から松殿家を相続させるとの案が出ている点である。しかし松殿家は藤原姓で他姓であることもあわせて記されている。(27) つまり松殿家の家格の問題ではなく、同姓か他姓かが問題視されているのである。「広幡家系譜」(28)および「広幡家記録 一」(29)では「親王家・摂家ノ義ハ御差障ノ義有之候間」とあり、広幡の家号で清華家として立家したことが記されている。この「差障」というのが前出の史料から姓の問題と捉えるべきと考えられるが、松殿家の家格そのものが、この段階において摂家として考えられていたのか、そうではなかったのかについては判然としない。これについては明和期の再興もふまえたうえで後述する。

二　明和期の再興

1　九条尚実からの再興願いと醍醐家立家

道基死去後、その後も嗣子に恵まれず絶家となっていた松殿家であるが、九条尚実の代になり、次男である武丸に松殿家を相続させたいとの願いが出される。

〔史料9〕「兼胤記　三十五」明和二年二月二十八日条

一　左府（九条尚実）ゟ被差出書付摂政殿（近衛内前）へ申入、

高祖父幸家三男道昭松殿家相続被仰出可経摂関之旨蒙勅命、自関東新地千石被引候、然処、道昭不幸而不遂先途早世、子孫断絶候、委儀別紙注上候、依之、祖父兼晴父輔実等件家再興之事生涯心願存候、尚実茂追其意、年来願望存候処、幸尚実次男武丸既及十八歳候、以件者今度松殿家相続之儀希存候、但経摂関儀者過分之事不望申、到左大臣於昇進者本意存候、家領者自本家三百石可分行覚悟ニ候、天恩被聞召、願之通今度相続之事蒙仰候儀、伏希存候、此旨宜願奏達候、以上、

二月廿八日　尚実

広橋大納言殿

姉小路前大納言殿

このなかで尚実は、次男である武丸が一八歳となったので松殿家を相続させたいが、摂関家としての相続は「過分」であるため望まず、左大臣まで昇進できれば本意である。(30)また家領については本家から三〇〇石を分行すると述

べている。

前回の寛永期の時とは違い、摂関家としての立家でなく、左大臣まで昇進できる家格としての立家を念頭に置き、さらに家領も幕府から新たに宛がわれることを希望せず、本家から分けるとしている。ここで「本家」との文言が出てくることは非常に重要であり、この時期において九条家は、松殿家を摂関家の家柄として独立した一つの「家」ではなく、九条家の分家として松殿家を捉えていることがわかる。

さてこの願書を受けて摂政近衛内前、広橋兼胤・姉小路公文の両武家伝奏は、京都所司代である阿部飛騨守正允との協議に入る。武家伝奏が所司代に披露した書付が以下の史料である。

〔史料10〕「兼胤記 三十五」明和二年三月十一日条

一 武君松殿相続之事、左府殿願書松殿断絶之訳書渡之、摂政殿被命之趣書付渡之、
松殿家数年及断絶候処、此度九条左大臣次男武君十八才旧号再興相続之儀、左大臣内々被相願候、
松殿家者元摂関家ニ候得共、此度武君相続被仰出候者、清華之列ニ被相願候、摂家中ニ茂一等同意
被存候由ニ候間、願之通被仰出度被思召候、尤願之通清華之列醍醐家御取立之節之趣ニ可被仰出、
於関東思召不被為在者、表向御内慮可被仰進候、右之段先可及御内談之由摂政殿被命候事、

別紙

延宝六年一条前関白昭良公次男冬基依思召関東江被仰進新家ニ御取立、清華之列ニ被仰付、称号醍
醐与被仰出、知行三百石関東ゟ被下候事、右醍醐冬基者関白之子息ニ而有之候間、清華一列ゟハ
少々御会釈茂有之候、冬基之子息冬熙ゟ全清華一列之通ニ而有之候事、
右飛騨守承諾追而可及挨拶之由也、両人上京後被申聞之由示了、

前半では摂家の者たちにも同意がとれているということ、あとは前出の史料とほぼ変わらないが、問題は別紙以降の箇所である。そこでは延宝年間に立家した醍醐家の事例が記されている。その醍醐家は清華家に列せられ、また幕府から三〇〇石宛がわれている。つまり尚実はこの醍醐家の立家を先例に、清華家として松殿家再興を願っていたといえる。

さて、それでは醍醐家とはどのような家であるのだろうか。ここで少し醍醐家の立家について触れておきたい(31)。醍醐家とは一条昭良の次男である冬基が延宝六年（一六七八）に立家した家である。昭良は後陽成院の皇子であり、一条家へ養子として入った人物である。後水尾院にとっては弟であり、冬基は院の甥となる。冬基は延宝二年十一月に正五位下、そして院の昇殿を許されているが、この叙爵については後水尾院の院参衆である梅小路定矩(32)から当時の武家伝奏である中院通茂に対して叙爵を行うことが伝えられている(33)。また清華家への取り立ての際には、時の左大臣である近衛基熙は以下のように述べている。

〔史料11〕「基熙公記　六(34)」延宝六年四月二日条

中刻醍醐少将被来、菅中納言篤親朝臣等同道、先日出身以後今日始而参内云々、此人知徳院関白二男日頃陰居西鴨山庄、五六ヶ年以前被参、始法皇其時節叙爵名字冬基連々被召加、連歌御会等御憐憫深之間、出身之事被歎、仰関東之処、今度両伝奏上洛之時、従関東出身之事被治定、称号醍醐ト号ス、先日任右少将権之服者、先年被参法皇之時分密々有之歟、其時既禁色等之事御免歟、今日着直衣被来対面、偏法皇之御重恩、予亦連々令口入之事、種々被述謝詞、暫時之後、被帰出了、且又家領三百石従武家被沙汰、今日以後可為清華之由治定也、尤珍重之次第也、当時新家建立之事武家一向不被庶幾之処、今日如此之事出来、只法皇之御恩、誠如山如海是又自然天運令然歟、

基煕は、当時は「新家建立之事武家一向不被庶幾之処」であったが、後水尾院の推挙により三〇〇石の知行と清華家として立家できたと述べ、院の偉大さを称えている。

このように醍醐家の立家についても、道基の取り立てと同様、後水尾院の意向により清華家への立家に至っている。

2 幕府との協議と武丸の待遇

先ほどの武家伝奏からの書付を受け、所司代からの返答が届く。それが以下の史料である。

〔史料12〕「兼胤記 三十五」明和二年七月四日条

一 飛騨守ゟ示越書付摂政殿へ申入、

（前略）関東江申遣候処、右例書有之候、醍醐家之儀者、延宝六年法皇叡慮ニ而相済候趣ニ相見候、此度者九条殿ゟ被相願候間、右例ニ的当ハ不致候、此度ニ相当之例茂有之候者可申越候、且又醍醐家者関東ゟ家領被下候、此度ハ九条殿ゟ三百石家領被相分候由ニ候得者、若願之通相済候得者、九条殿家領高是迄ゟ三百石相減候ハ勿論之儀候得共、是亦為念承置度之由、年寄共申越候間、外相当之例茂有之候者被仰聞候様致度存候事、

このなかで幕府は醍醐家の立家は後水尾法皇の叡慮によるものであり、今回の先例としては適当でなく、他に適当なものがあればそれを出してもらいたい。また家領については九条家から三〇〇石宛がうこととなれば、九条家家領が減ることになるがそれでもかまわないのか確認したいと述べている。確かに先ほどみたように醍醐家の立家は後水尾院主導によるものであった。

これに対して摂政である近衛内前は以下のように返答している。

〔史料13〕「兼胤記　三十五」明和二年四月十九日条

一　申刻両人同伴、向飛驒守役宅、面謁、左之趣演達、書付渡之、
（前略）醍醐家茂御取立之儀父一条前関白内々願ニ而有之候得共、被仰進候節ハ思召之趣ニ被仰進候、尤右之節ハ先及御内談候儀無之、直ニ表向被仰進候、此度茂関東思召無之、表向被仰進候様ニ相成候得者、内々願之儀ハ不被仰進、思召之趣ニ可被仰進候、且又家領之事、若願之通相済候得者、勿論九条家家領三百石相減候儀左大臣其心得ニ而有之候事、

醍醐家立家の際、実際には、冬基の父である一条昭良も内々に新家設立を願っていたが、朝廷から幕府へ申し入れる時は、後水尾上皇の「思召」として申し入れてきた。その際は事前に幕府と内談などはせず、直ちに表向きのこととして叡慮を幕府へ申し入れてた。今回も御内慮伺いをして、幕府に異存がなく、表向きに叡慮を申し入れるようになれば、内々に行った願いのことについては触れずに、天皇からの「思召」として幕府へ申し入れることになると述べている。また家領については、九条家は承知していることを伝奏を通じて所司代に伝えている。

これにより幕府側も納得し、この立家に許可を出し、正式に武丸が松殿家を相続し、立家することが決定する。幕府から正式な許可が出たことにより、朝廷内での武丸の待遇について内前より指示が出される(35)。まず伺候の間については「麝香間」ではなく「錦鶏間」とし、摂家より一段低い扱いとされた(36)。小番は免除で、天盃、天酌などを賜ることなどが決定した。次に朝廷内に対しこの立家についての伝達が行われた。

〔史料14〕「兼胤記　三十五」明和二年十二月九日条

一　摂政殿被仰此書付之趣左之輩江可申達、尤一統之中同意ニ候ハヽ、連名之一封を可被申入、異存候ハヽ、以別紙可申入之由、予・飛鳥井前大納言（議奏飛鳥井雅香）江被命、

松殿家者元為摂関家之処、此度華族之列ニ御取立候、乍然、醍醐家・広幡家者以新号御取立、松殿家者以旧家摂関家之号御取立之事故、武君一代者雖華族之一列、各別之思召を以参内之節、御会釈之方非蔵人之陪膳ニ可被仰出哉与被思召候、祗候之所可為錦鶏之画間歟、於此席者一統已下公卿ニ候間、各所存茂可有之歟、近習番衆所南鑑間可被設其席哉、尤於御前之儀者一列一同可為折敷候、且禁中御所下乗之儀者一列一同之通与可有御沙汰候事、

右親王方江　式部卿宮、帥宮

華族一統江　花山院前右府

小番御免　中山前大納言一位、綾小路等除之、依九条家門流

三卿　難波中納言、按察使除同上

兼胤議奏四卿　除姉小路、葉室

武丸については、一代は「君」と称することが内前から申し渡されているが[37]、この史料からはさらに松殿家が旧号であることが述べられ、元々は「摂関家之号」での取り立てであるので、清華家といえども武君一代については、非蔵人の陪膳や下乗場所についてさらに摂家と同待遇で扱うことが命じられている。

武丸は明和三年（一七六六）正月九日に元服し、名を忠孝と改める。そして同日に従四位下、左近衛権少将に任ぜられ、その後も順調に官位昇進を遂げていく。しかし明和五年九月になると忠孝が病気となり、二一歳で死去してしまう。

〔史料15〕「兼胤記　四十」明和五年九月十四日条

一　松殿中納言所労及大切及ノ事候、依無嗣子家断絶候、知行ハ自本家来分候間、不能左右之儀之由左府殿被差

出書付両人宛、摂政殿へ申入聞召之由被仰、（後略）

九条尚実から武家伝奏宛ての書状では、忠孝には子息がなく、松殿家が断絶となること、家領については本家である九条家から分知したものであり、再び九条家に戻ることなどが記されていた。嗣子については、本家である九条家にも松殿家を相続できる子息がいなかったため断絶となったと考えられる。

おわりに

本章では、寛永・明和期の二度にわたる松殿家の再興を検討してきた。以下では、各期の特徴をふり返り、近世における摂家の立家についてその特質を述べたい。

第一に寛永期の再興についてであるが、この時の再興は徳川家光、後水尾院、東福門院、九条幸家の四者が中心となって行われた。当時の摂政、武家伝奏に積極的な関与はみられず、あくまでこの四者による交渉で決定したことであるといえよう。

寛永十一年（一六三四）段階では家格は決定していなかったものの、史料2における所司代と三条西とのやりとりからは、五摂家待遇で処遇することが推測できる。さらにいえば、三条西の「近代ハ五摂家ニ相定候ても、上意ニ候ヘハ、別ニ子細も有ましく由被申上候」との文言は、近年は五摂家で摂家の数は定まっていたが、（将軍の）上意であれば（その数が六家になっても）子細はないと述べている。このことから、五摂家が六摂家になることを、少なくとも武家伝奏は否定しておらず（九条家を除いた他の摂家は不明）、幕府側もそうなっても問題はないかと聞いているところから、六摂家になった可能性は捨てきれないと考える。(38)

しかし寛永十八年の再興の際に、「一代摂家」との文言が入ったことにより、あくまでも道基一代が「摂家」であり、仮に道基に子息がいたとしても、その子息は「摂家」として処遇されないこととなった。また道基が死去した際に、養子相続が行われなかったことは、その時に他の摂家に嗣子がいなかったという事情と、道基一代限りが摂家待遇という点で、養子相続が行われた場合、どのような待遇で松殿家を処遇するのかが問題になる可能性があったからではないかと考えられる。寛永十一年の六摂家の可能性が寛永十八年になって消滅した理由は不明だが、(39)結果として摂家としての松殿家の再興は叶わなかった。

次に明和期の再興に移りたい。こちらは同じ松殿家号の再興でも寛永期のそれとはまったく異なったものであった。こちらは九条家「本家」から三〇〇石を分け、さらに塩小路家が松殿家諸大夫として取り立てられるが、(40)松殿家が絶家となると塩小路家は九条家の諸大夫となっている。(41)つまりこちらは完全に九条家の分家として立家したものであった。これは享保から寛保期にかけて摂家当主が相次いで早世し、摂家そのものが断絶の危機に瀕していた状況や、また本書第一部第一章で明らかにしたように、いかに血縁につながりがあっても、摂家でなく出家や他流の家を継承していたりすると、摂家の後継者とすることは難しいという経験を九条家は寛保期に経験している。このようなことをふまえると、自家の血脈で家の継承を維持していくため、家格は清華家であっても、他流ではない分家を創出しておきたいという考えが九条家側にあったのではないだろうか。

近世では多くの新家が立家し、摂家に次ぐ家格である清華家も立家した。しかし、その頂点にいる摂家について、新たに増加する可能性があったのは寛永十一年の松殿家再興の時が唯一であったと考えられる。それ以後は、摂家増加の可能性は近世を通じてなくなったといえよう。近世では摂家偏重が進み、摂家でなければ朝議に預かれない状況、(42)また三公独占状態が摂家により行われるなど、(43)その権威は圧倒的であった。一方で「家」の立家という観点でもその権威は大きなものであったことが本章で明らかになったと考える。

注

（1）高埜利彦「江戸幕府の朝廷支配」（『日本史研究』三一九、一九八九年、後に同著『近世の朝廷と宗教』吉川弘文館、二〇一四年所収）。
（2）山口和夫「天皇・院と公家集団」（『歴史学研究』七一六、一九九八年、後に同著『近世日本政治史と朝廷』吉川弘文館、二〇一七年所収）。
（3）藤井讓治「江戸幕府の成立と天皇」（『講座前近代の天皇二　天皇権力の構造と展開その2』青木書店、一九九三年）、山口和夫「近世の家職」（『岩波講座日本通史　一四』岩波書店、一九九五年、後に同前掲注(2)書所収)。
（4）五摂家分立、各摂関家成立については、義江彰夫「摂関家領の相続研究序説」（『史学雑誌』第七六編第四号、一九六七年）、金沢正大「二条摂関家の成立と幕府」（『政治経済史学』二一五、一九八四年）、上原栄子「鎌倉時代摂関家の経済的基盤」（『歴史教育』第一一巻六号、一九六三年）、名和修「五摂家分立について─その経緯と史的要因─」（笠谷和比古編『公家と武家Ⅱ─「家」の比較文明史的考察─』思文閣出版、一九九九年）、三田武繁「摂関家九条家の確立」（『北大史学』第四〇号、二〇〇〇年）などを参考にした。
（5）東京大学史料編纂所所蔵謄写本。
（6）秀勝とは豊臣秀次の弟で、秀吉の甥にあたる人物である。
（7）「九条家譜」（東京大学史料編纂所所蔵写本）、『徳川諸家系譜　二』（続群書類従完成会、一九七四年）。
（8）国立公文書館内閣文庫所蔵謄写本、請求番号一六三─〇一〇六。なお、国立公文書館にはもう一つ「凉源院殿御記」（請求番号二六三─〇〇八八）を所蔵している。また「日野大納言資勝卿記」との名称のものも国立公文書館では所蔵している。いずれも記録年代や記載内容などに差異がみられる。また他にも宮内庁書陵部、本章で使用している東京大学史料編纂所などにも所蔵が確認できる。
（9）東京大学史料編纂所所蔵謄写本。

(10) 野村玄氏は日野資勝の日記について、宮内庁書陵部所蔵の謄写本である「資勝卿記」と、国立公文書館内閣文庫所蔵の「凉源院殿御記」(請求番号二六三―〇〇八八)を使用し、それらの記載から「これらの日記は日野が武家伝奏に就任する寛永七年(一六三〇)以前から書き継がれており、武家伝奏の職掌日記というわけではない。ただ両本の記録年月日と内容には異同があり、日野は複数の私日記を作成していた可能性がある。両本とも、公私両面において記述は詳細である」と指摘している(野村玄「寛永期における後水尾天皇の政治的位置」『日本史研究』四八四、二〇〇二年、後に同著『日本近世国家の確立と天皇』清文堂出版、二〇〇六年所収)。

(11) 「資勝卿記」の諸本については、松澤克行氏の研究に詳しい(松澤克行「「資勝卿記」諸本に関する覚書」『近世の摂家・武家伝奏日記の蒐集・統合化と史料学的研究』平成二十二~二十五年度科学研究補助金基盤研究B成果報告書、東京大学史料編纂所、二〇一四年)。氏によれば、本章で引用している史料2・国立公文書館所蔵「凉源院殿御記」(請求番号一六三―〇一〇六)については、「明治一三年購求」との印が押されていることから、史料編纂所の前身である修史館が購入したものであると推測している。また請求番号二六三―〇〇八八の「凉源院殿御記」については、各巻奥書の内容から、資勝より八代後の日野資矩による抄出本を、明治十二年(一八七九)七月から八月にかけて修史館が謄写したものであるとする。史料3・東京大学史料編纂所所蔵「資勝卿記」(請求番号二〇七三―一八七)は、京都市下京区在住の田中勘兵衛氏所蔵本を、東京帝国大学文科大学史編纂掛が明治三十九年(一九〇六)に謄写したものであるという。

(12) 寛永十一年当時の摂家当主の年齢は近衛信尋が三六歳、九条幸家四九歳、鷹司信房七〇歳、一条兼遐三〇歳、二条康道二八歳といずれも道基より年長である(『新訂増補国史大系 公卿補任 第三編』吉川弘文館、一九八二年)を参照。

(13) 本論文発表時では、この史料2・3の解釈について、「又御取立ノ上ハ、摂家衆ナミ替事有間敷由被申上候、又公家衆ノ行儀ノ悪敷衆直談ニ可申上由被仰出候」の部分を、「(松殿道基が)御取立の上は、摂家衆と同等の扱いで、(その待遇を)替えることはないと(武家伝奏の三条から所司代板倉へ)申し上げた。さらに不行跡の公家衆の様子を摂家と同様に松殿道基も所司代に直談するように」と解釈した。その後、松澤克行氏から史料解釈についてご指摘をいただき、それを受け改めて史料を確認した。それにより、論文発表時の解釈は史料の誤読であり、ここでは所司代が御鞠会のこと・松殿家の家格のこと・不行跡の公家衆の報告の三点を伝奏に対して申し渡したと解釈すべきであり、史料解釈を変更した。

(14) 原書房、一九八二年。当史料については松田敬之氏よりご教示いただいた。
(15) 「九条家譜」(東京大学史料編纂所所蔵写本)。
(16) この寛永十一年から十八年の間、松殿の家格について指示がなかった点については、当該期の家光政権内部の動向や、家光の病気なども影響していると考えられる(藤井譲治『江戸幕府老中制形成過程の研究』校倉書房、一九九〇年を参照)。
(17) 道基は寛永十三年十二月八日に家光より知行一〇〇〇石を与えられ、その判物も賜っていることが確認できる(「兼胤記 四十」〈東京大学史料編纂所所蔵謄写本〉明和二年二月二十八日条)、また父である幸家とともにその御礼のため江戸へ下向し、家光に拝謁している(「柳営録 五」〈国立公文書館内閣文庫所蔵〉寛永十三年八月十日条)。
(18) 論文発表時では、史料5の解釈について、「ここでは前年の寛永十七年に「春日」つまり春日局が上洛した際に、女院から後水尾院に対し道基の処遇について尋ねたところ、松殿家号ではなく、九条家号での一代摂関家としての昇進なのかとのことを後水尾院から聞いていることがわかる。それを受けて女院は幕府へ尋ねたところ、幕府は将軍家の執奏として、松殿家号で取り立てるか、そうでなければ九条家号で取り立てるかのどちらかであるとのことを示している。そしてその後幕府から沙汰がなく、今回、一代摂関家での立家ということが示されている」とした。特に後半部分の「其旨為将軍家執奏、道基可為摂関家之由可被申之歟、不然者以九条家号、道基一代可為摂関之旨可被奏之歟両様也」の史料解釈を、幕府が示した案であるとしたが、改めて史料を確認し直したところ、これは誤読であり、この案を示したのは後水尾院であり、その意向を受けた女院(東福門院)が、院の意向を幕府へ伝えていると解釈し直した。また次段落部分では、当初「しかし問題は寛永十一年ですでに決定していた松殿家の相続そのものがここでは揺らいでいる点である。それは九条家号での道基を一代摂関家として取り立てるということである。この条文の理解であるが、この当時九条家当主は道基の兄である道房であった。しかし道房は病弱であり、また子息もいなかった。一代摂関家とは述べているものの、子息のない道房の養子として九条家を継がせるという考えが幕府にあったのではないだろうか」とし、道基に九条家を継がせる意向を幕府が持っていたのではないかとしたが、史料5の再解釈により、九条家号で道基を一代摂関家として取り立てたい意向を持っていたのは後水尾院であったと解釈を修正した。そのため、本書では「子息のない道房の養子として九条家を継がせる意向が後水尾院にあったのでないだろうか」と修正した。
(19) 道房は正保四年(一六四七)、三九歳で死去し、九条家の家督は鷹司家より入った兼晴が継いでいる(「九条家譜」を参照)。

(20)「一代摂家」との文言は当時の摂政であった二条康道の日記や東福門院附の武士であった天野豊前守長信の日記からも確認できる(「二条家記録 康道公記 六」〈東京大学史料編纂所所蔵写真帳〉寛永十八年四月二十八日条、「大内日記後編 七」〈国立公文書館内閣文庫所蔵〉寛永十八年四月二十九日条)。

(21)この史料6についても、「松殿家号之事可違院御気色歟」の論文発表時の解釈は、「後水尾院もその幕府の意向について了承していることがわかる」とした。その後、松澤克行氏からのご指摘を受け、当時の史料解釈は誤読であり、再度史料を解釈し直した。その結果、先に注(18)でみたように、後水尾院の意向は、九条家号で道基を一代摂関家として取り立てることであり、幕府の松殿家号での一代摂関家取り立てとは異なっているため、当該部分の叙述を修正した。

(22)幕末の一条家の侍である下橋敬長が記した『幕末の宮廷』(平凡社、一九七九年)によれば「摂家は七、八歳で元服し、その日「禁色雑袍昇殿を聴す」という宣下が出て、従五位下ないし正五位下に叙せられます。それから間もなく正五位下の人は従四位上に、従五位下の人は従四位上に、越階と申して推叙せられ、また剰闕推任で近衛権少将に任ぜられ、続いて近衛権中将に上がります」とある。道基も元服し禁色昇殿を聴されており、また正五位下に叙せられている。そして左近衛権少将、従四位下と昇進しており、『幕末の宮廷』にあるように、摂家と同じ昇進過程をたどっていることが確認できる。

(23)道基は九条家の菩提寺である東福寺へ葬られている(「近衛尚嗣公記 二」〈東京大学史料編纂所所蔵謄写本〉正保三年六月十二日条)。

(24)「兼胤記 四十」明和二年二月二十八日条。

(25)広幡家の創始については久保貴子「江戸時代の公家と武家―公家から武家への身分異動―」(『早稲田大学教育学部学術研究』地理学・歴史学・社会科学編、第四一号、一九九二年)、並木昌史「徳川義直と廣幡忠幸」(『尾陽』第二号、二〇〇五年)に詳しい。

(26)宮内庁書陵部所蔵。なお、同じ史料が『皇室制度史料 皇族三』(吉川弘文館、一九八五年)に収録されており、本章ではこちらを使用した。

(27)この他姓による相続の禁止については「権現書出」、つまり徳川家康の書き出しとあるように、「禁中并公家諸法度」第六条の規定を意識したものであろう。
(28) 宮内庁書陵部所蔵。同様に『皇室制度史料　皇族三』所収のものを使用した。
(29) 東京大学史料編纂所所蔵謄写本。
(30) この尚実の認識はきわめて興味深い。摂関まで昇進を望まないならば、太政大臣まで昇進できるとすべきところを、あえて左大臣と述べているのである。推測ではあるが、太政大臣まで昇進できる家格は清華家であるが、近世では清華家で太政大臣まで昇進した人物は一人もおらず、すべて摂家の者であった（本書第一部第三章参照）。この時の松殿家は、醍醐家の立家を先例に、清華家に列する。推測になるが、尚実（あるいは摂家）の認識として、当時の清華家は、左大臣まで昇進できる家格（太政大臣まで昇進できない家格）として認識されていたのではないだろうか。
(31) 醍醐家立家については山口和夫「近世史料と政治史研究―江戸時代前期の院近臣の授受文書を中心に―」（『日本の時代史三〇　歴史と素材』吉川弘文館、二〇〇四年、後に同前掲注(2)書所収）に詳しい。
(32) 山口前掲注(31)論文。
(33) 「中院通茂日記　十一」（東京大学史料編纂所所蔵写真帳）延宝二年十一月二十一日条。
(34) 東京大学史料編纂所所蔵謄写本。
(35) 「兼胤記　三十五」明和二年九月十八日条。
(36) 藤波言忠『京都御所取調書』によれば、麝香之間は「摂家、宮方、諸家の大臣、准大臣、及び当今の御養子又は御連枝にあらざる入道親王、摂家門跡等の候所なり」とあり、錦鶏之間については「議奏、伝奏、近習小番免除の輩の候所」とある（高木博志『明治維新と京都文化の変容―十九世紀における「日本文化」の近代的再編・同質化―』平成十三～十五年度科学研究補助金研究成果報告書）。
(37) 「兼胤記　三十五」明和二年十月二十九日条。
(38) 論文発表時では、「寛永十一年段階では家格は決定していなかったものの、武家伝奏である三条西が史料2で公家衆の監視・統制を行うよう述べているのは、松殿家は摂関家の称号であると認識しており、松殿家相続＝摂家としての立家として捉えていたと考えられる。だからこそ三条西は、朝廷内統制機構として幕府から公家衆の統制を担わされた摂家と同じ役割を、当然担うべきとの意見を出したのではないだろうか。このことから推測すると、少なくとも寛永十一年段階においては五摂家が六摂家になった可能性は指摘できると考える」と結論づけたが、注(12)ですでに記したように、当時の史料2の解釈は誤読であり、従来の結論は成り立たない。しかし所司代と三条西の会談から、少なくとも摂家待遇にすることや、三条西が上意であれば、五摂家が増すことに問題はないとの認識を示している点などから、寛永十一年段階においては、五摂家が六摂家になる可能性は指摘できると判断し、このような叙述とした。

(39) この箇所も従来は幕府の政策転換があったと結論づけたが、史料2の解釈が誤読であったことから、叙述を修正した。

(40) 「勧修寺家旧蔵記録四〇五 経逸卿記」(東京大学史料編纂所所蔵写真帳) 明和二年十一月二十日条。

(41) 『日本古典全集 地下家伝 四』(現代思潮社、一九七八年) では塩小路家について九条家諸大夫の箇所に記載がある。また「地下官人家伝 十九」(京都府立総合資料館所蔵「下橋家資料」二八二) 所収の塩小路家伝にも、松殿家諸大夫として取り立てられ、その後九条本家へ召し加えられたとの記載が確認できる (松田敬之氏からご教示いただいた)。

(42) 高埜前掲注(1)論文。

(43) 高埜利彦「「禁中並公家諸法度」についての一考察―公家の家格をめぐって―」(『学習院大学史料館紀要』第五号、一九八九年、後に同前掲注(1)書所収)。

第三章　近世朝廷における太政大臣補任の契機とその意義

はじめに

本章は、近世朝廷において太政大臣に補任された人物を取り上げ、その任官の過程や補任された意義について考察するものである。(1) 太政大臣についてはすでに橋本義彦氏が律令制下の太政大臣から摂関分離後までを検討している。(2) 氏は、「本来師範訓道と万機総摂を任とした太政大臣は、しだいに後者の機能を失って名誉職化したが、ただ前者の任務と幼主を補輔する摂政の職責とが合体して、天皇元服の加冠は摂政太政大臣が奉仕するのが、後世まで永く定制となり、さらに摂政は加冠奉仕のために太政大臣の任に就き、それが終われば辞任するのが常例となっていた」と述べ、天皇元服の際の加冠を行うことをその補任の目的と述べている。また『日本国語大辞典』(3) の「太政大臣」の項でも「朝廷では明治に至るまで、天皇元服の際には摂政の太政大臣が加冠の役を勤めるという慣例が続いていた」と記述されている。

近世における補任者はすべて摂家の人物であったが、(4) 近世を通じほぼ大臣を独占してきた摂家でさえも、表8にあるように補任された者はわずかに七名であった。(5) また前述した天皇の元服加冠役を勤めた太政大臣はその七名のうちわずかに二名である（表9参照）。こうしたことから、太政大臣への補任には元服加冠役以外の契機が存在していることが指摘できよう。そこで本章では太政大臣へ補任される契機について考察し、またその補任を主体的に担ったのは

表8　近世における太政大臣就任者一覧

人　名	就任年月日	辞任年月日	天　皇	備　考
近衛基熙	宝永6年(1709)10月25日	同年12月9日	東　山	
近衛家熙	宝永7年(1710)12月25日	正徳元年(1711)7月28日	中御門	天皇(中御門)加冠元服
近衛家久	享保18年(1733)1月25日	同年12月27日	中御門	東宮(桜町)元服加冠，准三宮
一条兼香	延享3年(1746)2月28日	宝暦元年(1751)7月29日	桜　町	儲君親王(桃園)元服加冠，准三宮
近衛内前	明和5年(1768)5月25日	同7年10月15日	後桜町	東宮(後桃園)元服加冠
	明和8年(1771)11月15日	安永7年(1778)2月8日	後桃園	准三宮
九条尚実	安永9年(1780)12月25日	天明元年(1781)5月20日	光　格	天皇(光格)元服加冠,准三后
鷹司政通	天保13年(1842)8月22日	嘉永元年(1848)9月22日	仁孝・孝明	准三宮

※『新訂増補国史大系　公卿補任』（吉川弘文館，1982年）をもとに作成した．

どこであったのか、その補任の意義はどのようなものであったのかについて明らかにしていく。この補任された七名の各事例を詳細に検討し、江戸時代における太政大臣補任の類型を見出したい。

最初に天皇元服の際における加冠役・理髪役、あわせて東宮のそれについてもここで簡単にその概略を述べておきたい(6)。幼少の天皇が即位した場合、一定の年齢になると天皇元服の儀が挙行される。江戸時代においては表9にもあるように中御門・光格の両天皇がこれに該当する。元服式の際に奉仕する所役として加冠役、理髪役がある。加冠役は天皇に冠を加える役であり、原則として摂政かつ太政大臣が勤めた。また理髪役は元服する者が被っていた空頂黒幘を脱し、加冠後に冠や鬢を調える役であった。これには左大臣もしくはそれに準ずる者が勤めた。

次に東宮の元服式であるが、近世においては霊元天皇が立太子の儀を復興させたことにより(7)、朝仁（東山）以降五名の元服の儀が行われている。東宮の元服式での加冠役は原則として東宮傅が勤めた。これに不都合がある場合には東宮大夫もしくは大臣が奉仕した。理髪役は大納言、中納言あるいは参議などが勤める。鎌倉時代以降は多くの場合で、東宮大夫もしくは権大夫を兼ねていた。

一　天皇元服加冠役に伴う補任

本節では天皇元服の加冠役に伴う補任についてみていきたい。天皇元服の際の加冠役を勤めているのは近衛家熙と九条尚実であるが、ここでは近衛家熙、その前年に補任された父である基熙の事例について検討を加える。

近衛基熙の補任に関わる記事は宝永六年（一七〇九）三月二十五日に確認できる。[8] 子息である関白近衛家熙から来春の天皇御元服の際にも相国（太政大臣）の仰せが出されるとのことであった。さらにその後、東山院からその意向が示される。

〔史料1〕「基熙公記　六十四」宝永六年九月八日条

新院（東山院）仰云、明春可有天皇元服加冠之事可勤仕、且相国之事可拝任、若依病気望雖不能其儀、暫時令拝任、可譲摂政（近衛家熙）旨可相存之、弥於令領状者、近日可被仰関東御内意之旨也、被申御請奉畏承了、第一御元服之事近来不及御沙汰、今度御再興事所令歓喜也、仍即闕之事可拝任之旨頗余慶不過之、尤

備考
母は近衛家熙の女尚子(新中和門院)
儲君元服，同日に立太子召仰

弘文館，2003・07年)

表 9　天皇・東宮・儲君元服での加冠・理髪役

天皇・東宮	元服式年月日	年齢	加　冠	理　髪
朝仁（東山）	貞享4年(1687) 1月23日	13	関白一条冬経（兼輝）	春宮権大夫権大納言醍醐冬基
中御門	宝永8年(1711) 1月1日	11	摂政太政大臣近衛家熙	左大臣九条輔実
昭仁（桜町）	享保18年(1733) 2月1日	14	関白太政大臣近衛家久	春宮大夫権大納言徳大寺実憲
遐仁（桃園）	延享4年(1747) 3月15日	7	前関白太政大臣一条兼香	坊城俊逸
英仁（後桃園）	明和5年(1768) 8月9日	11	摂政太政大臣近衛内前	春宮大夫権大納言西園寺賞季
光格	天明元年(1781) 1月1日	9	摂政太政大臣九条尚実	左大臣鷹司輔平
恵仁（仁孝）	文化8年(1811) 3月16日	12	傅右大臣一条忠良	春宮権大夫権中納言花山院家厚
統仁（孝明）	天保15年(1844) 3月27日	14	傅内大臣近衛忠熙	春宮権大夫久我健通

※『通兄公記　八』（続群書類従完成会，2002 年），『皇室制度史料　儀制　成年式一・二』（吉川
をもとに作成した．

雖可固辞、当時無其仁上者不論是非畏了、
此旨宜被奏之者、彼亜相（院伝奏梅小路
共方）示云、心中令安堵了、兼而院御気
色若雖無領状、強可進申旨固所蒙仰也、
然即今被申領掌、於一身歓喜不過之旨返
之、被歓喜了、抑相国事東求院（近衛前
久）殿以来、五家幷清華等拝任仍断絶、
今度於御元服事、愚老可任之条頗以有面
目、於当世栄燿無比肩人、今日亦如此是
有神助也、譲摂政者、既父子極栄花可
慎々々、又相国事東求院殿以来子細無知
人、此事後水尾院後西院仰慥承之、既雖
記委細、日記少々焼失、依無事序不慮打
過、今日思出趣聊注之莫謂々々、凡相国
事当時殊有名無実故、東武為贈官、五家
清華等不被任之、且為耀武威内々被思召
定、若又有時節有御元服御沙汰等者、武
家拝任相国可有加冠儀与之旨、兼々被仰

武辺云々、但此事不及広云々、今日於関東既無知右件子細人也、朝廷尤定而雖可有注置人等閉口也、

このなかで東山院は中御門天皇の元服式での加冠役を基熙に太政大臣として勤仕させたいとの意向を示し、さらにそれが難しいのであれば、しばらくは基熙に「拝任」させ、その後子息である家熙に太政大臣を譲り加冠役を勤めさせたいと述べている。つまり、東山院は元服での加冠役を行うことができなくても基熙を補任させ、さらに子息の家熙も補任させる意向であったことがわかる。これに対して基熙は、太政大臣への補任は近衛前久以来であり[9]、また子息も続けて補任されることを「既父子極栄花可慎々々」と述べるなど、当時の近衛家の朝廷内での強大さがうかがえる。また基熙は太政大臣は武家に贈られる官位となっていて、摂家や清華家はそれに任じられることはなかったと述べ、朝廷内で伝えられてきたこととして、もし元服の儀が行われた場合は武家側で太政大臣に補任されている者が加冠役を勤めるとの旨を武家側へも伝えていたと述べている。こうした武家との取り決めがいつなされたのか、あるいは実際にそのような取り決めがなされたかどうかは不明だが、太政大臣は武家が補任されるという認識が朝廷内にあったことは指摘できよう[10]。

こうした東山院の意向を受け基熙は同じ年の十月に補任される。しかし基熙自身の体調問題から辞任を申し出ている[11]。さらに体調問題だけでなく、次のような理由もふくまれていた。

〔史料2〕「基熙公記　六十四」宝永六年十一月二日条

招摂政、昨日両伝奏伝仰旨令相談、凡御元服之時愚老於当官者、摂政進退難儀厳然歟（此事委細摂政被勘先規了）、然而新院思召若無其了簡歟、又両伝奏不存其子細、強而申之歟不審々々、所詮密々以石井宰相（院伝奏石井行豊）可相窺御気歟之由内談決定、仍晩景招石井宰相之処、参院入夜（戌刻）只今退出之間明日可参旨有使、明日必可被来由令返答了、

ここで基熙は自分が元服式の際に前官ではなく当官の太政大臣であれば、摂政である家熙の立場に支障をきたすこ

とをあげている。しかしこのような辞官理由に対しての東山院の意向を気に留めており、院伝奏である石井行豊に確認するよう指示をしている。石井は翌三日近衛家を訪れ、基熙・家熙から院の意向を確認するよう指示を受け、改めて近衛家を訪れている。それが以下の史料である。

〔史料3〕「基熙公記 六十四」宝永六年十一月三日条

又来云、今朝之儀品申入委細被聞召了、此事両伝奏只一片可勤仕之事相存之而巳、於御気色者、兼而於不譲摂政者不相叶、子細能々被思召処也、品申尤思召也、猶召両伝奏委可被仰聞旨也、安途々々畏存旨能々可申入由相示了、凡両伝奏不存故実故也、

ここからは院と武家伝奏両方の考えを知ることができる。武家伝奏は基熙に太政大臣として加冠役のみを勤めてもらいたいとの考えであったが、東山院は元々基熙が加冠役を行うことは難しいと考えており、加冠役を勤めるのは息子の家熙の役目であるとの意向であった。先にみた史料1と同様に、東山院としてはあくまで加冠を行うのは基熙辞官後に太政大臣となる摂政家熙の役目であって、基熙へその役を担わせることは念頭においていなかったものと考えられる。実際に子息である家熙は、宝永七年に太政大臣へ補任され、宝永八年に加冠役を勤めている[12]。このことから基熙の補任は、二つの意味合いがあったと考えている。一つは、加冠に伴うものではなく基熙個人への恩典という意味合い、もう一つは、実際に加冠役を勤めた家熙との関係である。東山院としては家熙を太政大臣に補任し、加冠役を勤めさせる場合、その父親である基熙が大臣へ補任されていないという事態を避けるために、まず父親である基熙を補任させ、そして家熙を補任するという形をとりたかったのではないだろうか。後者の点は東山院の意向なのか、子息である家熙の意向なのかは判然としないが、そうした点も考慮されたと推測できよう。

さてこうした近衛父子の補任に対し、当時一条家の当主であった兼香は次のように述べている。

〔史料4〕「兼香公記　四」[13] 宝永六年十月二十五日条

今日以前関白基熙公被任相国告（消息宣下也）、弥重之由相国遣使、又摂政左大将（近衛家久）等遣、
抑今度以前関白基熙公被太政大臣宣下、此号久絶、於諸家者、正親町御宇近衛前久公以来無此号、今日宣下所来春有為御元服被宣下之歟、尤有天皇御元服之時置、此号事流例也、此執柄任之所也、又雖華族任之、是為加冠之也、案之太政大臣者天智朝始置也、又文徳御世忠任（仁カ）公任之後、連綿其例多是贈官也、勘旧記、天皇元服之時、摂政父任太政大臣事、後一条院寛仁頃、御堂関白道長公為太政大臣、其子頼通公摂政内大臣也、父子任之例始之歟、又太政大臣者師範一人儀利（刑カ）四海之官也、仍無其人者有不任之故、即闕之官也、又今度相国拝任之儀不審以之思之、当時摂政甚奢、先以久絶被再興大慶、是儀不論之勘旧記可致之者歟

兼香は太政大臣が置かれる際の先例や父子の補任例などについて述べるなど非常に先例に精通していることがうかがえる。また今回の近衛父子の補任について「不審」を抱いており、当時の摂政家熙に「甚奢」りがあることを指摘するなど、近衛家への批判を行っている。[14]

二　東宮・儲君元服加冠役に伴う補任

本節では東宮および儲君の元服の加冠役に伴う太政大臣補任について検討する。東宮および儲君元服時に加冠役を勤めたのは近衛家久、一条兼香、近衛内前の三名である。

1　享保十八年近衛家久の事例

本項では近衛家久の太政大臣補任について検討する。中御門天皇から当時右大臣であった一条兼香へ家久の加冠役について勅問がなされる。

〔史料5〕「兼香公記　一二六」享保十七年十一月二十二日条

申下刻為勅使右大将（花山院常雅）入来、見之、

被申勅定云、来年東宮御元服為加冠之事、先例傅為勤仕、然とも関白有御由緒之間、可為加冠、而前官ニ而如何、此度東宮御生長不及摂政義之間、直ニ御元服前可被授官之由思食之、此義関白被尋下之事如何、仍下官被尋下之由也、勅答云、令畏奉入御念加冠之義、有御由緒可為関白之由、是既貞享度兼輝為当職為加冠有近例令畏奉、又可被授官之事是以令得其意可被任叡慮之由言上之、

右大将迄申云、於天皇御元服者、被引異朝例相国為加冠、於東宮元服者、不及相国既承之、相国為加冠貞和良基公為関白為加冠、此度更任相国未能管見、彼時両ケ例共ニ為伝相交及御沙汰乎、余不先例事とも不存知、兎角可被任叡慮之由、乍序雑談了、

中御門天皇は来年の東宮元服の際の加冠役について、先例では東宮傅が勤めるものであるが、「御由緒」もあるので、今回は関白である家久に加冠役を勤めてもらいたい。しかし家久はすでに享保十一年（一七二六）に左大臣を辞官し前官であるため、官を授けたい。つまり太政大臣に補任させたいと思うが、兼香はどのように考えているか聞かせてもらいたいと、勅使花山院を通じてその意向を示している。ここでいう「御由緒」とは、昭仁（後の桜町天皇）の母親が近衛家煕の女尚子で、関白家久とは伯父—甥の関係に当たることを指している。これに対し、自身が東宮傅であった兼香は、貞享四年（一六八七）の朝仁（後の東山天皇）元服式の際に一条兼輝が関白として加冠を行っている近例が存在するため問題はなく[15]、太政大臣への補任も叡慮に任せると返答している。しかし兼香はその後勅使花山院

に対し、天皇の元服は異朝（中国）の例を引いて、太政大臣が加冠を行っているが、東宮の元服に際して太政大臣が加冠を行うことはない。また関白が加冠役を担う事例は貞和・貞享と二度あるが、さらに太政大臣に任じられて加冠を行う事例を知らないと述べ、東宮の加冠役を太政大臣が担うことについて疑義を呈している。しかし最終的には叡慮次第とし、天皇の意向を尊重する姿勢を花山院に伝えている。このように、東宮の元服式では東宮傅が加冠役を勤める先例であったが、この享保十八年の元服式では中御門天皇の強い意向により、関白が太政大臣として加冠役を勤めることとなったのである。その後関白家久から兼香に対して、加冠役を担うことになった経緯について説明があり、そこでもやはり中御門天皇からの強い要望により家久は加冠役を「御請」することになったことが述べられている。(16)

こうした家久の補任をめぐっては、摂家以外の公家からの意見もみることができる。次にあげる史料は清華家である広幡家の当主、広幡長忠の日記からである。当時の広幡家は近衛家の家礼であった。(17)

〔史料6〕「長忠卿記 二」(18) 享保十七年十二月二十一日条

野宮（野宮定俊）被談云、博陸相国所望、仍関東江御相談之上、被任相国由、頭中将（中山栄親）家来談云々、尤左右大臣不勅問可被任由、院崩御之博陸威更強、外摂家全体不能申是非、予博陸之弟子、然共改謁行末可恐々々、

長忠は野宮定俊から博陸（関白近衛家久）が太政大臣への補任を望んだため、幕府へ相談したうえで補任されたこと、またこの補任が左右大臣の勅問を経ずに行われたものであることを聞いている。さらに長忠の意見として、院（霊元院）が崩御した後、関白の権限は非常に強くなり、他の摂家が意見をできるような状況でないことを述べ、当時の家久の朝廷内での立場が非常に強大であったことを物語っている。また勅問の有無については、史料5にあるように勅問そのものは行われている。しかしここで重要なことは、今回の補任は勅問という正式な手続きを経ずになされるという噂が朝廷内で広まっていたことであり、それは中御門天皇が家久を太政大臣に補任させたいという強い意向

があったことの証左といえよう。

さてこうした中御門天皇の強い意向により、家久は享保十八年一月二十五日に太政大臣に補任され、同年の二月一日に元服式の儀が行われた。そこで家久は加冠役を無事に勤めあげた。これにより、東宮の元服において太政大臣が加冠役を勤めるという先例ができることとなった。さて、次に問題となったのは家久の太政大臣辞退の時期であった。

〔史料7〕「難波宗建卿記　三十四」享保十八年七月七日条[19]

議奏輩召御前仰云、今度関白辞退相国被聞召了、而当春依春宮御元服被任之由、雖被申之、不其儀而已、当時東宮外戚、且以当官勤仕加冠、旁以被任之、今度於辞退者、依加冠之義而已似被任之歟、今暫不可及被辞之旨、今日以職事可被仰下、

家久の辞官の意向を聞いた中御門は、ここで辞退してしまえば、補任されたことは加冠役を勤めることのみになってしまうため、もう少し留まるように命じている。しかしこれに対し家久は次のように述べて、太政大臣を辞退することとなる。

〔史料8〕「難波宗建卿記　三十四」享保十八年十二月二十七日条

官位御沙汰也、関白被辞相国了、先以議奏輩有仰之儀、来春被申請小朝拝、於然者関白不被辞当官被立小朝拝可然思召、且節会相国内弁前例勿論也、旁以至来春辞退、尤思召之旨雖被仰出、再応依衣辞申之被許了、殿下密々被申予、太政大臣内弁事、旧例蒙掖宣旨昇殿為規模者也、是多宿老所為歟、且於執柄者、太政大臣行内弁強不面目者也、

中御門天皇は、来年の小朝拝で家久に太政大臣として内弁を勤めてもらいたい意向であったことがわかる。しかし家久は、太政大臣は掖から昇殿できる宣旨を蒙っており[20]、太政大臣が内弁を勤めることは「不面目者」であるとし、

太政大臣を辞退している。

2　延享三年一条兼香の事例

次に延享三年（一七四六）二月二十八日に補任された一条兼香の事例についてみていきたい。

〔史料9〕「兼香公記別記　十二」[21]延享三年二月十二日条

午刻父子（一条兼香・道香）共参内、招師中納言（議奏広橋兼胤）伺天気、而出御御学問所、予参御前、両伝奏・議奏三人列座ニ而被申渡、久我（武家伝奏久我通兄）被申云、

主上御幼少時ゟ東宮傅《傳》相勤、夫ゟ当職候処、摂家中少々幼少候処、無滞相勤、御機嫌御事候、依之、太政大臣被成下候旨申渡、尤関東相済由也、申御請也、

主上（桜町天皇）が幼少の頃から東宮傅として勤め、また摂家衆が近年幼少のなかで、滞りなく関白として朝廷運営を行っている。こうした功績から太政大臣へ補任する旨が申し渡されている。兼香はこれを「御請」し太政大臣へ補任される。またあわせて幕府の許可はすでにとっている旨が記載されていることにも留意したい。この補任に対し広幡長忠は次のように述べている。

〔史料10〕「長忠卿記　三十三」延享三年二月十五日条

伝聞今月下旬廿八日頃兼香公相国宣下云々、近世近衛基熙公・家熙公依天皇元服任基熙公任相国後関東下向于時依為天皇中御門院元服譲息関白家熙云々、

家久公依当今東宮御元服、此度無何故被任、

長忠は今回の補任について、特に理由がないと述べている。しかし実際には、兼香は延享四年三月十五日に儲君（後の桃園天皇）の加冠役を勤めていることから、[22]この補任は、儲君の加冠役を担わせることが第一の目的であったと

考えられよう。

3　明和五年近衛内前の事例

最後に明和五年（一七六八）の摂政近衛内前の補任事例について検討する。後桜町天皇は武家伝奏に対し、以下の申し渡しを行う。

〔史料11〕「兼胤記　三十九」[23]明和五年二月二十七日条

一　両人（武家伝奏広橋兼胤・姉小路公文）召御前、勅言云、摂政（近衛内前）多年之当職自践祚之節、摂政之勤労茂有之ニ付、被任太政大臣度思召、東宮御元服も被仰出候ハヽ、御加冠に被仰出候間、右之通ニ思召候、関東へ宜御内慮可申達被仰出、両人畏奉退了、

近衛内前に対して、多年にわたり摂政・関白を勤めてきたことへの功労、また来年の東宮元服の際に加冠役を勤めてもらいたいとのことで、太政大臣に補任したいとの後桜町天皇の意向が武家伝奏両名に示され、幕府へ「御内慮」を伺うよう指示を出している。このように内前の場合は、多年にわたる功労と、翌年に控えた東宮元服での加冠役という二つの理由から補任させることが朝廷内で決定したものであった。

これに先立ち摂家衆へ後桜町天皇から勅問があったことが武家伝奏広橋兼胤の日記からうかがい知ることができる。

〔史料12〕「八槐御記　二十八」[24]明和五年五月二十五日条

抑今度御昇進之事、正月十七日召左大臣（九条尚実）右大臣（鷹司輔平）前関白（一条道香）有摂政多年之当職、殊当今自践祚為摂政被存知万機、有勲功有勤労可被任太政大臣叡慮之旨有勅、左右両相被奏不可有子細之由、前博陸多年有其望、且為超越之由、難被申請吾昇進之事、当今譲国之儀近年也、在位之間可被賞叡慮也、於前関白者

東宮受禅之後最可被賞之由、再三有勅依此詔旨前関白被畏申、三公一等被応叡慮了、

ここでは摂家衆に対して、内前を太政大臣に補任することへの承諾を得ていることがわかる。そのなかで、一条道香が長年にわたって太政大臣を望んできたことが記載されているが、内前を「超越」してしまうため、申請することが難しく補任が叶わなかったことがわかる。しかし延享の兼香の事例では、当時の関白道香を兼香が「超越」しており[25]、その先例がないわけではない。一条道香が補任されなかったのは、「超越」が理由というよりも後桜町天皇の意向、もしくは幕府側の承諾が得られなかったものと考えられる。

内前は明和五年五月二十五日に太政大臣に補任され、享保十八年の新しくつくられた先例に倣い、同年の八月九日に英仁（後の後桃園天皇）の加冠役を勤めた。これに対し野宮定晴は次のような意見を日記に記している。

〔史料13〕「定晴卿記　二十五[26]」明和五年八月九日条

是日儲皇（後の後桃園）御元服日也、（中略）次御冠儀、加冠摂政太政大臣、理髪春宮大夫、（中略）抑青闈御冠儀、相国為加冠事太誤也、旧例皆傅為加冠、貞和崇光院御元服日、関白良基公兼伝之人也役之、拠件例貞享度関白冬経公加冠、是見誤貞和例者也、享保度家久公追覆轍、剰任相国、全如天皇御元服、可謂重失錯、今度不改之猶随享保例、傅大臣（鷹司輔平）雖出仕唯候御裾而已、捨多分之旧規、守近例一二之覆轍、最非礼也、

定晴は東宮元服で太政大臣が加冠役を勤めることは大きな誤りであり、「覆轍」を踏襲してしまっていることを指摘している。これでは天皇の元服の時と変わらなくなってしまい、重大な失錯であると嘆き、多くある旧例を用いずに、少しの近例を守ることに対し「最非礼」と断じている。この野宮の意見のように、東宮元服における太政大臣の加冠に対して、公家内部にも批判があったのである。

三　加冠を伴わない補任

本節においては、天皇および東宮の元服加冠役とは関係なく補任された事例について検討を行う。

1　明和八年近衛内前の事例

近衛内前は明和五年（一七六八）にも一度太政大臣へ補任されているが、その三年後の明和八年に還任の件が持ち上がることとなる。また、同じ年に幕府へ願いが出された近衛家の家領加増の件についてもあわせて検討を加えたい。

〔史料14〕「兼胤記　四十八」明和八年十一月五日条

一　大炊頭（京都所司代土井大炊頭利里）申摂政殿御加増一件之事、関東江掛合返答も有之ニ付、示聞心覚之書付渡之、

摂政殿事御三代之当職ニ而、格別之勤労茂有之候事故、御加増之御沙汰被為在度段御内慮可被仰進哉、先達而先被及御内談候処、一旦御加増茂有之、何レニ御加増与申儀不容易事ニ候得者、難及言上様存候、且宝暦六子年関白殿へ心附之儀、御内慮被仰進候節之趣茂有之、可難成存候ニ付、御加増ニて無之、何被遣物ニ而茂有之候様被遊度御内慮之儀ニ候ハヽ、品にゟ言上茂可相成哉之趣先達而申入候、然処、此節御内々思召之趣被仰出候者、年寄共ゟ申来趣被聞召候、併厚思召之事候間、何卒及言上、何レ共思召之趣被仰進候様ニ者相成間敷哉、私迄茂及御内談候様御沙汰候様加了簡及言上、御返答有之候様宜取斗旨、呉々御内々御沙汰ニ候由、被仰聞候段ニ重キ思召之御内慮之儀茂候ニ付、右之段関東江相達、内々達御聴、御

内意を茂相伺候処、御代々彼是御規定等茂有之儀ニ候得ハ、表立被仰進候時者、御挨拶等茂難被遊様ニ被仰出候、右之通ニ候得者、御内慮被仰進候而者、甚御挨拶御難渋可被営哉与存候、右之趣御両人迄可然様御内談申入、御加増御内意御沙汰之儀ハ、何分不被仰進方ニ致度存候旨、然共、兎角御内慮被仰進候御沙汰ニ茂相成段被仰進候而茂、迚茂御内意（慮カ）之通御返答者被仰出間敷与存候由、是等之趣御内々可申達旨申越候事、

摂政である近衛内前が三代（桃園・後桜町・後桃園）にわたって摂関を勤めてきて、格別の勤労もあるため、朝廷側から加増願いの伺いが出されていたようである。それに対し所司代は宝暦六年（一七五六）の心付(27)の件もあるため、老中へ「御内慮」伺いを出しても認められるのは困難であると述べ、結果この加増願いは認められることはなかった。

この家領加増願いの返答が幕府側から届いた同日に、内前に対し還任太政大臣の仰せが出されている。

〔史料15〕「兼胤記　四十八」明和八年十一月五日条

一　大典侍被申、摂政殿事大嘗会両度当職之儀ニ茂候間、乍事重儀、還《遷》任太政大臣被仰出被思召之趣、関東へ御内意（慮カ）可申達、先一列江此段被仰下之由、左府（九条尚実）へ両人参旨申入、右内両府（鷹司輔平・一条輝良）へ被伝之旨承知之段明日可申上之由也、

一　両人向左府邸、見参申伝仰之儀、無所存旨左府も可畏存之由也、右府服者故、左府ゟ内府へ被伝、内府ゟ右府へ被伝、無所存之由咨状被仰聞、内府承知之段、翌六日一封左府ゟ被走越了、

ここでは後桃園天皇から直前に控えた大嘗会の前に内前を太政大臣に還任させたいとの意向が武家伝奏に示され、幕府側へ通達する前に左大臣・右大臣・内大臣へ了解を得ている。了解が得られた後、幕府側へ内前の還任の御内慮伺いが出されることとなる。

〔史料16〕「兼胤記　四十八」明和八年十一月七日条

一　巳刻両人同伴大炊頭役宅、御内慮之趣申達、
近衛摂政事、明和元年度此度当職ニ而、大嘗会之御用両度互相勤候例茂有之儀ニ候間、還任太政大臣可被仰出被思召候、当時三公之中、右大臣服者ニ而、御用不被相勤、御無人ニ茂有之、其上大礼之節御飾ニ茂相成候間、旁還任被仰出度被思召候儀ニ而ハ無之、後例ニハ不相成、此段格別之思召を以被仰出候間、被思召候、主上・仙洞御内意（慮カ）之趣関東江宜被申入候事、

ここでは右大臣である鷹司輔平が服喪により、大嘗会での御用が勤められないため、大臣が勤める内弁を勤めてもらうために近衛内前を太政大臣に還任させたい。また今回はあくまで特例であり、後例とはしないことなどが所司代に伝えられている。この後幕府から許可がおり、内前は明和八年十一月十五日に太政大臣へ還任する(28)。

こうして内前は太政大臣への還任を果たすことになるが、その還任理由には大嘗会での内弁の奉仕というだけでなく、先に述べた家領加増願いが幕府側へ認められなかったこともその一因であると考えられよう。またその還任には後桃園天皇、後桜町院両方の強い意向があったと考えられる。

2　天保十三年鷹司政通の事例

最後に鷹司政通の補任について若干ではあるが、述べておきたい。政通補任の記事は当時武家伝奏であった日野資愛の日記にその補任理由が記されている。

〔史料17〕「公武御用日記　十二」(29)天保十三年七月二十六日条

一　其後両人（徳大寺実堅・日野資愛）又召御前、関白（鷹司政通）儀万端行届、精勤多年勤労等ニ付御内慮之、通仰也、太

政大臣可被宣下、来月可被任之間、日時可被伺、右御内意可申入、議奏へも可申伝有仰、以児召議奏、即五卿被参、同役ゟ仰之旨被伝之、此後両人渡于西、両役位次ニ候、可召関白仰、議奏当番坊城被奉被伝、召関白殿参進、

ここでは政通のこれまでの精勤や勤労に報いての補任であることが述べられている。政通は文政六年（一八二三）に関白に就任しており、天保十三年（一八四二）時点で在職がおよそ二〇年となっていた。また文政十年に徳川家斉が太政大臣に昇進するが、幕府との交渉の中心は政通であった。(30)こうした長年にわたる関白在職に対しての恩典や幕府との折衝・交渉への精勤といったことが、今回の補任につながったといえよう。その意味で政通への恩典という意味合いが強いものといえよう。

おわりに

近世における太政大臣補任の契機は、天皇加冠役に伴うものが二例、東宮・儲君元服に伴う補任が三例、それ以外の補任が二例であった。そのなかでも基熙の補任は、はじめから加冠を行うことは困難であり、功労に報いるという側面が大きく、政通の事例とほぼ同じものであると考えられる。また宝永期の東山、享保十八年（一七三三）の中御門、延享期の桜町、明和期の後桜町院など、その補任には当時の天皇・院の意向が強く反映されていたといえよう。天皇や院が主導的な役割を果したからこその補任であった。

しかしこのような補任は、決して朝廷内だけで決められるものではない。当然幕府の許可が必要であった。史料上にもみられたように幕府側への「御内慮」伺いを経て、幕府がそれに許可を与えることにより、はじめて太政大臣へ

ものであった。

の補任も可能となる。[31] いかに天皇や院の意向が強く働いたとしても、幕府側の許可が出ない限り、その補任は叶わぬ

一方、本来太政大臣に補任される家格である清華家に補任の契機はなかったのだろうか。一事例のみであるが、宝暦六年（一七五六）に左大臣まで勤めた西園寺致季を太政大臣に補任してほしいとの願いが出される。

〔史料18〕『大日本近世史料　広橋兼胤公武御用日記』第七巻、[32] 宝暦六年七月二日条

一　関白殿（一条道香）ゟ依御招両人（武家伝奏柳原光綱・広橋兼胤）参入、被仰云、西園寺前内府（西園寺公晃）内々被申入候、前左府（西園寺致季）所労未危急申程ニハ無之候へ共、段々不相勝方ニ候、何とそ太政大臣之儀相願度由被申入候、不容易願候間、尚追而可被及御返答由被答置、得与被加御了簡候処、重キ願摂家一列たに依事被任連綿之儀ニ而無之間、不容易事ニ候間、被企願間敷段可被申達候、右之段内々申上、叡慮も御同様ニ候ハ丶、弥右之通可被申達候、（後略）

西園寺致季の子息である公晃から、父親の病が重くなり、まだ危急というほどではないが、徐々に悪くなっている。そこでぜひ太政大臣への補任を御願いしたいと（関白へ）内々に申し入れてきた。関白はこれに対し、容易ならざる願いであるため、追って返答すると答えている。そして伝奏に対して、摂家ですら絶え間なく任じられる官職ではなく、表向きに願うこと自体すべきでないと（公晃に）申し渡したい。このことを内々に（桃園天皇に）申し上げたい。そこで天皇のお考えも同様であれば、関白の一存で公晃に通達するつもりである、と伝奏に述べている。

この事例からは、清華家は太政大臣を表向きに願う（それが認められるかどうかはともかく）こと自体を止められていることがわかる。道香のいう、摂家ですら常に任官される訳ではないという言葉からは、もはや太政大臣には摂家のみが任官されるという意識が垣間見える。摂家による三公（内大臣・右大臣・左大臣）独占、[33] さらに木村修二氏が明ら

かにした摂家による左近衛大将の独占により[34]、清華家は右近衛大将は死守し、大臣家化は免れたものの、もはや近世において清華家が太政大臣に補任される可能性は皆無であったといえよう。しかし清華家側から、補任の願いが出されていることは、自身の家格が太政大臣を先途とすることをしっかりと認識している証左であり、摂家側との認識の違いが鮮明にわかる。今後は清華家や大臣家らのこうした家格の意識についても検討をしていく必要があろう。

ほかにも今後の課題について述べておきたい。本章で検討した七名は幕府側の許可が得られた人物であり、許可を得ることができなかった人物もいる可能性は否定できない。今後は幕府の許可が得られなかった人物なども考察の対象に入れ、さらに検討を加える必要があろう。また恵仁（後の仁孝天皇）以後の元服においては、従来の先例である東宮傅が加冠役を勤め、新例である太政大臣の加冠ではない。また統仁（後の孝明天皇）の際には、太政大臣として鷹司政通がいたにもかかわらず、やはり東宮傅が加冠を行っている。つまり恵仁以後の元服において朝廷内での先例の扱いが変化したと考えられるが、当該期の朝廷内の動向を視野に入れて、この変化について検討を加える必要があると考えている。

注

（1）本章ではあくまで朝廷内で補任された人物のみを対象とし、豊臣秀吉、徳川家康、秀忠、家斉など武家の太政大臣については別稿を期したい。
（2）橋本義彦「太政大臣について」（『日本歴史』第四一〇号、一九八二年）。
（3）小学館、二〇〇〇年、青木和夫執筆。本章では第二版を使用した。
（4）なお、清華家も太政大臣に補任される家格であるが、近世においてその例はなかった。
（5）摂家の三公、摂関補任については高埜利彦「「禁中並公家諸法度」についての一考察―公家の家格をめぐって―」（『学習院大学史料館紀要』第五号、一九八九年、後に同著『近世の朝廷と宗教』吉川弘文館、二〇一四年所収）。また准三后の席次の変遷を明らかにした石川和外「近世准三后考—席次規定の変遷を中心に—」(『日本歴史』第六二五号、二〇〇〇年)などがあげられる。
(6) 以下の記述は『皇室制度史料 儀制 成年式一』(吉川弘文館、二〇〇三年)および『皇室制度史料 儀制 成年式二』(吉川弘文館、二〇〇七年)を参考にした。
(7) 霊元天皇による朝廷運営については、高埜利彦「江戸幕府の朝廷支配」(『日本史研究』三一九、一九八九年、後に高埜前掲注(5)書所収)、同『日本の歴史一三 元禄・享保の時代』(集英社、一九九二年)、米田雄介「朝儀の再興」(辻達也編『日本の近世二 天皇と将軍』中央公論社、一九九一年)、久保貴子「天和・貞享期の朝廷と幕府—霊元天皇をめぐって—」(『早稲田大学大学院文学研究科紀要 別冊一四集 哲学・史学編』一九八八年)、同「元禄期の朝廷」(『日本歴史』五二〇、一九九一年)、同「宝永・正徳期の朝廷と幕府」(『日本歴史』五三八、一九九三年、後に改稿して同著『近世の朝廷運営』岩田書院、一九九八年所収)などに詳しい。
(8) 「基熈公記 六十三」(東京大学史料編纂所所蔵謄写本)宝永六年三月二十五日条。
(9) 近衛前久は、天正十年(一五八二)二月二日に補任され、同年五月に辞任している。前久の補任も近衛稙家以来およそ五〇年ぶりのことであった。このことについては、史料上の制約もあり、別稿にて検討を加えたい。
(10) 実際に武家で加冠を勤めた人物は存在しない(『皇室制度史料 儀制一 成年式』参照)。
(11) 「基熈公記 六十四」宝永六年十一月一日条。
(12) 「基長卿記 二十」宝永八年正月一日条(『皇室制度史料 儀制一 成年式』)。
(13) 東京大学史料編纂所所蔵謄写本。
(14) こうした近衛家への兼香の対抗意識は、山口和夫氏により指摘されている(山口和夫「近世の朝廷・幕府体制と天皇・院・摂家」大津透編『王権を考える—前近代の日本の天皇と権力—』山川出版社、二〇〇六年、後に同著『近世日本政治史と朝廷』吉川弘文館、二〇一七年所収)。
(15) 貞享四年(一六八七)の元服式は、貞和四年(一三四八)興仁親王(後の崇光天皇)の元服式で、二条良基が関白として加冠を勤めたことを先例としている。ただ今回の享保の事例と違い、良基は東宮傅でもあった。またこの貞和の事例は霊元天皇が立太子冊立を復興させた東山天皇元服式の直前の事例ともなる（『皇室制度史料　儀制　成年式二』参照）。
(16)「兼香公記　一二六」享保十七年十一月二十六日条。
(17)松澤克行「近世の家礼について」（『日本史研究』三八七、一九九四年）。
(18)東京大学史料編纂所所蔵謄写本。
(19)東京大学史料編纂所所蔵謄写本。当時難波宗建は議奏であった。
(20)承平七年（九三七）正月四日に、太政大臣藤原忠平が節会の日に掖から昇殿することを聴されている（『大日本史料　第一編之七』東京帝国大学文学部史料編纂所、一九三一年）。ここでの宣旨とは、この時のものを指していると考えられる。
(21)東京大学史料編纂所所蔵謄写本。
(22)『通兄公記　八』（続群書類従完成会、二〇〇二年）延享四年三月十五日条。
(23)東京大学史料編纂所所蔵謄写本。
(24)国立公文書館内閣文庫所蔵。
(25)『新訂増補国史大系　公卿補任』延享三年の記載でも、一条兼香は太政大臣を補任したことにより、一条道香よりも前に記載がされている。
(26)東京大学史料編纂所所蔵謄写本。
(27)宝暦六年の心付とは、宝暦六年当時の関白一条道香に対し、幕府へ「心付」を要望する一連の一件である。本章と直接関わりがないため詳細は別稿を期したい。なお、幕府との詳細なやりとりは『大日本近世史料　広橋兼胤公武御用日記』第七巻（東京大学出版会、二〇〇四年）に詳しく記されている。
(28)なお、十一月十九〜二十一日に挙行された大嘗会では、内前が辰日の内弁を勤め、内大臣一条輝良が巳日の内弁、左大臣九条尚実は大嘗会前行を勤めている。
(29)国立公文書館内閣文庫蔵。
(30)藤田覚「天保期の朝廷と幕府―徳川家斉太政大臣昇進をめぐって―」（『日本歴史』第六六六号、一九九九年、後に同著『近世天皇論』清文堂出版、二〇一一年所収）。

(31) 近世の天皇・朝廷研究第二会大会当日、村和明氏、山口和夫氏からご指摘いただいた。また山口和夫「朝廷と公家社会」(『日本史講座　第六巻　近世社会論』東京大学出版会、二〇〇五年、後に同前掲注(14)書所収)にて「内慮」伺いの定着について詳細に述べられている。
(32) 東京大学出版会、二〇〇四年。
(33) 高埜前掲注(5)論文。
(34) 木村修二「近世公家社会の〈家格〉制――「摂家」と「清華家」を中心に――」(藪田貫編『近世の畿内と西国』清文堂出版、二〇〇二年)。

第二部　近世中後期の朝幕関係と摂家・天皇・院

第一章　近世中期における摂政・関白の権限と天皇「政務」

――「復辟」を事例に――

はじめに

摂政・関白の成立過程やその確立・権限については、古代史研究から多くの議論が提示されている。[1] 近世においては天皇幼少時には摂政が置かれ、その後は関白が置かれるというのが通例となっていた。摂政・関白に唯一任じられる摂家は、近世において武家伝奏とともに朝廷運営・朝廷統制を担った存在であり、[2] そのなかでも摂政・関白はその統制を行う中心的存在であった。[3] しかしこれらの先行研究においては、摂政と関白が同列に論じられている点に大きな問題がある。摂政は天皇の「政務」を代行する存在であり、関白は臣下の第一で、決して天皇の「政務」を代行する存在ではなく、それを補佐する立場であることが大きく異なっている。

この点は天皇が執り行う「政務」と大きく関係してくる。[4] 近世の天皇家は、生前に譲位し、次の天皇が成人するまで院政を敷く通例を続けていた。[5] 上皇が院政を敷いている場合、天皇「政務」を代行する摂政といえども、院がその「政務」を掌握し、摂政はその下にあった。[6] しかし本章が扱う二つの事例は、非常に特殊な時期のものである。[7] 宝暦四年（一七五四）の復辟では、桜町上皇が早世し、近世においてはじめて上皇が不在となり、わずか七歳で即位した桃園天皇だけとなった。もう一つの安永元年（一七七二）の復辟は、上皇は後桜町院がいるものの、後桜町院は女帝であった。近世初の女帝である明正天皇期では天皇が一五歳となっても、摂政二条康道は摂政から関白への転任を幕府から認められず、そのまま摂政へ留まった。(8) 結局、二条康道は、明正天皇が女帝であるため、明正が譲位するまで摂政へ留まったとの指摘もある。(9) 後桜町天皇の際も近衛内前は摂政のままであるため、この明正の先例を踏まえたものと考えられるが、この点から女帝は上皇になってから「政務」を掌握しなかったといえるだろう。

本来であれば天皇が幼少である場合、院は天皇が「政務」を行える年齢までその「政務」を補佐、あるいは院政を敷き執り行う立場であったが、本章が扱う時期は、そうした補佐あるいは執り行う立場の上皇が不在もしくは女帝であったことが他の時期と大きく異なっており、その点が大きな特徴である。そうした場合、摂政・関白はどのように朝廷運営・朝議運営を行ったのか、そして摂政が「復辟」を行い、天皇に「政務」を返上する場合、「復辟」をし関白となった摂家当主と天皇が行う「政務」との関係はどのようなものであったのか、これらの点を明らかにしていきたい。

また後桃園天皇のあとを継ぎ、皇位を継承した光格天皇がいかにして、みずからを君主と位置づけ、天下万民に仁恵・慈悲を施すことが務めであるとの意向を示す、あるいは自分は神武天皇から連綿と続く第一二〇代天皇であることを意識するといった、(10) 非常に強い君主意識・皇統意識を持ったのか、そして朝廷の中心として「政務」を執り行うことができたのかについても、(11) 摂政・関白の権限という側面から、本章最後に考察を加えたい。

最初に摂政・関白の持つ職掌について概観しておきたい。摂政は天皇に代わり、万機を摂り行う者であり、(12) 宸筆の代書を行う、詔書の御画日や論奏に「可」「聞」を画く、官中奏下一切の文書を内覧する、叙位・除目を代行する、伊勢神宮奉幣使発遣の儀式を代行する、礼服御覧の儀式を代行するなどがあげられる。一方関白は諸臣の第一という立場であり、(13) 官奏・叙位・除目において天皇の側にたって補佐を行うなどがある。(14)

また、本章で扱う「復辟」であるが、『日本国語大辞典』によると「政を君主に返し、重臣が摂政を辞すること」とある。[15]天皇が一一歳から一五歳の間に行われ、近世においては復辟を行う際には幕府の許可が必要であった。[16]復辟を行った人物は表10の通りである。また復辟後はほとんどの者が関白に任じられている。[17]こうしたことから復辟を行うことは、摂政であった人物が関白へ転任する、という意味を内包していると考えてよいであろう。

なお、本章で扱う史料は『大日本近世史料　広橋兼胤公武御用日記』[18]が中心となる。この史料は当時武家伝奏を勤めていた広橋兼胤の日記であり、特に注記がない場合は本史料からの引用である。

天皇生没・在位	院
生没：寛永10年（1633）～承応3年（1654） 在位：寛永20年（1643）～承応3年（1654）	後水尾
生没：承応3年（1654）～享保17年（1732） 在位：寛文3年（1663）～貞享4年（1687）	後水尾
生没：延宝3年（1675）～宝永6年（1709） 在位：貞享4年（1687）～宝永6年（1709）	霊　元
生没：元禄14年（1701）～元文2年（1737） 在位：宝永6年（1709）～享保20年（1735）	霊　元
生没：正徳4年（1741）～宝暦12年（1762） 在位：延享4年（1747）～宝暦12年（1762）	／
生没：宝暦8年（1758）～安永8年（1779） 在位：明和7年（1770）～安永8年（1779）	後桜町
生没：明和8年（1771）～天保11年（1840） 在位：安永8年（1779）～文化14年（1817）	後桜町

2003 年）を参考に作成した.

一　宝暦五年の一条道香の「復辟」

1　復辟後の禁裏・幕府の朝廷運営への意向

本節では宝暦四年（一七五四）から五年にかけての一条道香の復辟について検討を行う。一条道香から武家伝奏宛に、宝暦五年に復辟を行いたいとの願いが宝暦四年正月二十八日に出される。[19]禁裏からはそれに対する返答はしばらくなかったが、宝暦五年になり、次のような考えが示される。

〔史料1〕宝暦五年二月十七日条

一　大御乳人被示、摂政（一条道香）明後日就復

表10　近世における復辟一覧

人　名	在　任　期　間	天　皇
一条昭良	摂政：正保4年（1647）3月28日～同年7月27日 関白：正保4年（1647）7月27日～慶安4年（1651）9月27日	後光明
鷹司房輔	摂政：寛文4年（1664）9月27日～同8年（1668）3月16日 関白：寛文8年（1668）3月16日～天和2年（1682）2月18日	霊　元
一条兼輝	摂政：貞享4年（1687）3月21日～元禄2年（1689）3月27日 関白：元禄2年（1689）3月27日～元禄3年（1690）1月13日	東　山
九条輔実	摂政：正徳2年（1712）8月28日～享保元年（1716）11月1日 関白：享保元年（1716）11月1日～同7年（1722）1月13日	中御門
一条道香	摂政：延享4年（1747）5月2日～宝暦5年（1755）2月19日 関白：宝暦5年（1755）2月19日～同7年（1757）3月16日	桃　園
近衛内前	摂政：宝暦12年（1762）7月27日～安永元年（1772）8月22日 関白：安永元年（1772）8月22日～安永7年（1778）2月8日	後桜町・後桃園 後桃園
九条尚実	摂政：安永8年（1779）11月25日～天明5年（1785）2月19日 関白：天明5年（1785）2月19日～天明7年（1787）3月1日	光　格

※一条兼輝，一条道香，近衛内前，九条尚実は摂政就任以前に関白に在職.
※後桜町天皇は1740～1813年が生没年で，在位は1762～70年までである.
※『日本史総覧』（新人物往来社，1986年），米田雄介編『歴代天皇・年号事典』（吉川弘文館，

辟、々々後之儀自関東去冬申来候趣申達、其且上主上未御年若ニ被為成候儀故、復辟後何事も桜町院之思召ニ而被遊被置候通ニ可被有与被思召候、摂政ニも其旨可有御心得候、右之儀ハ自関東左右之儀無之候而も可被仰出、兼而被思召候事ニ候、此段も可申達被仰出之由也、

ここでは道香が二月十九日の復辟後についても、かつての桜町院の「思召」の通りに朝廷運営を行うようにとの考えが示されている。またこの史料からは同様の考えが幕府からも示されていたこともわかる。そこで幕府側の意向についてみていきたい。次の史料は宝暦二年に幕府側から示されたものである。

〔史料2〕宝暦二年十二月三十日条

一　摂政殿被仰云、昨廿九日酒井讃岐守（京都所司代酒井忠用）参彼御亭、申入云、去十月廿八日参入申入候、摂政復辟之後も主上御廿才迄ハ、万事摂政之通御取計有之候様ニ申入候、

是者間違之筋有之候、摂政復辟以後も、主上御廿歳迄、万事桜町院被遊被置候通ニ而、新法之儀無之様ニと関東被思召候、此段摂政殿江申入候様ニと申来候由演説候、仍内々御物語被成之由也、

道香はこの前年の宝暦元年に一度復辟の願いを出しており[20]、その際は女院である青綺門院から桃園天皇が一五歳になるまで不可との思召が出されて復辟の沙汰が出ることはなかった。さてこの史料では、桃園天皇が二〇歳となるまでは、「万事摂政之通御取計」との意向を十月二十八日に摂政から示したが、所司代はこれは間違いであり、復辟後は「万事桜町院被遊被置候通」で新規の法度などを出さないように、との意向が正しいと述べていることがわかる。なお、ここで「新法」と述べているのは、寛延三年（一七五〇）に摂政一条道香から、故桜町院の遺詔、桃園天皇の仰せとして突如出された「官位御定」を念頭においているものと考えられる[21]。また宝暦四年の所司代から武家伝奏に渡された書付でも次のような意向が示されている。

〔史料3〕宝暦四年十二月二十一日条

摂政復辟之儀、来年正月下旬被仰出候者、復辟以後も主上御二十比ニも被為成候迄者、万事摂政殿是迄之通故院御在世之節之趣ニ可被取計旨、来春復辟之儀御沙汰有之候時分被仰出候様ニ与被思召候、此段可申達旨、従年寄共申越候事、

ここではあくまでも「故院御在世」、すなわち桜町院が存命していた時と同様にこれまで通り執り行うようにとの意向が示されていることに留意しておきたい。朝廷も幕府も「摂政之取計」ではなく、「故院御在世之通」の取り計らいを望んでいたといえよう。

こうした意向が示された後に、改めて正式に禁裏・幕府双方から復辟後の運営についての意向が示される。

〔史料4〕宝暦五年二月十七日条

一　摂政殿参入、於御学問所両人（武家伝奏柳原光綱・広橋兼胤）申達趣、如左、
去冬従関東申来候、主上御二十比ニも被為成候迄者、万事殿下是迄之通故院御在世之節之趣ニ可有御取計、復辟之御沙汰有之候時分被仰出候様ニと申来候、明後日復辟ニ付、右之趣被仰出候、且又別段ニ被仰出候主上御年若ニ被為成候間、何事も故院之思召ニ而被遊置候通之思召ニ而被為有候、殿下ニも可有其心得候、右之思召ハ前条之趣関東ゟ不申来候共、兼而此節可被仰出被思召候ニ付、是又被仰出候、

前半では幕府の意向により桃園天皇が二〇歳までは「万事殿下是迄之通故院御在世之節之趣」で朝廷運営を行うようにとのことが述べられている。またそれとは別に桃園天皇はいまだ年若なので「何事も故院之思召ニ而被遊置候通」りにあるようにとのことが、改めて確認され、そのことが道香に伝えられている。このように道香が復辟し関白となった後も、天皇が二〇歳頃までは桜町院が存命していた時と同じように朝廷運営を行うことが何度も確認されている。こうしたことは、管見の限りこれまでの復辟ではみられないことである(22)。当該期の復辟後の一条道香の朝廷運営に、朝廷・幕府双方が大きな関心を持っていたことがうかがえよう。

2　「是迄之通」の意味と一条道香への「叡慮」

先にみたように、一条道香に対して復辟後の朝廷運営の意向が示された。しかし道香はこの意向に対し、以下のような疑問を呈したのである。

〔史料5〕宝暦五年二月十七日条
摂政殿被承候、関東ゟ申来候儀ニ候間、御請ハ被申候、乍然□（是）迄之通と有之候処、被復辟候得共、摂政儀之通ニ被取計候様ニと之是迄之通ニ候哉、又故院御在世之趣ニ何事も被取計、御廿比迄ハ新儀御再興之儀抔無之候様被

取計候様ニと之是迄之通ニ候哉、此両様如何様ニ可被心得候哉、主上ニハ如何被思召候哉、（後略）

道香は先の史料4の文言で「是迄之通」とあるが、それは①復辟の後も摂政の職掌に従い朝廷運営を行うとの意味なのか、あるいは②故院御在世の通り桃園天皇が二〇歳となるまで新儀・再興などないようにとの意味なのか、どちらなのか武家伝奏に対して質問を行っている。先ほどみたようにすでに朝廷・幕府双方の意見は②の桜町院が「御在世」していた時と同様に朝廷運営を行うとの意向を示しているにもかかわらず、道香はあえてこの「是迄之通」という文言の意味を問いただしているのである。このことから、道香は①での朝廷運営を望んでいることがうかがえよう。

これに対し武家伝奏は京都所司代に尋ねるが、所司代もその意味についてはわからないと返答し、幕府へ問い合わせると答えている。

この後武家伝奏が年頭勅使として関東へ下向するため、この一連の流れを議奏に説明し、また二月十八日には、幕府から「是迄之通」の意味について返答があるまでは「摂政以了簡宜被取計」との勅旨が出される。そしてその翌日に復辟の上表が出され、道香は関白となる。

四月に入り武家伝奏が帰京し、改めてこの問題について京都所司代と内談を行うこととなる。

〔史料6〕宝暦五年四月九日条

去月二十八日内々申聞、旧臘摂政復辟後二三年ハ関白ニ而摂政儀之通被相勤候様ニと、禁裏ゟ被仰出候儀、両人申談様々相考候へ共、此儀ハ関白殿（一条道香）御直談ニ而被承候儀ニ候へハ、内々ニ而の両人ゟハ関白へ難尋候、尚々加了簡讃州ゟ相しらへられ候儀ハ格別、両人ゟハ難及左右之由示了、

このなかで所司代は、道香から聞いた話として、禁裏（桃園天皇）から道香に対し、復辟の後も二、三年は摂政の時と同様に関白として勤めるようにとの仰せがあったことを武家伝奏に伝えている。武家伝奏はこの仰せ（ここでは

「叡慮」Aとしたい）についてはおそらくは関白である道香が天皇との直談で仰せを受けたものであろうと推測している。さらに四月十八日の伝奏と所司代との内談で、「叡慮」Aは宝暦四年十月三十日に道香が直接にその仰せを天皇から聞いたこと、さらに伝奏はそのことについて把握していなかったことが判明する。またここでは二、三年とあることから、「摂政儀之通」りに勤めるのは天皇が一七、八歳までということがわかる。

このような状況を受けて伝奏は道香と直接内談を行う。それは以下の史料である。

〔史料7〕宝暦五年四月二十一日条

一（前略）両人申云、此間行向候節、復辟後も是迄之通関白ニ而一両年も摂政儀之御取計有之候様ニ、従御所も被仰出候哉与尋候間、其儀ハ両人不存候、去冬復辟之儀正月与被仰上候節、復辟後関白ニ而一両年も御在職候様ニと被仰出之段申上、御請被仰上候、此儀ハ両人承候而申入候、関白ニ而是迄之通摂政之儀之通ニ御取計有之候様ニとの儀ハ、両人不存知候段申候由申之、関白殿被仰云、成程其通候儀、復辟以後も是迄之通関白ニ而摂政之儀之通与有之候儀ハ、御承不被成候、（後略）

ここで武家伝奏は「叡慮」Aについては知らないが、「復辟後関白ニ而一両年も御在職候」という「叡慮」については知っている（これを「叡慮」Bとしたい）と道香に述べている。道香はこれに対して「叡慮」Aについては自分も知らないと述べ、先ほどの所司代との内談の内容と異なる返答を行っている。

この段階で二つの「叡慮」が出てきたことになるが、その内容は大きく異なる。「叡慮」Bについては前述した朝廷・幕府双方の意向と齟齬することはないが、「叡慮」Aについては関白となっても摂政の時と同様に朝廷運営を行うとのこととなる。それは朝廷・幕府双方の意向と異なり、大きく今後の朝廷運営のあり方、また天皇の「政務」への関与の仕方が変わってくるといえよう。

3　「叡慮」の有無と幕府からの返答

先ほどみたように、道香は「叡慮」Aについて所司代・武家伝奏双方に異なる返答を行い、また武家伝奏自体がこの「叡慮」Aについて把握していないなど、実際にこの「叡慮」Aが出されたのかどうかについても不明な点が多い。そこで改めて武家伝奏と京都所司代の間で内談が行われる。

〔史料8〕宝暦五年四月二十七日条

一　讃岐守云、此間ゟ懸合候、復辟後も是迄之通与有之一件、昨日参関白殿委細御対談申候、関白殿彼是被仰《被仰候ハ、去冬》聞候趣共有之候へ共《被仰候、是迄之通与禁中ゟも被仰出候段、讃岐守江》、難及了簡候、被仰聞候ハ、御吹聴御内分之事ニ候、自関東被仰進候趣、表《立》向被仰出公武之思召ニ而被仰出候事ニ候へハ、去冬之儀ハ棄《打》置、当春之趣を以被仰出、関白被窺候趣を以、関東ゟ箇様々々と申来候へハ夫ニ而相済候間、其通ニ取計候様ニ与被仰候へ共、関東江申遣如何可申来其趣《哉難計、勅ニ》　叡慮ニ致齟齬、又自御所被仰遣候儀抔有之候而ハ、於讃岐守一向申訳も無之儀不相立候間、尚得与相考追而可申之由、関白殿へ申入置候、先達而老中共ゟ申越候書面、得与一覧候処、未及言上候様ニ相聞え《見え候》候間、先内分ニ於当地被仰出候儀関白殿ハ御承被成候由被仰候、両人江被尋候へハ、関白ニ而一両年も可被在職之由ハ被仰出候へ共、是迄之通関白ニ而一両年も摂政被取計有之候様ニとの被仰出ハ不承候由申候間、難相分候段、内々申達、其返答之上《之趣を以、尚又其節》可及熟談之由也

所司代が道香と前日に対談をして、この「叡慮」Aについて問いただしていることがわかる。そのなかで道香は、「叡慮」Aについては「内分」のことであり、幕府の意向（史料3＝「叡慮」B）と齟齬するため、「叡慮」Aについては「打棄」て、自分としては幕府の意向を重視したと述べている。これに対し所司代は、改めて「叡慮」Aについて

幕府へ問い合わせるとしている。これを聞いた武家伝奏は自分たちが聞いた内容と違い、「不審」であると述べている。

道香のこの返答により、「叡慮」Aについては内々のものであったことが判明したが、二つの「叡慮」が存在することにより、改めて幕府から復辟後の意向について返答がなされる。

〔史料9〕宝暦五年六月二十二日条

一　申剋依招両人同伴讃岐守役亭ニ行向、対談、

讃岐守演説云、

関白ニ而摂政之勤方、是迄之通被取計候心得ニ可有之哉、又者御再興事其外共万事新儀無之様、是迄之通被取計候心得ニ可有之哉、

右之通御尋之趣、関東江申遣候処、

関白殿ニハ是迄之通内々摂政之勤方被致候儀与被心得候趣ニ相聞え候、関東ニ而之思食、弥右之趣ニ候、

右之通、年寄共ゟ申越候、此通宜令沙汰之由示之、

幕府は史料3で示した意向を変え、「叡慮」A、また道香が望んでいた「是迄之通内々摂政之勤方被致候」との意向をここで示し、道香の要望を追認した形となった。この段階に至りようやく今後の朝廷運営のあり方が決定することとなる。それは関白ではあるものの、天皇が一七か一八歳までは「内々摂政之勤方」という、摂政の持つ職掌をもあわせ持った関白として朝廷運営を行っていくということであった。

二　安永元年近衛内前の「復辟」

1　後桜町上皇の意向と「准摂政」

本節では後桜町天皇、後桃園天皇二人の天皇の摂政を勤めた近衛内前の「復辟」について検討を行う。近衛内前は桃園、後桜町、後桃園の三代の二一年余りにわたって摂関を勤め、准三后宣下を受けるなど当時の朝廷内では相当な権力を保持していたことが指摘されている。[23]

近衛内前は後桃園天皇が一五歳となる安永元年（一七七二）に復辟を行うが、その上表を行う一ヵ月前に武家伝奏である広橋兼胤、姉小路公文の両名が後桜町院から呼び出され、内前の復辟について院宣が渡される。

〔史料10〕「兼胤記　四十九」[24]　明和九年七月十日条

主上（後桃園天皇）当年御十五ニならせられ候ゆへ、復辟の御さたかならすあらせられ可然候、かつ三代多年在職の儀に候へハ、復辟まへにも辞職あり度よし、昨年冬ゟ内々度々摂政より申入られ候、段々申され候ところ尤ニ候へとも、多年勤仕労も一かたならす、主上二十まて御病身にて万端御おくれあそはしならせられ、当時何事も摂政（近衛内前）へまかせをかれ、御心たのミにおほしめしならせられ、こなたにも同様に安心候、摂政にもいまた五十にも満れす、随分気丈日々勤仕の事に候へハ、弥当秋冬の間復辟これあり候とも、今しはらく御そたち後までのところ、万端准摂政儀関白としてそのままつとめられ候ハヽ、主上御安心弥御機嫌よろしかるへく候、両女院（青綺門院・恭礼門院）江此むね両人ヲ以申入、思しめしなく候ハヽ、直ニ左府（九条尚実）へも内々両人（広橋兼胤・姉小路公文）ゟ申示候て、返とう今日参り申きかすへく候、此書付写留返上了、このなかで後桜町院は内前の勤労を称え、また後桃園天皇は何事につけても内前を頼りとしており、私自身も安心であると記す。その後で後桜町院は「今しはらく御そたち後までのところ万端准摂政儀関白としてそのままつとめられ候」と内前に准摂政の儀を関白として執り行わせたいと述べているのである。ここで「御そたち後まて」とあるが、史料上にもあるようにおそらくは二〇歳という年齢を目安にしたものであろう。問題は准摂政という役職である。准摂政とは『日本国語大辞典』によれば、「平安時代以降、摂政でない関白や大臣に対して、摂政に準じて叙位・除目などの政務をその直廬において行うべき宣旨を下すこと。またその人」との説明がある。この役職については米田雄介氏の研究に詳しい。[25] 氏の分析によるとその形態は二種類あり、一つは復辟の際、関白を命じられたときに准摂政の宣旨を蒙る例、もう一つは摂政の経験がなく、それとは無関係に准摂政の宣下を蒙る例である。准摂政に任じられた総数は一四例あるが、そのうち一一例が前者の形態によるものであった。しかしその一一の事例はすべて天皇が一五歳未満のもので、一五歳の時に復辟した者へ准摂政の宣下が出されたことは一度もなかった。また結論からいってしまえば、近世において、関白に任じられた時に准摂政の宣旨を蒙る例は存在しない。[26] しかしそのように先例がないにもかかわらず、後桜町院は関白として准摂政の儀を執り行わせる、つまり関白に准摂政の権限を付与するという非常に強力な「関白」に内前を就任させたかったようである。

こうした後桜町院の意向を受け、武家伝奏両人は青綺門院の意向を尋ねる。

〔史料11〕「兼胤記　四十九」明和九年七月十日条

両人謹奉之女院（青綺門院）御所へ参、以小督言上口演也、御書付ハ不附之、頃之還出被示云、委細被聞召、御尤之御事ニ思召候、併摂政ハ五十未満随分気丈ニ御勤有之候へ共、次之大臣左府（九条尚実）被及老年、主上御二十後ニ成候へハ、六十ニ被越候間、復辟之後暫准摂政儀関白なとの取計有之候様ニ被仰出可被宜被思召候、於此上ハ思召次第

之御事与思召之由被仰出之由、小督被申述、

青綺門院は、後桜町院の仰せそのものについては「御尤」であると述べ、賛成である旨を示している。その理由は、次に摂関を勤めることとなる左大臣九条尚実が老年であり、[27]後桃園天皇が二〇歳になる頃には六〇歳となってしまうため、そのような措置が妥当であると述べている。ただ天皇の「思召次第」と述べ、あくまで後桃園天皇の意向次第であるとしている。ここで青綺門院が次に関白となる九条の年齢をあげているのは、九条が関白となった後に、天皇を補佐し朝廷運営を行っていくことができるのかを危惧していたからであろう。

この後、伝奏は新女院（恭礼門院）へも同様に後桜町院の意向を示し、新女院からは「思召次第」との返答を受ける。さらに院の指示により九条尚実へもその意向を確かめる。ただ九条へは「復辟前後迄も在職ニ可相成御沙汰之趣」と、あえて天皇が二〇歳までではなく、復辟後しばらく准摂政の儀を執り行う関白として勤める可能性もある旨を伝えている。[28]これは後桜町院からの指示であり、二〇歳まで内前が准摂政の儀を執り行う関白として勤めると、九条の関白補任が遅れるため、その点を配慮したものであろう。これに対し九条はこの仰せを「御請」し、両女院、九条尚実の承諾を取り付けられ、内前の准摂政就任への準備が整うこととなる。

2　幕府への伝達と返答

朝廷内で内前への対応が決まったことで、武家伝奏は幕府側へこの意向を伝達する。

〔史料12〕「兼胤記　四十九」明和九年七月十三日条

一　巳刻、両人同伴大炊頭（京都所司代土井大炊頭利里）役宅、面謁、御内慮書其外書付之、兼胤書之、
　主上御年頃ニ茂被為成候故、復辟之事摂政被申上候、且摂政御三代之当職及多候間、復辟前辞職有之度

由昨冬ゟ内々度々被申上候、尤ニ被思召候得共、多年格別之勤労有之、主上是迄御多病ニ被為在、専保養被遊候ニ付、別而何事茂摂政へ御任被遊叡慮を被安候、仙洞ニ茂御同様御安心被遊候、摂政未五十ニ茂不被満、日勤も無怠候得者、今年秋冬之間復辟有之候共、主上御二十歳後迄茂、御内々之儀者、是迄之通摂政之儀之通関白ニ而被取計候様可被仰出与被思召候、主上・仙洞御内慮之趣、関東江宜被申入候事、

ここで注目すべきは、先ほど出てきた准摂政という文言は見当たらず、先にみた一条道香の「復辟」の際と同様に、「主上御二十歳後迄茂、御内々之儀者、是迄之通摂政之儀之通関白ニ而被取計候様」と、天皇が二〇歳までは、これまでと同様に関白でありながら、内々は摂政として勤めるとの文言がみえることである。おそらくは准摂政への補任は天皇一五歳では先例がないため見送られることとなったが、その代わり内々は摂政として勤めるようにとの後桜町院・後桃園天皇からの思召になったと考えられる。つまりこの近衛内前への思召により、先にみた一条道香の事例も准摂政の権限を持つ関白に付与されたものとみることができよう。

幕府からは二十九日に「御内慮通」りという返答が所司代から伝えられ、これを受け武家伝奏は院御所へ報告をし、その後禁裏・新女院御所へ伝達をしている。(29) そして翌日には内前へも伝達し、内前から「御請」との返答を得ている。(30) その後、議奏である櫛笥隆望へもこの旨は伝達される。(31) この幕府からの返答により、近衛内前も関白でありながら内々は摂政として朝廷運営を執り行うこととなる。

おわりに

本章で明らかになったことをここでまとめておきたい。

宝暦五年（一七五五）の一条道香の「復辟」では、道香は復辟後の朝廷運営について桜町院の「御在世」の通り執り行うのか、あるいは「内々摂政之儀之通」りに執り行うのか、その文言について大きな関心を持っていた。朝廷・幕府双方からは「故院御在世之通」との意向が出ていたにもかかわらず、結果的にはその意向を変えさせ、「是迄之通内々摂政之勤方」と道香の意向通りの決定となった。道香がこのように「復辟」後の朝廷運営にこだわったのは彼自身の言葉から判明する。道香は青綺門院から「官位御定」[32]について摂政以下摂家に対し諮問があったところ、「摂政之儀ハ代天子被事行候職ニ而、関白トハ違候、（中略）左大臣已下ト同様ニ女院被思召候而ハ甚迷惑ニ候」[33]と、摂政は天皇に代わり物事を執り行う職であり、関白とは違う。その摂政職を左大臣以下と同様に女院（青綺門院）がお考えなのは非常に迷惑であると不快感を露わにしている。こうした道香の考えが今回の「復辟」後の朝廷運営について関心を持たせた理由であろう。

次に近衛内前の「復辟」についてである。ここでは内前の勤労や後桃園天皇の病弱から、後桜町院は内前が関白となった後も、准摂政として勤めてほしいとの意向を示している。しかし結果的には准摂政の宣下は出ず、「御内々之儀者是迄之通摂政之儀之通関白ニ而被取計候様」と、内々のことについては、これまで通り摂政の時と同様に関白として執り行うとされ、道香の時と同様の意向で内前が朝廷運営を執り行うことが決定した。

つまりここから「内々摂政之儀之通」とは、准摂政として朝廷運営を行うとのことが明らかとなった。それは道香の時も同様で、宣下もそうした文言も史料上から確認することはできないが、実質的には准摂政の権限を持った「関白」として勤めるということであったといえよう。この二つの事例からは、上皇が不在あるいは上皇が女帝である場合、それまで摂政を勤めていた人物は「復辟」を行い関白となるが、実質的には准摂政と関白の両職の権限を有した「関白」として朝廷運営全般を執り行う立場であったといえる。一条道香、近衛内前両者の朝廷運営は、「復辟」(関白就任)後も摂政在任時の運営と変わらず行っていたと考えられる。こうした「関白」は、近世のこれまでの摂政・関白と違い、朝廷内でより大きな権限を持ったといえよう。

次に天皇「政務」との関係である。一条道香、近衛内前が「復辟」を行い、天皇にその「政務」を返上しても、それはあくまで形式的なものであった。先にみたように実質的には天皇「政務」を代行する准摂政も兼任しているため、天皇が「政務」に関与することはほとんどなく、「復辟」後も一条道香、近衛内前の二人が天皇「政務」全般を担っていたと結論づけられよう。

それでは後桃園天皇の後の光格天皇の場合はどうであったのだろうか。表10によると、光格天皇の時も上皇は女帝である後桜町院だけである。これについては光格天皇期に関白を勤めた鷹司輔平が松平定信に宛てた書簡からうかがい知ることができる。それは以下の史料である。

〔史料13〕「松平定教文書」(34)

(前略)全体関白内覧之儀は、文書以下進止之儀、不及なから心一倍に取計ひ候へ共、摂政中と関白之時とは諸事之商量も違候事共に候、桜町院早く御脱屣以後、追々主上御宝算も御短ク、或は女帝等にて、近年摂政而已打続、邂逅暫関白之間も尚幼主又は御虚弱に被為成候而、准摂政之商量候ひき、当時成長之聖主其上九条故准后、前関白復辟之日ゟ発病に而、直に三ヶ年出仕之由間、尚更御早ク御政事に被為馴、一二之近臣等御咄共申上候哉、

殊更御壮健にて万事被聞召、近代無之恐悦之折柄、如何斗忝畏入候事共に候、（後略）

輔平によれば、光格天皇即位前は、幼主や病弱な天皇が続き、関白といっても准摂政と同様であった。しかし光格天皇期に摂政・関白を勤めた九条尚実は天明五年（一七八五）に「復辟」を行うが、その日に病にかかり、三年余りで関白を辞任してしまう。そして光格天皇はこの三年間に朝廷の「政務」に慣れ、一、二名の廷臣とともに自身で朝廷「政務」をこなしていたという。また九条尚実が「復辟」する際に、道香、内前の時のような「復辟」後の朝廷運営について述べられている史料は、管見の限り発見できなかった(35)。尚実は摂政就任時にはすでに六三歳であり、一条道香が三四歳、近衛内前四五歳と比較しても非常に高齢であった。こうした年齢的問題や健康的な問題から、積極的に天皇の「政務」を代行する摂政として「政務」を執り行うことは困難であったのではないだろうか。結果的に光格天皇は、こうした状況のなかで強い君主意識を持つ天皇となり、一方、道香、内前のような准摂政兼関白のような権限を有した関白が現れることはなかったと考えられる。

最後に今後の展望と課題について述べておく。本事例では天皇の年齢が一七歳あるいは一八歳、二〇歳になるまでは「内々摂政之儀之通」りに勤めるようにと、天皇が「政務」を執り行う年齢が具体的にあがっている。これは元服や即位、「復辟」の年齢である一五歳とも異なる。ここから近世の天皇が実質的に「政務」を担うことのできる年齢はいったい何歳であったのかという課題が浮かんでくる。もちろん天皇の個人差は当然あるだろうが、今後解明していくべき論点と考えている。

注

（1）　坂本賞三「関白の創始」（『人文学部紀要』第三号、一九九一年）、坂上康俊「関白の成立過程」（笹山晴生先生還暦記念会編『日本律令制論集 下』吉川弘文館、一九九三年）、今正秀「摂政制成立考」（『史学雑誌』第一〇六編第一号、一九九七年）、

佐々木宗雄「摂政制・関白制の成立」（『日本歴史』第六一〇号、一九九九年）、米田雄介『藤原摂関家の誕生―平安時代史の扉―』（吉川弘文館、二〇〇二年）、外川点「摂政と関白―その成立と変容」（歴史科学協議会編、木村茂光・山田朗監修『天皇・天皇制をよむ』（東京大学出版会、二〇〇八年）などがあげられる。

（2）藤井譲治「江戸幕府の成立と天皇」（『講座前近代の天皇二　天皇権力の構造と展開その2』青木書店、一九九三年）。

（3）高埜利彦「江戸幕府の朝廷支配」（『日本史研究』三一九、一九八九年、後に同著『近世の朝廷と宗教』吉川弘文館、二〇一四年所収）。

（4）野村玄氏は天皇の行う政務を諸儀式への出御や毎日の天皇の所作と捉え、後水尾上皇がそれらを指して「主上御所作・御作法」と表現していることを明らかにされた（野村玄「後西天皇の譲位と『天子御作法』」（『歴史評論』通巻六五二号、二〇〇四年、後に同著『日本近世国家の確立と天皇』清文堂出版、二〇〇六年所収）。私はそれだけでなく、朝廷運営・朝議運営に関わる事柄などへの裁許、あるいは公家衆の支配なども天皇「政務」にふくまれると考えている。そのため本章で使用する「政務」とはこうした朝廷運営などに関わる事柄も内包した意味で使用する。

（5）『皇室制度史料　太上天皇三』（吉川弘文館、一九八〇年）。

（6）山口和夫「霊元院政について」（今谷明・高埜利彦編『中近世の宗教と国家』岩田書院、一九九八年、後に同著『近世日本政治史と朝廷』吉川弘文館、二〇一七年所収）。

（7）なお、この時期に女院が「政務」に関与したことが指摘されている（橋本政宣「寛延三年の「官位御定」をめぐって」『東京大学史料編纂所研究紀要』二、一九九二年、後に同著『近世公家社会の研究』吉川弘文館、二〇〇二年所収）。久保貴子『近世の朝廷運営』（岩田書院、一九九八年）。

（8）高埜前掲注（3）論文。

（9）『皇室制度史料　摂政一』（吉川弘文館、一九八一年）。

（10）藤田覚『幕末の天皇』（講談社選書メチエ、一九九四年、後に講談社学術文庫、二〇一三年）八三～八六頁（学術文庫）。

（11）藤田覚「十八～十九世紀の国家と民衆―「対外的危機」と天皇をめぐって―」（『歴史学研究』五九九、一九八九年、後に同著『近世政治史と天皇』吉川弘文館、一九九九年の第一章「寛政期の朝廷と幕府」と改題して所収）、同前掲注（10）書。

(12)『国史大辞典』第八巻（吉川弘文館、一九八七年）の米田雄介氏執筆の「摂政」の項を参考。
(13)『国史大辞典』第三巻（吉川弘文館、一九八三年）の土田直鎮氏執筆の「関白」の項を参考。
(14)『皇室制度史料　摂政二』（吉川弘文館、一九八一年）、神谷正昌「平安期における王権の展開」（『歴史学研究』七六八、二〇〇二年）、古瀬奈津子「摂関政治と王権」（『史学会シンポジウム叢書　王権を考える—前近代日本の天皇と権力—』山川出版社、二〇〇六年）などを参照した。
(15)小学館、二〇〇〇年。第二版を使用した。
(16)高埜前掲注(3)論文。
(17)近世において摂政を辞した後、関白へ補任されなかったのは、二条康道と九条道房の二名である。九条道房は元来病弱であり、本人の希望により一時的に摂政に補任されたものであった。
(18)底本は東京大学史料編纂所所蔵の「兼胤記」である。第一巻から第四巻までは東京大学出版会より刊行されている。以降は東京大学史料編纂所からの刊行である。本章で使用するのは主に第三巻（一九九五年）、第四巻（一九九七年）、第五巻（一九九九年）の三冊である。
(19)『大日本近世史料　広橋兼胤公武御用日記』第四巻、宝暦四年一月二十八日条。
(20)『大日本近世史料　広橋兼胤公武御用日記』第一巻、宝暦元年九月二十七日条。
(21)「官位御定」とは、寛延三年九月二十四日、摂政一条道香の沙汰により、故桜町院の遺詔、桃園天皇の仰せとして出された、堂上公家の官位、地下官人の官位、僧侶・社家らの官位などの官位叙任について出された法令である。摂政一条道香が他の摂家や武家伝奏らに事前に相談なく発したことで、三ヵ月後に撤回された（詳細については橋本前掲注(7)論文参照）。
(22)一例をあげれば、享保元年（一七一六）の九条輔実の復辟の際に、当時の武家伝奏である庭田重条の日記「庭田重条日記」（宮内庁書陵部所蔵）にこうした記載はみられない。
(23)石川和外「近世准三后考—座次規定の変遷を中心に—」（『日本歴史』第六二五号、二〇〇〇年）。
(24)東京大学史料編纂所所蔵謄写本。
(25)米田雄介「准摂政について」（『日本歴史』第三四九号、一九七七年、後に同著『摂関制の成立と展開』吉川弘文館、二〇〇六年所収)。

(26) ただし弘化三年(一八四六)に仁孝天皇が病気危急になった際、当時の関白である鷹司政通に准摂政の宣下が下されている(『実久卿記 三十二』〈東京大学史料編纂所所蔵謄写本〉)。ただしこの事例は、藤原道長が天皇不予の時に准摂政となったことを先例としており、「復辟」の後に関白へ下される准摂政のものとは異なるものである(米田前掲注(25)論文)。

(27) 九条尚実は随心院門跡から還俗して九条家を相続したため、他の摂家当主より遙かに年長である。安永元年当時五六歳であった。なお、尚実の九条家相続をめぐる問題は本書第一部第一章に詳しい。

(28) 「兼胤記 四十九」明和九年七月十日条。

(29) 「兼胤記 四十九」明和九年七月二十九日条。

(30) 「兼胤記 四十九」明和九年七月三十日条。

(31) 同右。

(32) 「官位御定」については橋本前掲注(7)論文に詳しい。

(33) 『大日本近世史料 広橋兼胤公武御用日記』第一巻、寛延三年十月二十八日条。

(34) 「光格天皇紀 編年史料 天明八年」十(東京大学史料編纂所所蔵)所収。同史料については、東京大学史料編纂所の近世編年データベース(http://wwwap.hi.u-tokyo.ac.jp/ships/shipscontroller)にて画像を公開している。なお、同書簡は藤田覚「寛政内裏造営をめぐる朝幕関係」(『日本歴史』五一七号、一九九一年、後に同著『近世政治史と天皇』吉川弘文館、一九九九年所収)で紹介されており、本章ではそちらも参考にした。

(35) 当時の一条家の当主である一条輝良の日記「輝良公記 二十三」(東京大学史料編纂所所蔵謄写本)や「定業卿記 十」(東京大学史料編纂所所蔵謄写本)などにはそうした記載はみられない。

第二章　文化期の朝廷と幕府

はじめに

本章は近世後期、特に文化期の朝廷と幕府の関係を、朝廷内部の諸機構や院御所・中宮御所など禁裏御所以外の組織を動態的に把握することで、その実態を明らかにするものである。

近世の天皇・朝廷研究は、近年多くの研究蓄積を有し、大きな進展をみせている。高埜利彦氏の研究により、近世を通じた朝廷統制機構や朝幕関係の展開の枠組みが提示された(1)。その後、朝幕関係や諸機構、構成員、儀礼、学問、文化、社会と天皇権威など多岐にわたる研究成果が発表されている(2)。

本章が対象とする近世後期については、光格天皇に注目した藤田覚氏の一連の研究成果があげられよう(3)。諸朝儀や祭祀の復古・再興、尊号一件の処罰過程や大政委任論、御所造営など多くの具体的諸事実を分析・検討し、寛政期を境に、天皇・朝廷権威が浮上し始めたことを指摘した(4)。また寛政期（天明末年から文化期まで）の朝幕関係について「幕府が朝廷に対する権力を強化したという評価では不十分であり、朝廷の動向を警戒しつつ「御職任」とか「公武格別」とか「御政務筋」とかを主張して抑制しようとする一方、朝廷との融和、朝廷尊崇を強化する対応をとらざるを得なかった」(5)と評価した。また高埜利彦氏は、近世後期の朝幕関係について、寛政期を「第二の変容」と位置づけ、尊号一件については「朝議に加わることのなかった公家たちが、幕府朝廷支配の枠組みを逸脱して群議を行い、多数の力で幕府に圧力を加えたことに対し、幕府は公家たちに処罰を加えて、基本的枠組みの堅持を図った」とし、「幕府の主導の下で将軍権力の補強のために朝廷の権威を協調させる時代の終焉を意味した」と寛政期以降の朝幕関係のあり様を指摘した(6)。また尊号一件では朝廷統制機構の引き締めが行われ、特に要とされた関白について「一条輝良の後に、幕府の意図に忠実であった鷹司政熙が十九年間にわたって在職し、その子政通も三十四年間在職という異例の長期任官は、朝廷内復古勢力台頭に抗しようという幕府の意図の表れ」と論じた(7)。幕府の鷹司家への信任が政熙・政通父子の長期在職を生みだし、ひいてはそれが五摂家の摂関在職のバランスを崩すことになったとも指摘した(8)。

こうした先行研究に学び、改めて文化期という時期と朝廷内部の動向および統制機構に着目する意義、そして本章の課題について述べたい。

第一に、藤田氏の議論では、光格天皇と朝廷が一体として描かれており、朝廷内部、特に幕府が再強化したとされる朝廷統制機構の動向や、朝議を主導した関白鷹司政熙(9)と光格天皇の関係については分析がなされていない。いかに光格天皇が主体となったとはいえ、直接に朝議運営・朝廷運営を担うのは関白や伝奏であり、そこの関係性は明らかにされなければならない論点といえよう。

第二に、光格天皇と中宮欣子内親王、後桜町上皇との関係についてである。閑院宮家から皇統を継いだ光格にとって、後桃園天皇の実子である中宮欣子内親王はみずからの皇統の正当性を保証する人物であり、入内・立后での扱いやその御殿造営などは、光格が主体となり古代の例に即した形で行われている(10)。それだけ光格が中宮を重視していたことの表れであろう。後桜町院は、上皇として光格幼少の時に輔導をしたとされ、光格にとっては後見人的存在であったといえよう。当時朝廷を構成していた後桜町院や、「皇位の正統性」の根拠たる中宮欣子内親王との関係も合わせて検討することで、文化期の朝廷の姿をより具体的に描くことができると考えられる。そこで本章では中宮・院が直接関与した朝廷内での案件について分析を加え、光格がそれにどのように対応したのか、またそれへの関白や幕府の関与もみていきたい。

第三に、尊号一件で幕府の信任を得たことにより、鷹司父子が長期にわたって朝廷運営を可能にしたという高埜氏の見方について、当時の政治状況や朝廷内の動向などをふまえ、同時代の史料に即して検討を加える必要があろう。(11)本章では鷹司政熙の関白辞職をめぐる朝廷・幕府の対応を検証し、二条治孝が関白に補任されなかった理由を明らかにしたい。そしてそれを通して当該期の朝廷と幕府の関係について考察を行う。

藤田氏の議論では、文化期は、寛政期（天明末から文化期まで）という括りで、寛政期と同列に扱われている。しかし文化期は、光格の後見人である後桜町院の死去、光格と血縁関係にある関白鷹司政熙の辞職、さらに中宮欣子内親王所生の皇子ではない寛宮（仁孝天皇）への儲君宣下および光格の譲位という、寛政期の朝廷の様相とはまったく異なるいくつもの大きな変化が生じており、寛政期と同列に扱うことはできないだろう。また尊号一件にみられるように朝幕協調体制が終焉したにもかかわらず、石清水八幡宮・賀茂両社臨時祭が文化期に実施されたことを、単に朝廷側の「強引さと粘り強さ」(12)の結果や、幕府が「朝廷尊崇を強化する対応をとらざるを得なかった」(13)という評価だけで捉えられるだろうか。こうした事例は文化期に実施されており、同時期に起きた他の朝幕間の事案と比較することで、文化期の朝幕関係の実態が浮き出てくると筆者は考えている。本章で扱う諸事例を具体的に明らかにすることで、文化期の朝幕関係・朝廷の特質について考察を深めたい。なお、本章に登場する人物については適宜、系図6を参照していただきたい。

系図6　文化期の朝廷略系図

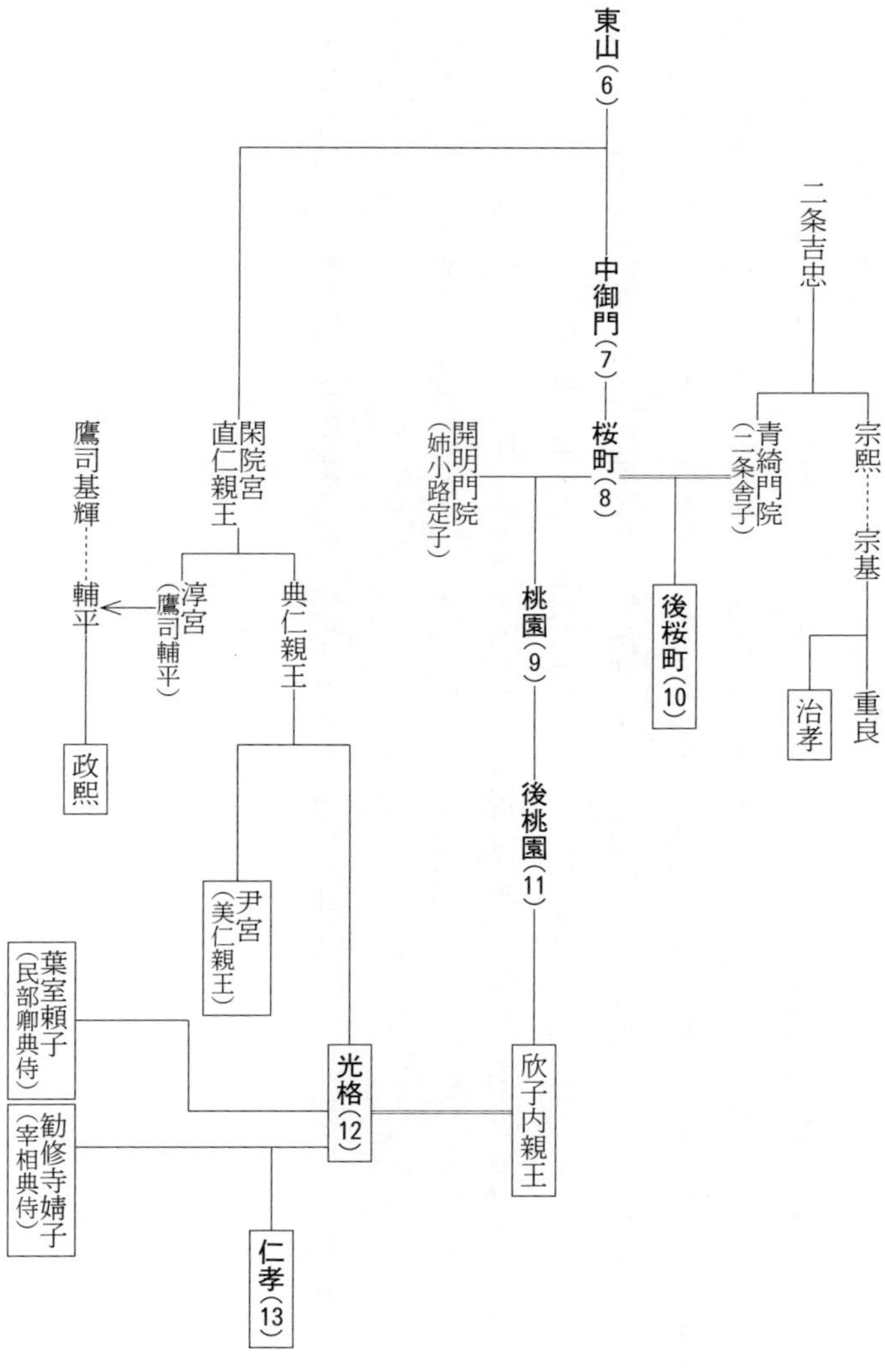

※『系図纂要』第一冊・第二冊（名著出版、一九七三年）、『近世朝廷人名要覧』（学習院大学人文科学研究所、二〇〇五年）をもとに作成した。
※点線は養子、二重線は嫡妻、太字は天皇で（　）内数字は近世の天皇即位順を示す。
※本章に登場する人物については囲み枠で表記した。

一　中宮・院をめぐる諸問題と朝廷・幕府

本節では、中宮の仙洞御所逗留と女房呪詛一件の二事例をあげ、光格と中宮欣子内親王・後桜町院の三者に関わる問題を取り上げる。[14]

1　中宮仙洞御所逗留についての朝幕交渉

本項では、中宮欣子内親王が仙洞御所に逗留するという事例を通して、光格、関白、幕府それぞれの対応をみていきたい。

〔史料1〕「有庸卿記　公武御用日記　一」[15]文化七年九月二十一日条

一　中宮仙洞へ御逗留之一件、先達已来内々殿下（関白鷹司政熙）被命、不容易候得共、中宮御違例故難黙止御様子之間、（中略）於叡慮尤御好之儀無之候得共、中宮御所労之儀、且仙洞御老体之思召不被安候処等、彼是無拠思召候、右ニ付先所司代（酒井讃岐守忠進）可内談旨殿下被命、

中宮欣子内親王が所労のため、自身がいる中宮御所から、仙洞御所に逗留しているという事実を関白鷹司政熙が知り、容易ならざる事態であるとの認識を示している。光格も望んでいるわけではないが、中宮の所労や後桜町院が老体であることを理由に仕方がないとの考えを示している。そうした考えを受け、政熙はこの逗留について所司代に相談するよう武家伝奏に命じている。

これを受け、武家伝奏広橋伊光と六条有庸は京都所司代酒井忠進と相談を行う。

〔史料2〕「有庸卿記　公武御用日記　二」文化八年正月二日条

先達内密及示談候、中宮為御保養行啓于仙洞御逗留之事、先一旦者其御沙汰無之候処、又此節四・五日許も御逗留被遊度由頻ニ御願ニ候、於仙洞も無御好候得共、御快復ニ被赴候御一助も被為成候儀ニも候得者、御願之通被成進度被思食候由、禁中江被仰進候、於叡慮者御好無之事故、教諭被為有候得共、敢御願有之候上、既数年之御違例中ニ候得者、強難被止御沙汰候、（後略）

別紙極密

右仙洞思食実々者女皇之御事、殊被為及七旬候御事故、甚以御気毒ニ被思食、何様ニも中宮御心相済候様被遊度、内々者中宮御同意ニ而、段々禁中江被仰進、関白殿へも度々御催促有之候程之事候得者、仙洞江被対候而甚御気毒ニ被思食、且遮而被止候時者御様体も可相障哉処、難被計候、然則仙洞御老体ニ被為渡候得者、是只御障ニ相成候半哉ト遠キ御慮不安被思食候、（中略）御逗留之事宜及内談御沙汰ニ候、

ここからは逗留問題の内実が非常によくわかる。この逗留について、以前にも願いが出されたが、その許可は出ず、再び中宮から四、五日の逗留願いが何度も出されたようである。院も逗留自体は好むものではないが、中宮の所労の回復に役立つのならその願いを認めてほしいとの意向を示している。光格もやはり逗留は好むものではなく、中宮へ「教諭」もしたが、それでも願いが出されるため、また所労が数年におよんでいることからも、強くこの逗留を止めることはできないとの意向を示している。問題は次の「別紙極密」とされた部分である。こちらでは、後桜町院は女帝であり、すでに七〇歳を超えていることもあり、伯母と姪の関係から中宮のことを気の毒に思っており、中宮の「御心相済」ようにさせてやりたいと考えている。また実際には中宮の逗留という行為に同意しており、光格や関白へその逗留の許可を求める催促をしている。院は、表向きには逗留について好むものではないと消極的だが、内実は

中宮の逗留に賛成しているのである。つまりこの逗留願いは、中宮と院双方の意向であることがここから指摘できる。これに対し光格は、逗留を止めることで中宮の容体に障りが出ることを危惧し、また、院が禁裏御所に渡った場合、老体ゆえ院の体調に支障が出る可能性もあるとし、逗留自体は好むものではないが、中宮の希望通りの許可を得られるよう所司代と内談するように命じている。所司代は、熟慮したうえで、幕府への申し入れを見合わせるとの意見を述べる[16]。関白や伝奏はその所司代の意見に「尤」であるとしつつも、中宮や院が「無余義御様子候」と述べ[17]、改めて幕府へ申し入れるよう所司代へ頼み、所司代側もそれを了承する。それを受け御内慮書の作成に取りかかる。そのなかには「於御例者無之候得共、御逗留有之候様被成進度由達而被仰進候[18]」とあり、逗留の先例がないにもかかわらず、それを認めてほしいと願書を差し出している。関白が「不容易」と述べていたのは、中宮が院御所へ逗留するという「先例」がないことを問題視したためと考えられる[19]。

この御内慮書を所司代へ渡し、光格や関白・伝奏はその返答を待つことになった。返答は翌月に到着する。そこには「唯今迄仙洞江御逗留之御例茂無之候間、御無用ニ被遊可然旨被仰出[20]」と、先例がないものは認められないとの幕府の答えであった。

幕府から不許可とされたことで、この問題は収拾に向かうものと思われた。しかし中宮から再び逗留の願いが出され、伝奏は四月に入り改めて関白から所司代と逗留について相談するよう命じられる[21]。そこには光格も逗留を望んでいることが記されていた。

伝奏はこの仰せを受け、所司代役宅へ行向し、相談を行う。所司代は「於一己者精々可計存候得共、関東へ書達甚心痛候、案文可内談哉[22]」と述べ、所司代個人としては、願いの通り取り計らいたいが、幕府へその旨を通達するのは心配であり、幕府へ通達する案文について内談することを提案している。こうして再度幕府へ願書を出すが、結局は幕府から逗留が認められることはなかった。[23]

2　女房呪詛一件への朝廷・幕府の対応

本項においては、女房呪詛一件での民部卿典侍（葉室頼子）と宰相典侍（勧修寺婧子、仁孝天皇実母）の二人の典侍の[24]処分過程を分析することで、院や中宮のそれへの対応、関白や所司代がどのように対処したのかを述べていきたい。

〔史料3〕「有庸卿記　公武御用日記　三」文化八年六月二十二日条

一　女房呪詛之一件、先日已来内々御調等候得共、顕証無之、雖然、世評旁且後之妨等如何可然哉、両役殿下被命候、（後略）

女房による呪詛について調べてきたが、その真偽ははっきりしない。しかしすでに世間の噂となっているので、今後のことについてどのようにすべきか相談するように、関白から伝奏・議奏が命じられている。これに対し伝奏は、武家側による追及が過酷になる前に、禁裏からの退出を申し渡すべきと述べ[25]、朝廷内で早期に処分を行うべきとの意見を述べている。

この内談を受けて、呪詛に関係したとされる女房二人への処分が言い渡される。

〔史料4〕「有庸卿記　公武御用日記　三」文化八年七月十日条

一　民部卿典侍・宰相典侍此節風聞巷説有之、（中略）然上者、風聞之義一向無沙汰、平常之行状不宜、既両典侍当時所労候間、民部卿典侍称所労昨夕退出、宰相典侍同様昨夕退出候様被仰出由殿下被命候、（中略）両典侍共退出之上所司代心得可申遣、先達吟味之筋不及其義、宜様可申遣被命、

呪詛をしたと噂をされていたのは、民部卿典侍と宰相典侍の二人であった。朝廷内では、二人の行状がよくないこ

とに対して、奥からの退出という処分を申し渡している。割書では、所司代に対しこの処分内容と、武家側での処分は必要ない旨を伝えるよう伝奏は命じられている。また各典侍の里方の者を呼び、教諭を行うことも合わせて申し渡している。朝廷側は、武家側からの糾明の前にみずから処分を下すことにしている様子がうかがえる。呪詛をした証拠はなく、結局はそれへの処分ではなく、行状に対して行うということで落着した。

しかしそれから約三ヵ月後、突如院から両典侍を出仕させてほしいとの願いが出される。(26)これに対し関白は謹慎中の身であるにもかかわらず、出仕させるのは「難黙止」として、伝奏に所司代と内談するよう命じている。

これを聞いた所司代は伝奏に対し、十二月二日に関白のところへ参上し、この件について会談するので、伝奏だけでなく院伝奏、議奏、院評定にも同席してもらいたいと述べている。(27)特に院伝奏や院評定をも招請した点からは、この籠居問題に院が深く関与していることがうかがえる。

関白亭に伝奏、議奏、院伝奏、院評定が集まり、所司代は彼らに次の申し渡しを行う。

〔史料5〕「有庸卿記　公武御用日記　三」文化八年十二月二日条

一　此間御尋候民部卿典侍・宰相典侍出仕否之事、呪詛之罪無之候得共、民部卿者外柔順内奸悪候、宰相者愍才智之上、容美嫉妬我儘傍若無人、婦人不相応之行状故、呪詛之疑事ニ候、右平生之処、為懲悪称所労可籠居御沙汰退出候、未歴月数候、併所詮出仕可被仰付与恐察候、左候ハヽ此節出仕、併此儘ニ者可散積鬱事之乱ニ候、先厳重之御改政、女房糺弾教諭之人被定、奥表ニ其任被置之、非違有之候ハヽ精々教諭、於不用之者殿下へ申入、又親類被仰譴責之上、弥不改候ハヽ、退身被仰付可然候、右御治定之上、両女房出仕之義、中宮御推挙、仙洞被仰入、於仙洞被加御訶責、改心候ハヽ、怠状被召之上者出仕不苦存候、（後略）

所司代は民部卿典侍や宰相典侍の二人に対し、呪詛の罪はないが、民部卿典侍は一見おとなしそうだが「奸悪」であり、宰相典侍は容姿は美しいが傍若無人であると断じている。そして、そうした女性にふさわしくない所業のため、呪詛の疑いをかけられたとする。通常であれば、籠居させ御所から退出させるところだが、院からの要望もあるので、再び両典侍が出仕することは明白であると思う。しかし二人をこのまま出仕させれば、今後に支障が出るため、なんらかの対策が必要であると述べている。その対策とは、奥と表に女房を教諭する役を設置する。もし違法なことがあればその役目の者が教諭し、それでも両女房の振る舞いが変わらなければ、関白へ申し入れるか、親類から譴責をしてもらう。それでも変わらなければ退身の処分を下す。この申し入れについて承諾してもらえれば、中宮の推挙や院からの申し入れもあるので、まず院から両典侍に御叱りを加えてもらい、それで改心されれば、詫び状を出させる。そうした手順をふむのであれば両典侍を出仕させることに異論はないとした。

この後、この一件は民部卿典侍が隠居するということで決着し[28]、教諭役設置は見送られた。これに所司代がどのような反応をしたのかは、史料上からはうかがい知ることはできないが、一人の隠居が決定したことは所司代の申し入れが大きかったことの表れであろう。またこのような詳細な情報が所司代の知るところとなった点は、伝奏から所司代への通達によるものが大半であろうが、両典侍と対立関係あるいは権力争いにある他の女房たちによる密告などがあった可能性も否定できない[29]。こうした権力争いや対立は、はっきりと史料上に出てくるわけではないが、光格の子女や皇位の点から補足したい。例えば中宮欣子内親王所生の若宮（温仁親王、寛政十二年〈一八〇〇〉正月二十二日生、同年四月四日夭逝）が、生後二ヵ月たらずの三月七日に儲君宣下を受けたのに対し、宰相典侍所生の寛宮（後の仁孝天皇、寛政十二年二月二十一日生）は若宮と同じ年に生まれたにもかかわらず、文化四年（一八〇七）の儲君宣下までその待遇が定まらなかった[30]。これはやはり皇位の正統性を保つため、中宮所生の皇子に皇位を継がせたいという、光格の意思の表れであるといえよう。こうした子女および皇位をめぐる問題が、中宮付女房と宰相典侍付女房らとの対立を生んだ可能性は否定できず、この呪詛が問題になった一因と考えられる。

これまでの本節の検討から、以下の点を指摘しておく。まず中宮逗留については、幕府へ許可を求める前から行われていた可能性があるということである。史料1では以前から関白が「不容易」事である、と述べていた点からも、その可能性は否定できない。またこの問題が明らかになったのは関白鷹司政熙が幕府へ相談するよう伝奏へ命じたことによるものであった。この点からは政熙が、朝廷内での新儀や先例のないものについては、幕府へ報告するという態度であったことが示唆され、統制機構としての役割を果たしていたと評価できるだろう。一方、光格は一度却下された逗留願いについて、再度幕府へ許可を求めるよう命じるなど、「粘り強い交渉」(31)をしていることがうかがえる。これは光格がそれだけ中宮や後桜町院を重視していたということである。次に女房呪詛についてであるが、女房の再出仕が院から強く要望されていることが指摘できる。院がこうした要望を出したのは、宰相典侍が東宮の実母であることが大きく関係していると考えられ、それは民部卿典侍のみが隠居したということからもうかがい知ることができる。そしてこれら二つの事例とも、院や中宮の強い意向を受けて、光格や関白らが再度幕府と交渉する、あるいは女房の再出仕の検討を始めるといったものであった。これらは光格や関白らが、院や中宮の意向を無視することができなかった表れといえよう。

二　鷹司政熙関白辞職をめぐる朝廷・院・幕府

本節では、寛政七年（一七九五）から文化十一年（一八一四）までおよそ一九年にわたって関白を勤めた鷹司政熙の関白辞職をめぐる問題を検討する。

1　政熙の辞職願いと朝廷・幕府の意向

史料上で最初に確認できる辞職願いは、文化二年閏八月のものである。[32] この政熙の意向を受け、武家伝奏広橋伊光と千種有政は京都所司代稲葉正諶のところへ出向き相談を行う。

〔史料6〕「伊光記 二」文化二年九月一日条

（前略）叡慮ニ者関白殿未老年と申ニも無之、病体未格別之儀ニも無之、殊更外摂家方之内、当時相当之人体も無之、彼是以当関白殿無心遣在職有之候様被遊度御内慮之趣被仰聞候、（中略）此度関白殿今暫時在職有之候様、御両卿を以被仰出候砌、於関東茂無心遣在職被有之可然御沙汰之旨ニ候得者、納方も宜、禁裏御取計も被成能候間、具ニ関東江申達、達御聴候処、関白殿御辞職之儀ニ付而者、先達而相達候通之儀ニ候得者、無心遣在職有之候之様、素ゟ之思召ニ候との御沙汰ニ候間、其段御両卿へ御達可申旨、年寄共ゟ申越候事、

光格は政熙がいまだ老年という年齢ではなく（文化二年当時、政熙は四四歳であった）、また他の摂家当主に、関白として朝議運営を円滑に行うことができる者がいないと断じている。一方幕府は、政熙が関白として在職していることにより、朝廷の治まりや「取計」もよく、幕府としても安心であるので、今後も在職してもらいたいと伝奏に伝達している。このように朝廷・幕府双方ともに、政熙の辞職を望んではおらず、その点での意見は一致していたことに留意したい。

これを受け、伝奏は朝廷・幕府双方の意見を政熙に直接伝えた。政熙はこれを「御請」したが、今後所労などにより辞職する際には、伝奏から朝廷や幕府に対し「不当不敬」[34] にならないようあらかじめ所司代と相談しておくよう命じている。[33] 伝奏もこれを了承し、所司代へ伝達をしている。これにより文化二年の辞職については収束したが、この

辞職をめぐる問題は、以後文化年間を通じて、朝幕双方の懸案事項となっていく。

再びこの辞職問題が浮上するのは、文化四年である。光格は伝奏に対し政煕に慰留するよう命じ、光格はその慰留を記した書付を伝奏へ渡し、伝奏は関白亭に持参した。書付を以下に抜粋する。

〔史料7〕「伊光記　五」文化四年四月十日条

且年齢五旬ニ未被満勤仕最中之儀ニ候、殊於関東も格別ニ被存候人体ニ候、尤武家申上之儀ニ付被召留儀ニ而ハ決而無之候、頃日以尹宮被申上趣意、尤ニ聞食候、併臨時祭御再興之儀も漸問答有之候時節、加之、御継体之儀ニ付、彼是思食被為有候儀、頃日内々御咄も有之、万端覚悟之御儀、殊御継統者存知之通一大事之儀、御時宜等追々孰被仰合度思食ニ候処、被辞申趣意者尤ニ思食候へ共、於執柄者天下ニ相及候事、誠以御残念ニ思食被仰下候、此等之趣懇可申入被入御念仰ニ候、

光格は、現在幕府と交渉中である石清水八幡宮・賀茂両社臨時祭の再興の件や、御継体という「一大事」を政煕に相談したいという意向から、今関白を辞職することはどうしても認められないと考えていた。また幕府からの命令で慰留しているわけではないと述べ、あくまでも光格自身が、政煕の手腕に期待し、朝廷運営や朝儀の再興・復古に協調して取り組んでいきたいという考えを示したものといえる。これに対し政煕は、一応は「御請」をし、後日改めて伝奏まで慰留を受諾するかどうか申し上げると返答している。これを聞いた光格は「御満悦御安意」[35]と非常に喜んでいることが見て取れる。

また史料7に続く部分には、「又不参ニ而者何箇御用相滞候」[36]とあり、政煕が所労で出仕しないことで御用が停滞し、「公務」に支障が出ていることがわかる。しかし、光格や武家伝奏は関白を交替させることを検討するわけではなく、あくまで政煕の快復を待ち望んでいる。これは光格だけでなく、伝奏も政煕の留任を望んでいたことを示すも

のだろう。

さらに所司代阿部播磨守正由[37]からも辞職しないようにとの幕府の意向が改めて示され[38]、文化二年の際と同様に、朝廷・幕府双方が政煕を慰留するという状況になった。これを受け政煕はこれまでとは別の理由を持ち出して、再度辞職許可を伝奏に迫った。

〔史料8〕「伊光記 五」文化四年六月二日条

（前略）其上花山院ナトモ年歯長候次第昇進被願候、且是も私ニ候へ共、五流ニ相成候上ハ年次ハ無之事なから、大体年数モ有之候、天気之程難計恐入候へ共、宜申上之旨、且是ハ申事ニハ無之候得共、何ヲ相務候迄在職与申様なる事ニ而ハ、又恐入なから可申御請候へ共、厚思食畏入候得共、際限無之候而ハ甚以恐入候、

政煕はみずからが在任し続けているため、摂家による摂関巡任や大臣任官が停滞し、それにより花山院愛徳[39]など清華家や大臣家の官位昇進までも停止している状態であることを指摘し、さらに五流（五摂家）となってからは、摂関補任の年齢は関係ないが[40]、摂関在任の年数もある程度は決まっているのではないかと、みずからの在職年数の長さに疑義を呈し[41]、重ねて辞職の意向を光格へ言上するよう伝奏に指示をしている。これまでの健康や長年の在職という理由ではなく、官位昇進の停滞という公家社会全体の問題を持ち出している点は興味深い。また伝奏との内談のみという形ではあるが、なにを勤めるまで在職すればよいのか不明であるという意見は、前回光格が示した石清水八幡宮・賀茂両社臨時祭での御用と儲君御定の双方ともに挙行日時などが決定しておらず、具体的にいつまで勤めるということが確定していない点を指摘したものと考えられる。

伝奏は翌日すぐにこの政煕の意向を光格へ言上した。すると光格は今年中にも儲君御定があるので、まず今年は留任してほしいとの考えを示し[42]、さらに「関白早出仕、御用等目出度被勤候様被遊度、両御所思召ニ候[43]」と述べ、政煕

の慰留は禁裏・仙洞両御所の意向であることを示している。ここにきて光格は、後桜町院も政煕の関白在職を望んでいることを持ち出し、自分だけが慰留しているわけではないことを強調し、さらに伝奏へは幕府へ御内慮伺いをするよう指示を出すなど、儲君御定・立親王の儀式を早急に決め、その御用を勤めさせることで、辞職をさせないようにしている。

この後、幕府へ寛宮を継体とすること、立親王を九月に行いたいことなどの御内慮が示され[44]、幕府から許可が出され、儲君親王宣下が行われた。

2　儲君治定後の政煕辞職をめぐる朝幕交渉

寛宮の親王宣下が無事に済み、政煕から再び辞職願いが出される[45]。光格も今回は「不被捨置」という認識を示し、さらに政煕・所司代と熟談を行うよう伝奏に命じている。

その翌日、伝奏は所司代宅で会談を行い、その内容について光格へ言上をし、光格から改めて左のような仰せを受ける。

〔史料9〕「伊光記　五」文化四年十二月二十三日条

一　右辞職之事ニ付被仰進不被辞申様被遊度儀、公武御同様之御事ニ候処、前文之通懇被申述候間、御残念思食候、於関東者何様ニ思召候哉、内々可申談之由御沙汰ニ候、此後若関白重キ病気有之候時ハ、替非其器者相超、其次座之人へ被仰出候例有之候、此等之処可承諾之由御沙汰ニ候、宜被取計候、

光格は政煕の慰留が「公武」双方の意向であることを改めて示すが、どうしても辞職を願うのであれば、まず幕府が実際にどのような意向なのか所司代と相談するように伝奏へ命じている。

問題は次の部分である。もし政熙が重病などの時は、その後任は左大臣の二条治孝が昇進するわけだが、後任の人物が「非其器」人物であれば、その者を超えて、次座（右大臣）へ関白宣下を命じる例もあり(46)、朝廷が幕府に対し超越の沙汰を出すという伺いをする場合、幕府はそれに承諾してもらえるのか確認するよう命じているのである。伝奏はこれを所司代に伝え、所司代からも幕府へ内談するとの返答があった(47)。また、所司代から書付を所望されたので、武家伝奏連名の書付を光格へみせ、許可を得ている。その書付には「二条殿ハ家来迄も不穏家風候間、此已後之処如何可成行哉不安思食候(48)」とあり、二条治孝個人の問題だけでなく、当時の二条家自体に問題があることが記されていた(49)。しかし二条治孝は後桜町院の外戚であるため、無下に扱うこともできず、幕府にその対応について問い合わせたものであろう。

これに対して、幕府は改めて政熙に在職してもらいたい考えを示し、もし政熙が正式に辞職願いを出しても許可は出ないだろうと述べている。また、超越の沙汰については、出ることはあり得るとの認識を示している(50)。幕府はあくまで政熙辞職は認めず、万が一政熙が重病の時などは、関白の任に適さない人物は超越させ、その次座（一条忠良）へ関白を命じることをはっきりとここで表明している点に留意したい。

一方政熙からは再び辞職願いの扱いについて問い合わせがあり、それに対して光格は、替えの人物が「非器」であるので慰留していること、今願い出ても幕府が許可をしないこと、五〇歳を過ぎてからならば老衰を理由に辞職の申し立ても可能になることなどを伝え、とにかく政熙をなだめ翻意するよう説得をしている(51)。しかし政熙は「若何之御用相勤候上可辞旨被仰下候儀ニも無之、無限儀別而恐入申候(52)」と述べ、なにかの「御用」を勤めることで辞職が認められるわけではなく、このままでは際限なく勤めることになってしまうとし、正式に辞退の願いを出すことを切実に望んでいる。これに対し光格は政熙の願いに対し、すべて「尤」であるとしつつも、幕府からの返答が不明であること、さらに石清水八幡宮・賀茂両社臨時祭についても来年か再来年には遂行できるとの見通しを示し、それへの勤仕と寛宮の立坊元服の儀式でも勤仕してもらえれば、幕府も辞職を認めてくれるのではないか、という認識を示した[53]。さらに後桜町院からも直接慰留の仰せがあり[54]、光格・院および伝奏など朝廷全体として、政煕慰留に努めていることがわかる。

光格は継体が寛宮に決定した後、政煕後任の関白について幕府へ問い合わせをし、二条治孝の関白補任は難しいとの認識を示した。これは幕府も同様の考えであった。しかし二条治孝が後桜町院の外戚であるため、彼を超越して、一条忠良へ関白補任の仰せを出すことは難しいので、再び政煕を慰留することとなる。また石清水八幡宮・賀茂両社臨時祭の挙行だけでなく、継体が決まったばかりの寛宮の立坊元服までも持ち出すことで、政煕の辞職を引き延ばすことに懸命であったことがこれまでの検討から明らかである。後任の左大臣二条治孝は「非器」の人物であり、かつ二条家自体も問題があり、関白を勤めることは不可能であったと推測できる。しかし、治孝は後桜町院の外戚であるため、容易に超越することもできない、そのため政煕を慰留し続けるしかないという、非常に難しい状況に朝廷が置かれていたことが指摘できよう。

文化八年になっても、政煕は再三にわたる辞職の意向を伝えている[55]。これに対し光格は、再度所司代へ幕府の意向や所司代の考えを「隔意無く」述べるように伝奏へ伝えるよう命じている[56]。伝奏は改めて所司代と会談を行うこととなるが、この時は所司代からの要望で院伝奏も同席しての会談であった[57]。所司代はこの時期の辞職は、老中に疑義を持たれる可能性があることを述べ、あと二、三年在職してほしいとの旨を伝えている[58]。

翌年も政煕の辞職願いは止まることなく伝奏に対し出されたが、一向に認められなかった。政煕は辞職を認めない光格や、所司代の対応へ批判を述べている[59]。さらに、治孝が次の関白に補任されるという間違った書付を、伝奏が後桜町院へみせてしまうという事態が発生した[60]。光格は、これが誤りであること、さらに治孝へその旨を伝えてほしいとのことの二点について院へ伝達する役目を、院伝奏平松時章に任せるよう伝奏へ命じている。伝奏はこの意向を受け、平松へみせる書付を作成する。

二十八日に、伝奏は院評定冷泉為訓から院の意向が書かれた書付を渡される。その書付には「万一超越之儀ニ相成候而者、甚御気毒ニ思召候、兎角巡次無相違様ニ有之度候[61]」とあり、院が治孝への関白補任を望んでいることが、はっきりと示されていた。

3　光格の意向と二条治孝の処遇

後桜町院が治孝の補任を望んでいることを改めて知った光格は、ついに伝奏に対し治孝補任について所司代と相談するよう命令を下す。

〔史料10〕「有庸卿記　公武御用日記　五」文化九年十二月四日条

一　関白辞職之事毎々之儀ニ候、新補之人体差支旁被召留候、仙洞思召何卒左府暫時ニ而茂可有在職、誠厚思召難黙止之、子細共有之候、所詮超越之御沙汰対仙洞難被遊候、（中略）右之通故、左府難不堪其器、誠暫時可被補哉、是迄関東往復も有之候故、明日所司代へ行向候て申談、関東へ申達、存意無遠慮可被申候、先ハ暫被補之方、両御所之御間穏便候様宜取計奉仰候、

光格は、後桜町の意向を無視することはできないとし、治孝が関白の器でないことは認めつつも、補任されることで禁裏と仙洞両御所の間が「穏便」になるとし、さらに「在職日数ヲモ被定被補候」と在職日数を限定するなどの案まで提示している。ただ幕府への配慮として、「非器之人被補候儀ハ、於関東不安思食候ハヽ、無御隔意可被仰進候」

と述べ、非器の人物が補任されることに幕府が不安であるならば、隔意なくいってもらいたいとも述べている。これに対し所司代は日数を限定しての補任に理解を示し、[62]幕府へ伺う旨を返答している。

そして十一日に、所司代は改めて伝奏とこの件について会談を行う。

〔史料11〕「有庸卿記　公武御用日記　五」文化九年十二月十一日条

（前略）非器之人体之義十七ヶ条ニ有之候上、先年来段々御往復有之処、又只今右被仰出候事者、全仙洞御老年之上、御歎願無拠厚思召之段、乍恐御尤之御儀、併天下政務者関東へ御任候得共、朝廷之枢機専務者関白之重職ニ候故、大中納言已下之暫時准拠不相当之様ニ候、的当之例有之哉、無之候ハヽ、雖為御憐愍、乍憚、私之思召ニ似寄、御柔弱御不徳之様ニ相聞候而者甚以恐入候、関東へ達候共、思召之通者無覚束、不出来之上思召姑息之極ニ似之義露顕、非ヲ挙候而已ニ相成候ハヽ、何共甚歎敷恐入存候、万々一左府公任職候而、不都合之義有之時ハ、却而御不憐愍ニ当候歟、与風御外聞ニ拘候義有之候而者、恐存候事共ニ候、於関白殿茂達而被辞候へハ、右之模様故、只今ニ而ハ大凡右府公へ超越ト被察、左様候而ハ左府公甚被失面目気毒、且仙洞思召も恐入、旁先此儘被見合可然哉存候、関東へ達候義容易候得共、右之事状甚不容易、先一応両人迄談由ニ候、（後略）

この史料は藤田覚氏、山口和夫氏により既に紹介され、分析が加えられている。[63]山口氏は藤田氏の大政委任論の所司代による表明という評価に疑義を呈し、本史料では「禁中幷公家中諸法度」（以下、「法度」とする）の規定と江戸幕府の人事権とは揺るがず、諸学者が著した大政委任論も幕府公認のものではないと指摘した。[64]大政委任論については本章の対象外であるためここでは措くが、山口氏が指摘した「法度」の規定と幕府の人事権が揺るがないとの分析は正鵠を射ているものであろう。さらに本章との関係でいえば、ここでいう「法度」の条文とは、第四条「雖為摂家、無其器用者、不可被任三公摂関、況其外乎」の一条である。所司代はこの条文の規定から、たとえ数日であろうとも治孝の補任は困難との認識を示したのである。さらに所司代は続けて、関白は「朝廷之枢機専務」を担う重職であり、大中納言以下の暫時任官と同列には論じられない。摂関の暫時補任という先例はあるのか尋ねたい。また超越という返答が幕府からくれば、治孝の面目や後桜町院の思召にも関わる事態となる。幕府へ通達するのは簡単であるが、こうした事情もあるのでまずは伝奏へ相談すると述べている。所司代はこの問題が朝幕間での大きな懸案になることを避け、あくまでも事を大きくしないよう対応をしていたといえるだろう。

伝奏はこの所司代の意見を書付にしてもらうよう強く要望し、所司代は最初拒否していたものの、二十四日に改めて書付を伝奏へ渡す。その内容は大半が史料11の内容を書付にしたものだが、そのなかで、後桜町院に対して「御政事の上ニ関り候而、殊ニ御重職進止の儀ニ候得ハ、御情合の処ハ遠分被為忍、公道に御任セ被遊候方、猶更御尤之御儀と有かたく可奉存候事(65)」とあり、関白職のような重職で御政事に関わることについて、情合ではなく正しい道理で判断することがよいと述べている。これは尊号一件の際に、幕府が太上天皇号に反対した理由の一つとしてあげた光格の「私の恩愛」や「私情(66)」というものと同様であろう。

院・幕府双方の意向に挟まれる形となった光格は、次のような案を提示する。

〔史料12〕「有庸卿記　公武御用日記　六」文化十年七月十七日条

一（前略）当関白辞職之後、内覧如元候而、当左府被補関白候得者、政事闕漏有之間敷哉、併此儀珍例尤先例非無之候へ共、常例決而無之也、不被為好候共、両人所存可熟考奉仰候、軽率言上恐存候へ共、畢竟右之通候歟、又者被待変候歟、両端ニ候、右之叡慮至極御尤存候、

光格が後桜町院・幕府双方の意向を反映させるために出した案は、治孝を関白に補任させても、政熙には内覧を留任させるという、内覧二人体制であった。しかしこれは「珍例」であると光格自身も認めていることから(67)、苦渋の決

断であったことがうかがえる。伝奏はそれ以外では「変事」を待つ以外ないと述べ、この案に賛成している。伝奏はこの仰せを政煕へ伝え、政煕から了承の言質を取り、所司代へ演説するための大意の書取を作成する。(68)そこには改めて治孝が関白に補任された後、前関白政煕の内覧は「如元」の宣下を出すこと、そうすることにより、何事も治孝・政煕へ申し入れた後に沙汰が下されるので、治孝の朝議運営などに間違いが生じることはないと記されていた。

これを受け所司代から返答が届くが、所司代はその返答書のなかで、唐突に内覧二人体制の案を幕府側へ提示することに難色を示した。(69)

〔史料13〕「有庸卿記　公武御用日記　七」文化十年八月二十九日条

一　関白辞職之義、自関東之時宜甚令迷惑給、達而被願候茂被恐入候、所詮此上者何分叡慮御決定被仰遣候義、早方可宜哉、（中略）猶又御沙汰之節宜申上被命、（後略）

この返答書について、政煕と伝奏六条有庸との間で会談が行われ、政煕は幕府による辞職差し止めは迷惑とし、叡慮で辞職の許可を出すという強硬策を提案し、六条も同意している。

しかし同年、後桜町院が死去したことにより、(70)その状況は大きく変わったのである。後桜町院が死去したことで、治孝を関白に補任する必要はなくなったが、光格は後桜町院の「思召」や治孝への配慮から、治孝に准三宮宣下を出すよう関白政煕へ指示をしている。(71)

これを受け伝奏は所司代へ御内慮書を渡し、(72)それに対する返答が六月に到来する。その返答書で幕府は、准三宮宣下に反対はしていないものの、先例としての扱いになることをよく協議するよう述べていることから、消極的な賛成の態度といえるだろう。(73)

幕府の了解が得られたことにより、次にこの宣下への勅問が行われる。この勅問では、摂家による先例がないことから、政熙・左大臣（一条忠良）、近衛基前の間で宣下は無用であると結論が出される。(74)幕府が了解したにもかかわらず、摂家一列の反対により、この宣下が実現することはなかった。光格は後桜町院への「情愛」から二条治孝の関白補任を希望するが、それは幕府に阻まれ、そして幕府から了解された准三宮宣下は、今度は摂家内部で反対されるという結果となり、後桜町院の希望を叶えることはできなかったのである。

おわりに

本章で明らかになったことを最初にあげた課題に即して述べていく。

まずは、課題の第一、光格天皇と関白鷹司政熙・伝奏との関係および、課題の第三、政熙による関白長期在職についてである。幕府により再強化された朝廷統制機構であるが、その中心である関白政熙と光格天皇との関係は、きわめて良好なものであったといえよう。特に光格は政熙を信頼し、藤田氏が明らかにしてきた朝儀の復古・再興をともに協調して行ってきていると結論づけられる。光格が強く政熙の慰留を希望したのは、政熙が関白として優れていたという点、光格と血縁関係にあるという点だけではなく、次席の左大臣二条治孝が光格からみれば関白としてふさわしい人物ではなかったことも大きな理由としてあげられる。二条治孝は、光格が「非器」と断じており、また当時の二条家自体の家風も朝廷内で問題視されていた。政熙から辞職願いが出されても強く慰留し、二条の補任も認めないという立場であった。つまり二条治孝では関白として朝廷運営を行うことが不可能であるとの認識が光格にあり、政熙の長期在職を光格自身も望んでいたことが本章では明らかになったと考える。

一方、幕府は「禁裏御為」とか「永久在職」など、やはり政熙に長期在職を望んでいたことは明白である。これは高埜氏が指摘した「鷹司家（ここでは政熙）に対する幕府の信任」が一つの要因であると考えられるが、次席の二条治孝の問題も関係していると考えられる。政熙は史料13でみたように、常に幕府の意向に沿った行動をしていたわけではない。むしろ、次席の二条治孝の問題を、所司代などから幕府も聞き及んでいたと考えられ、治孝が関白となれば、朝廷統制機構が幕府の期待した機能を果たすことができないと考えたことは想像できる。幕府としては、朝廷統制機構がしっかりとその機能を果たすために、政熙の長期在職を望んでいたのではないだろうか。この二条補任への反対と政熙の長期在職という点で朝廷・幕府双方とも考えは一致していたといえる。

しかしこれに変化が生じるのが、後桜町院の意向が表明されてからであった。院は外戚の二条治孝の関白補任を望んだ。光格はこの院の意向を最大限尊重し、方針を転換した。日数を制限しての補任や政熙を内覧のままとするなど、朝廷運営に支障が出ない方法を提示し幕府へ補任を願った。これに対し幕府は「法度」の条文を持ち出し、朝幕間の取り決めとして「非器」の人物を補任することはできないと拒否し、さらに尊号一件の時と同じように、光格や後桜町院が「情合」で公務を決めていることを批判した。幕府は、光格がどのような提案をしても、関白という朝廷運営・統制の要という非常に重要な人事案件については、幕府の意向を貫徹させたと評価できる。この点からいえば、藤田氏が当該期の朝幕関係のあり方として示した「幕府が朝廷の動向を警戒しつつ「御職任」とか「公武格別」とか「御政務筋」とかを主張して抑制しようとする一方、朝廷との融和、朝廷尊崇を強化する対応をとらざるを得なかった」という評価には再考の余地があろう。

次に第二の課題、光格と後桜町院・中宮との関係について。本章ですでに分析を加えたように、光格は両者の意向を最大限尊重することに努めていたことは明らかであろう。先例のない院御所への逗留や処罰された両女房の再出仕、二条治孝への関白補任などの事例がそれを如実に物語っている。それに対し幕府は、逗留については先例がないため認めず、二条補任も認めることはなかった。呪詛一件での女房の再出仕については認めつつも、そこに関白や伝奏が介入するよう指示するなど、統制機構による奥への介入を命じている。

最後に文化期の朝廷と幕府について、これまで明らかにした結論と、藤田氏が明らかにされた事案などを合わせて、その特質を述べたい。文化期の朝廷は、光格天皇が後桜町院や中宮欣子内親王の存在を常に意識し、両者の願いや意向には最大限の配慮・尊重をし、その願いや意向が幕府と協議しなければならない場合、その意向を尊重するように幕府との交渉に臨んでいた。逆にいえば、院や中宮の意向を光格や統制機構が制御することに非常に苦慮していたということである。

それではなぜ光格は、関白に適任でない二条治孝を、先例があるにもかかわらず越官することができなかったのか。そして自身も問題があると考えつつも、中宮の仙洞御所への逗留を止めることができなかったのだろうか。これはひとえに光格が閑院宮家から入った傍系の天皇であること、一方で、後桜町院や中宮欣子内親王は中御門院から続く直系であったことが大きな要因であったといえよう(76)。光格は後桃園の養子として皇位を継いではいるものの、みずからの出自が傍系であるということを非常に強く意識していたことは明白であり、直系の院や中宮に強く意見することなど、できなかったと考えるのが妥当であろう。光格は自身と血縁関係にあり、かつ信頼を置いていた鷹司政煕とはともに協調し、朝廷運営や幕府との協議を行ってきたが、一方で、自身の努力ではどうすることもできない血筋という点から、直系の院や中宮の意向や願いには、それがみずからの意向に沿わなかったとしても、忠実にその意向に従い、時には幕府とも対立せざるを得ない状況をつくり出すこととなってしまっていた。

幕府は、関白の人事権という朝廷統制に関わる重大事については、一切妥協せず、また中宮の仙洞御所への逗留は、中宮の逗留という先例がないため認めなかった。一方では、石清水八幡宮・賀茂両社臨時祭の再興や、光格譲位に際しての院御料について、七〇〇〇石で決定していたものを一万石とするなど、(77)朝廷への財政援助をし融和的な態度で接していた。また本章で扱った事例では、女房再出仕についての案は所司代独自の考えであるし、二条治孝関白補任の事例での内覧二人体制の演説書を、所司代が幕府へ通達することを拒否するなど、幕府の介入をなるべく避ける場面がみられた。これは尊号一件のような朝幕間の緊張が生じないようにとの、所司代さらには幕府の配慮と考えられるのではないだろうか。幕府は朝廷統制に関わることや先例がない事案については、朝廷との交渉においては一切妥協をしていないが、それ以外のものについては、朝廷の意向の通り許可を出したり、財政援助を行っている。また所司代の行動から朝幕間の懸案とならないようにとの配慮がみられる。こうしたことから、文化期の幕府は、尊号一件により悪化した朝幕関係を、再構築しようとしていたのではないだろうか。むろん、それはあくまでも幕府の統制下における「協調体制」であり、藤田氏のいう「朝廷との融和、朝廷尊崇を強化する対応を取らざるを得なかった」という幕府側が押されているかのような評価は妥当ではない。また高埜氏の「第二の変容」以降、「将軍権力の補強のために朝廷の権威を協調させる時代の終焉を意味した」「文化・文政期以降、朝廷の権威は協調の枠から逸脱し、自立の途を歩みはじめる」(78)との評価についても、確かに尊号一件により朝廷と幕府の関係は悪化したが、あくまで一時的な協調体制の「終焉」であり、それが幕末まで続いたとの見方は妥当ではない。協調の枠から逸脱し、自立の途を歩みはじめるという指摘も、文化期についてはその評価は当てはまらず、先に述べたように朝廷は改めて幕府統制下の「協調体制」に復したといえよう。

当該期の幕府は、尊号一件以前の「協調体制」に復すような路線を取り、朝廷側も治孝補任の事例などでは、尊号一件の時のような強行策に出ることはなく、あくまで幕府の許可を得られるよう行動している。こうしたことから、尊号一件により一時は協調が「終焉」したが、その関係を改善させようと、朝廷・幕府双方が関係修復に動いたと評価すべきであろう。つまり文化期の朝廷と幕府は、尊号一件で壊れてしまった関係を、双方が再構築しようとした時期であると捉えることができる。

注

（1） 高埜利彦「江戸幕府の朝廷支配」（『日本史研究』三一九、一九八九年、後に同著『近世の朝廷と宗教』吉川弘文館、二〇一四年所収）。

（2） 近年の成果として、山口和夫「近世の朝廷・幕府体制と天皇・院・摂家」（大津透編『王権を考える―前近代日本の天皇と権力―』山川出版社、二〇〇六年、後に同著『近世日本政治史と朝廷』吉川弘文館、二〇一七年所収）、西村慎太郎『近世朝廷社会と地下官人』（吉川弘文館、二〇〇八年）、村和明「近世仙洞御所機構の成立過程について―霊元院御所を中心に―」（『史学雑誌』第一一七編第三号、二〇〇八年、後に同著『近世の朝廷制度と朝幕関係』東京大学出版会、二〇一三年所収）、石田俊「元禄期の朝幕関係と綱吉政権―中御門資熙の「執権」を中心に―」（『日本歴史』第七二五号、二〇〇八年）、上田長生「近世社会における天皇・朝廷権威とその解体―河内国石川郡叡福寺を中心に―」（『日本史研究』五七一、二〇一〇年、後に同著『幕末維新期の陵墓と社会』思文閣出版、二〇一二年所収）などがあげられる。

（3） 藤田覚『幕末の天皇』（講談社選書メチエ、一九九四年、後に講談社学術文庫、二〇一三年）、同『近世政治史と天皇』（吉川弘文館、一九九九年）。

（4） 尊号一件とは、光格天皇が実父閑院宮典仁親王に太上天皇の尊号を与えようとし、幕府にかけ合ったものの、それを拒否され、強行に宣下を行おうとして、当時の武家伝奏・議奏らが直接幕府により処罰された事件である。この事件および当時の朝廷内の動向については、長澤慎二「近世後期における朝廷の意思決定過程―尊号一件を事例として―」（『地方史研究』三三七、二〇〇九年）に詳しい。

（5） 藤田前掲注（3）『近世政治史と天皇』八〇～八一頁。

（6）　高埜前掲注(1)書、七〇頁。
（7）　高埜利彦「後期幕藩制と天皇」（『講座前近代の天皇第二巻 天皇権力の構造と展開その2』青木書店、一九九三年、後に高埜前掲注(1)書所収）九一頁（頁数については書籍に再録時のものとした）。
（8）　高埜利彦「「禁中並公家諸法度」についての一考察―公家の家格をめぐって―」（『学習院大学史料館紀要』五、一九八九年、後に高埜前掲注(1)書所収）。
（9）　鷹司政熙は閑院宮家から鷹司家を相続した輔平の子であり、光格とは従兄弟の関係にあたる。寛政七年（一七九五）十月十四日に、前任の関白一条輝良の急死により、同日に氏長者内覧宣旨を賜り、翌十一月十六日に関白に補任された。
（10）　近世の他の事例とは異なり、欣子内親王の立后が古代の例に即して行われたことや「中宮行啓」が五〇〇年ぶりに再興されたこと、皇后御殿も費用削減の折にもかかわらず、非常に「復古的な」御殿がつくられたことが指摘されている（長澤慎二「中宮欣子内親王立后と皇后御殿」『日本史研究』五六八、二〇〇九年、二〇〇九年一月二十六日近世史部会例会報告要旨）。
（11）　高埜氏は「望まれるのは幕府の朝廷統制政策の全体の枠組みを押えた上で、各時期の政治状況・社会状況の中で、これらの特殊例を多面的に検討して理解を深めること」と述べ、課題として提示している（高埜前掲注(1)書、一一六頁）。
（12）　藤田前掲注(3)『近世政治史と天皇』六八頁。
（13）　藤田前掲注(3)『近世政治史と天皇』八一頁
（14）　欣子内親王は寛政六年（一七九四）三月一日に入内し、同七日に中宮に冊立される。その後、皇子二人を生むが、いずれも早世している（『光格天皇実録』第五巻、ゆまに書房、二〇〇六年）。
（15）　文化七年（一八一〇）から同十四年（一八一七）まで武家伝奏を勤めた六条有庸の日記。東北大学附属図書館狩野文庫所蔵。本章では東京大学史料編纂所所蔵写真帳を使用した。冊番号については、史料編纂所の番号に依拠した。
（16）　「有庸卿記　公武御用日記　二」文化八年正月十一日条。
（17）　「有庸卿記　公武御用日記　二」文化八年二月四日条。
（18）　「有庸卿記　公武御用日記　二」文化八年二月八日条。
（19）　中宮の「院参」については寛政期から頻繁に確認できる（前掲注(14)『光格天皇実録』第五巻参照）。このことからも、中宮が院御所へ「逗留」することが問題であったといえる。

(20)「有庸卿記 公武御用日記 二」文化八年閏二月七日条。

(21)「有庸卿記 公武御用日記 二」文化八年四月十三日条。

(22)「有庸卿記 公武御用日記 二」文化八年四月二十八日条。

(23)「有庸卿記 公武御用日記 三」文化八年六月二十二日条。

(24)光格天皇と民部卿典侍の間には三名(いずれも早世)、宰相典侍の間にも三名の子女が生まれており、良好な関係であった(前掲注(14)『光格天皇実録』第五巻参照)。

(25)前掲注(23)。

(26)「有庸卿記 公武御用日記 三」文化八年十一月二十五日条。

(27)「有庸卿記 公武御用日記 三」文化八年十二月一日条。

(28)「有庸卿記 公武御用日記 三」文化八年十二月二十八日条。

(29)こうした対立が生まれる背景の一つとして、女官の出自が関係していると考えられる。近世中後期から幕末までにかけては、皇子・皇女を出産できたのは大半が典侍であり、掌侍はほとんどおらず、またその生家は典侍が旧家かつ内々の家出身者で占められるのに対し、掌侍は新家で外様の家出身者が多いことが指摘されている(高橋博『近世の朝廷と女官制度』吉川弘文館、二〇〇九年)。こうした家格差からくる掌侍側からの嫉妬などによる讒言も、この呪詛の問題が発覚した一因と考えられる。

(30)『仁孝天皇実録』第一巻(ゆまに書房、二〇〇六年)。

(31)藤田前掲注(3)『近世政治史と天皇』六八頁。

(32)「伊光記 二」(東京大学史料編纂所所蔵謄写本)文化二年閏八月二日条。記主である広橋伊光は、享和三年(一八〇三)から文化十年(一八一三)まで武家伝奏を勤めた。

(33)「伊光記 三」文化二年九月七日条。

(34)「伊光記 三」文化二年九月十日条。

（35）「伊光記　五」文化四年四月十日条。
（36）同右。
（37）阿部は前任の稲葉正諶に代わり、文化三年（一八〇六）四月六日から京都所司代を勤めていた（『大日本近世史料　柳営補任　五』東京大学出版会、一九六五年）。
（38）「伊光記　五」文化四年四月八日条。
（39）花山院愛徳は当時正二位権大納言兼右近衛大将、年齢は五三歳であった。また左大臣二条治孝、右大臣一条忠良、内大臣近衛基前と、大臣は摂家が独占していた。この三人による三公独占と官位昇進の停滞状況は、政熙が関白を辞職する文化十一年（一八一四）まで続くことになる（『新訂増補国史大系　公卿補任』第五篇、吉川弘文館、一九八二年）。
（40）このとき左大臣である二条治孝は五四歳と、政熙より年長であった。これは治孝が兄である重良の死去により、遅れて二条家の家督を継いだことによるものである。
（41）高埜氏の分析によれば、各家の摂関平均在籍年数は、近衛家が約八年、九条家が約五年、一条家が約七年、二条家が約六年、鷹司家が約一三年となっており、文化四年当時で、在職年数が一〇年を超えた政熙の在職が長いことが確認できる（高埜前掲注（8）論文）。
（42）「伊光記　五」文化四年六月三日条。
（43）「伊光記　五」文化四年六月十二日条。
（44）「伊光記　五」文化四年六月二十六日条。
（45）「伊光記　五」文化四年十二月二十一日条。
（46）この先例とは、霊元天皇が天和二年（一六八二）に当時の右大臣一条兼輝を、左大臣近衛基熙を越官し関白に任じたものを指している。久保貴子氏はこの事例を天皇側が推進者で、幕府はそれを容認したに過ぎないと結論づけている（久保貴子『近世の朝廷運営』岩田書院、一九九八年、一二二頁）。
（47）「伊光記　五」文化四年十二月二十三日条。
（48）「伊光記　五」文化四年十二月二十九日条。

(49) 例えば、二条治孝の「仲間体」の者が、相国寺の竹林へ乱入したという記事が確認できる（「伊光記 四」文化三年五月五日条）。
(50) 「伊光記 六」文化五年三月二十日条。
(51) 「伊光記 六」文化五年六月五日条。
(52) 「伊光記 六」文化五年七月八日条。
(53) 同右。
(54) 「伊光記 六」文化五年八月十八日条。
(55) 「有庸卿記 公武御用日記 三」文化八年七月二十五日条、同十一月十日条。
(56) 「伊光記 九」文化八年十一月二十六日条。
(57) 院伝奏を同席させたのは、二条治孝が後桜町院の外戚であり、院の意向も把握しておく必要があると、所司代が考えたからであろう。
(58) 「有庸卿記 公武御用日記 三」文化八年十二月二日条。
(59) 「有庸卿記 公武御用日記 四」文化九年四月二十六日条。
(60) 同右。
(61) 「伊光記 十」文化九年四月二十九日条。
(62) 「有庸卿記 公武御用日記 五」文化九年十二月六日条。
(63) 藤田氏はこの史料が、大政委任論が定着しているとともに、より明確化されていることを示すものと評価している（藤田前掲注(3)『近世政治史と天皇』一二七頁）。
(64) 山口前掲注(2)論文、二五〇頁。
(65) 「有庸卿記 公武御用日記 五」文化九年十二月二十四日条。
(66) 藤田前掲注(3)『幕末の天皇』一一二頁（学術文庫）。
(67) 前関白に内覧宣下が出されるのは、元文元年（一七三六）七月二十七日に左大臣二条吉忠に関白宣下が出された当日、前関白近衛家久への内覧宣下が出されている（米田雄介「内覧について」同著『摂関制の成立と展開』吉川弘文館、二〇〇六年）。

(68)「有庸卿記　公武御用日記　六」文化十年七月十八日条。
(69)「有庸卿記　公武御用日記　七」文化十年八月二十一日条。
(70)「有庸卿記　公武御用日記　七」文化十年閏十月三日条。
(71)「山科忠言卿伝奏記　二」（宮内庁書陵部所蔵）文化十一年三月二十七日条。
(72)「山科忠言卿伝奏記　二」文化十一年三月二十九日条。
(73)「山科忠言卿伝奏記　二」文化十一年六月五日条。
(74)「基前公記　三」（東京大学史料編纂所所蔵謄写本）文化十一年七月一日条。
(75)高埜前掲注(1)書、一〇九頁。
(76)勢多章甫の記した「思ひの儘の記」（『日本随筆大成』第一期一三、吉川弘文館、一九七五年）には、中宮に尊号宣下が出される予定であったことが記されている。実際は出されなかったが、そうした噂が立つこと自体、朝廷内で欣子内親王が特別扱いされていることが指摘できよう。
(77)「山科忠言卿伝奏記　三」文化十二年六月十八日条。
(78)高埜前掲注(1)書、七〇頁。

第三章　光格譲位前後の朝廷

はじめに

藤田覚氏は、文政から天保期の朝廷と幕府の関係に関する研究について、「きわめて乏しい現状にある」とし、幕末維新期とこの時期をつなげるためにも、基礎事実の発掘から始めて研究を深める必要があると述べている(1)。近世前期から中期に比して、後期の研究蓄積は未だ少なく、今後も藤田氏のいうように、基礎事実を多く発掘していくことが重要であると筆者も考えている。

さて、筆者は前章にて、文化期の朝廷と幕府について、尊号一件により壊れてしまった朝幕協調体制を、朝廷・幕府双方が、その関係修復に動き、改めて幕府統制下における協調体制に復そうと、再構築した時期であると述べた。一方で、文化期以降、特に文化末年からは、文化十四年（一八一七）三月二十二日光格天皇から仁孝天皇への譲位、光格と血縁関係にあり二〇年間近く関白を勤めた鷹司政熙が辞職(2)、光格上皇・仁孝天皇と血縁関係のない一条忠良が関白に就任するといった新たな変化が生じるため、改めて検討する必要があると考えられる。

また、光格は自身が傍系の出身であるため、直系の後桜町院と中宮欣子内親王へは最大限の配慮をみせていた。これは自身の努力ではどうすることもできない血筋という点が大きいことも、前章では合わせて指摘した。しかし、自身の出身である閑院宮家との関係については、実父である閑院宮典仁親王への太上天皇の尊号を与えようとした「尊号一件」[3]に関する研究以外、管見の限りほとんどみられない。これは、天皇家と世襲親王家との関係を考えるうえでも重要な点と考えられる。また血縁関係にある鷹司家との関係についても検討課題として残されている。

そこで本章では、光格譲位前後の朝廷の実態と幕府との関係について、光格天皇の院御所建造・院御料の問題と生家・閑院宮家への財政援助などの事例から明らかにしていく。主に使用する史料は、当時武家伝奏を勤めていた山科忠言の「山科忠言卿伝奏記」[4]である。

一　院御所の建造・修復と院御料

1　院御所の建造・修復

光格が譲位する二年ほど前に、仙洞御所の修復および建造について朝幕間で話し合いが持たれている。まずは史料を提示したい。

〔史料1〕「山科忠言卿伝奏記　三」文化十二年七月四日条

一　先達而一往応対有之候仙洞御書院之事、弥御造建被仰出度、関東申達之事、関白殿（一条忠良）被命、達書如左、

仙洞御殿向天明之節、御書院御延引之儘候処、此度御新造被成建候様被遊度、其余御修復、尤離舎増減可有之、宜右御沙汰申入被承知候、然ル処、右御書院御新造無之候而者、御差支可有之与被存候得共、是迄済来候得者、何様之御差支候哉幷建坪何程候ニ哉被承度旨承候、右御書院者毎度御用共被為有候御場所ニ候得共、天明度御所々御造立大造各別之御時節ニ候故、御遠慮ニ被思召、暫御延引被仰進、御定式被略

候、併其後小御所一宇ニ而ハ御不自由可及、御手支之程之儀被為在、既御造建被仰進度被思召候得共、女皇且御老体之御事故、其儘被打過候、此度之儀、御修復ニも少々宛之無拠御勝手直之処可有之、彼是可及繁多之間、成丈可被略思召専候、乍然、院中御式於後桜町院茂最初ハ不被略候、御対面之儀も依御殿差等有之、別而年始者度々出御被為有候、此度も先御同様之思召ニ候得者、小御所一宇ニ而者御差支之儀候、其上御楽和歌御当座も毎々可被為有候得者、旁以御造立有之候様被為有度候、御建坪之儀、減少又加増之儀も有之、御建坪之儀凡七十坪斗ニ可相減哉ニ候、此儀者女皇ト御相違、近臣侍座も有之候得者、常御殿間近御用之御様子幷男女不混雑之御間取無之候而者、御差支ニ候、木品之儀者、天明度幷御学問所御三間之節之御振合ニ而被成進度、右之子細共厚被承知可然被及沙汰、御造建被成進候様、従両人（六条有庸・山科忠言）宜申入、関白殿被命候事、

七月

右殿下江入覧、此通可達被命候、五日以書状加賀守江達候、

院御所の「御書院」の建造について、天明期の御所造営の際に見送られたままになっており、朝廷から幕府側へ建造してほしいと願いを出したところ、幕府からは、これまで建造せずとも問題はなかったのに、どのような差し支えがあるのか、また建坪はどの程度と考えているのかと尋ねてきたようである。これに対し朝廷側は、御書院は毎回御用のため使用する場所であるが、天明期の御所造営の時は、後桜町上皇が建造を遠慮してそのまま延引となってしまった。その後、小御所だけでは不便となったが、院は女帝であり、また老体であったので、そのままになってしまったとしている。また院中の「御式」（儀式）について、後桜町院も最初は簡略にはせず、御対面の儀についても御殿によりその差がある。また、年始は出御もたびたびあるため、小御所のみでは差し支えがあり、また和歌御会なども

何度も行うので、坪数を減らしてでも造営してもらいたいと考えていた。今回、光格院も後桜町院と同じ考えであり、さらに女帝とは異なり、近臣が控える場所もあれば、常御殿（天皇の日常の御座所）近くで御用の様子が拝見できる。さらに男女が区別された間取がなければやはり差し支えるので、造営してもらいたいと朝廷側は主張している。ここでは天明期の御所造営では御書院が造営されなかったことがわかり、また院御所が女帝である後桜町上皇の在所であったため、男帝の光格上皇が使うにはその間取りなどに問題があったことが指摘できる。また書付では院御所への御書院建造と院御所の修復の二点を幕府へ要望していることを抑えておきたい。

伝奏はこの書付を関白一条忠良へみせ、許可が出たため、五日に京都所司代大久保加賀守へ渡している。この要望に対し、所司代大久保は以下のように返答している。

〔史料2〕「山科忠言卿伝奏記　三」文化十二年九月二十七日条

仙洞御所御書院御新造之儀、種々御差支無御余儀筋ニ相聞候得共、関東当年者日光御神忌其外御入用多折節、当夏出木等ニ而、格別御入用出方多御時節、且追々中宮御殿御造立、右仙洞御殿御修復等、彼是色々御入用増モ有之御中、御差支之数者無御拠筋ニ者有之候得共、可相成者先御差延、追而折を以被仰出候様ニ者相成申間敷哉之事、

所司代は御書院新造については、当年に家康の二百年忌を行い、中宮御殿の造立さらには院御所修復もあるため、今回は延期してほしいと返答している。ここで述べられているように、同時期に中宮御殿の造立も行っており、さらに朝廷側は禁裏内部の神嘉殿の修復、中宮が妊娠したことによる里御殿の造立と、立て続けに幕府側へ御殿造立もしくは修復の要望を出しているのである(5)。このような状況下では、幕府も当然すべての要求を受け入れることはできず、この御書院造立を許可しなかったものと考えられる。

光格院はこの幕府の返答をすんなりと受け入れ、院御所の修復、特に御座廻りの「御勝手替」を行うことを要望していく。(6) この意向を受け伝奏は、所司代と院御所修復、特に院が出御する御座廻りの勝手替について話し合いを行うことになり、所司代に対して改めて書付を提示する。

〔史料3〕「山科忠言卿伝奏記 三」文化十二年十一月十七日条

後院御修復被仰出候ニ付、是迄御不勝手之旨ニ有之候所、出御座廻り、女皇専御勝手女房向御便宜而已ニ被為有候処、男皇被為成候而者、近臣之輩平日被召候ニ付、女房混雑無之様、無御拠所ニ被改度被仰出候ニ付而者、自然御坪増ニ□(虫損)相成候得共、無拠御子細御勝手替被仰出候、

伝奏は院が出御する御座廻りが女皇（後桜町上皇）の仕様になっており、男皇（光格上皇）の場合では、近臣が召された時など、女房とまじわってしまうので、ぜひ改めてもらいたいと要望を出している。山科の日記は文化十三年（一八一六）が欠であり、この要望がどうなったのか、現段階でははっきりとはわからない。しかし、男帝と女帝の違いという、いかんともしがたい問題であるため、おそらくこの要望は聞き入れられたものと考えられる。

以上みてきたように、前の上皇が女帝であったため、男帝の光格院では不便な箇所が数箇所あり、院御所を修復する必要性があった。一方で、同時期に中宮御殿造立や神嘉殿修復、里御殿造立など、費用が嵩む多くの建造の要望を朝廷が出していた状況も指摘できる。これに対し幕府はすべての要望を受け入れることはなく、必要不可欠であるものについてのみ可能な限りその要望を聞き入れていた。

2　光格院院御料

光格が譲位を表明した後、朝廷と幕府の間で院御料に関する話し合いが行われる。光格院御料は、七〇〇〇石でほ

ぼ決定していたのだが、文化十二年初頭に改めて、所司代から伝奏に対して幕府の方針が示されている。

〔史料4〕「山科忠言卿伝奏記　三」文化十二年正月三日条

同役（六条有庸）執筆

院御所御料一万石　中御門院　後桜町院

右御例之通一万石被進候様宜有御沙汰候事、

正月

別紙

院御所御料於此度者、桜町院御例之通七千石被進候様被遊度旨、先達申進候処、桜町院ニ者東宮之御間ゟ御貯等も被為有候儀ニ而、右石数被仰進候哉之儀、併当時之御振合等厚勘考を以被申上候趣、委細令承知、則関白殿江申入、内々被及言上候処、厚被申上候段、叡感不斜候、関東御繁務之時節、且追々御内慮も被仰進候儀も可有之哉、旁御遠慮ニも思召、七千石被仰進候得共、一万石被進候得者、無御拠御入用等も有之候儀、万端御都合甚宜候間、別紙之通被仰進候程能取計有之度、猶又委被申上候儀、御感悦之御沙汰候由、是又宜申達旨関白殿被命候事、

元々は桜町院の時と同様に七〇〇〇石と決まっていたが、桜町院は自身が東宮の時に貯蓄していた分があったので七〇〇〇石となっており、今回は「無御拠御入用」などがある時を考えて一万石としたとしている。光格はこれに対して「叡感不斜」とその喜びを表している。さらに次の史料で詳しい内実がわかる。

〔史料5〕「山科忠言卿伝奏記　三」文化十二年六月十八日条

一　先達而酒井讃岐守（酒井忠進）江申達候院御料一万石進上之事、別紙大久保加賀守（大久保忠真）差越如左、(7)

院御料之儀、桜町院御例之通七千石被進候様被遊度旨、酒井讃岐守所司代勤役中被仰聞候付、其節往々御差支之筋者無之哉、猶又被仰聞候様讃岐守ゟも及御掛合候処、此節御倹約中之儀ニも有之候間、御遠慮ニ被思召、七千石に被仰進候得共、壱万石被進候得者、万端御都合も宜候旨、中御門院・後桜町院御例之通一万石被進候様、猶又被仰聞候付、其段讃岐守ゟも年寄共江相達置候処、御近例之通院御所御料一万石被進候間、其段御両卿江御達可申旨年寄共申聞候、尤御譲位之御時節ニ至候者、先格之通以奉書可相達旨、是又年寄共申聞候間、御心得迄ニ申進置候事、

元々院御料については、先代の所司代である酒井忠進の時に申し渡されたもので、その際にも酒井から差し支えがないかどうか朝廷側にかけ合っていることがわかる。さらに光格から所司代に対して、幕府が倹約中であることから「遠慮」して七〇〇〇石で構わない旨が示されるものの、あわせて中御門や後桜町と同様、一万石にしてもらえれば都合がよいとの旨が朝廷から示され、酒井が老中にそのことを通達したところ、近例の通り一万石になったことが記されている。(8) ここからは、七〇〇〇石から一万石への石高増加は、朝廷側が積極的に希望したというよりは、幕府が朝廷に配慮して、一万石への加増を認めたといえるだろう。ただし、あくまでも中御門・後桜町院の先例があったからこそ加増されたのであり、この院御料が新規ではないことには留意しておきたい。

二　光格天皇と閑院宮家・鷹司家

本節では、嘉宮を光格天皇の猶子にする件、閑院宮家への経済援助、鷹司政通の関白就任の三事例を順に取り上げ、光格天皇（院）と閑院宮家・鷹司家との関係についてみていきたい。

1　閑院宮息女嘉宮、光格天皇の猶子一件

光格天皇の兄である閑院宮美仁親王の息女嘉宮を、光格がみずからの猶子に希望した。この一件については、光格が譲位する前から幕府と交渉していたようである。

〔史料6〕「山科忠言卿伝奏記　三」文化十二年九月二十七日条

一　加賀守御用談有之旨申、於虎間面談、加州両条申述、演説書渡之、如左、

閑院宮御息女嘉宮之御事、当今御猶子ニ被遊度旨、江戸表ゟ被進米之儀ニ付取調候趣、先達而讃岐守ゟ申聞候、右者女王方ニ御猶子之例も無之、全新規之事、先者不容易儀ニ候、乍然、格別之御間柄故、実ニ無御拠御沙汰ニ候ハヽ、御譲位被為済候上、円台院宮之御振合ニ御世話被成遣可然旨、年寄共申聞候事、

前任の所司代酒井の時にこの猶子のことが相談されており、この段階において改めて、女王が天皇の猶子になる先例はなく、まったく新規のことであるため「不容易儀」であると幕府は拒否の姿勢を示している。(9) しかし、その一方で「格別之御間柄」であるため、光格が譲位を済ませた後、円台院と同じ待遇で「御世話」することをやむを得ず許可する通達がきている。「格別之御間柄」とは、美仁親王は光格天皇の兄であり、嘉宮は光格にとっては姪にあたることを指している。問題は「円台院宮之御振合」という意味である。円台院とは、有栖川宮職仁親王の息女で、薫子女王のことであり、近衛経熙に嫁ぎ、近衛基前を産んでいる。(10) 近衛経熙が亡くなった後、剃髪し円台院と名乗っている。しかし円台院が有栖川宮の息女で女王であることは嘉宮との共通点であるが、「振合」の意味はよくわからない。そこでさらに史料をみていきたい。

〔史料7〕「山科忠言卿伝奏記　四」文化十四年八月一日条

嘉宮御猶子一件内談覚書、於候所加賀守江申達、如左、

仙洞御在位中御内沙汰被為在候、閑院宮御息女嘉宮御猶子被仰出度、且被進米之儀、先年酒井若狭守所司代役中及内談、江戸表江被達、女王方ニ御猶子之例無之、先者不容易儀ニ候、乍然、格別之御間柄無拠御沙汰ニ候者、御譲位之上、円台院殿御振合御世話被成遣可然旨、自老中方被示越由被達候、然処、此度御譲位無滞被為済候付、閑院尹宮追々御内願茂有之、如此御猶子無御先例候得共、格別之御間柄候故、無御拠趣共、既後桜町院院中ニ而円台院殿近衛家江御世話被成遣候節、男皇ニ被為在候者、御猶子之御沙汰茂被為在被思召ニ茂被為在候得共、女皇之御事故不被及其儀由御沙汰候茂被為在候趣、旁御猶子之御沙汰被為在度被思召候、至此節、仙洞御内慮被仰進候とも御差支有之間敷之旨内談可申試、関白殿被命候、仍先其元迄及御内談候事、

別紙

嘉宮御猶子御内慮被仰進無滞被仰出候儀候ハヽ、嘉宮何方にても御嫁娶之節ゟ円台院殿御振合、院御蔵米之内ゟ現米三百石宛年々被遣度候、至其節御達申、相整候様被遊度候御沙汰之由此旨関白殿（一条忠良）内々被命候、此儀も予及御示談置候事、

加賀守承候、猶自是及挨拶申答候、

先にみた史料6から二年ほど経過して、光格が譲位した後に再び伝奏と所司代が相談を行う。その際、朝廷側から所司代に対して渡された書付である。その書付の内容は、円台院は後桜町院の院御所内におり、近衛経熙との縁組を後桜町院が世話をしたようである。(11)また後桜町院から、もし自分が「男皇」であれば猶子の沙汰を出していたが、女帝であるためその沙汰を出すのを控えたと書かれている。つまり朝廷側は、先例がないという幕府側の主張を崩すため、実際には円台院の時に猶子の沙汰が女帝でなければ出されるはずであった、という「先例」を持ち出して、仙洞

としている。

（光格院）から猶子の御内慮があっても問題ないとし、今回の嘉宮を猶子にすることの許可を得ようとしているのである。また別紙では円台院の時と同様に、猶子となり、婚姻が済んだ後は、院御蔵から現米三〇〇石を嘉宮に与えたいとしている。

これを受け所司代は幕府へ相談することとなり、翌年、幕府から返答が届く。そこには以下のように記されていた。

〔史料8〕「山科忠言卿伝奏記　五」文化十五年二月七日条

（前略）於関東御差支無之候間、表立御内慮被仰進候とても不苦段、御両卿江可御挨拶旨、年寄共ゟ申越候間、御達申候、乍然、御猶子被仰出候共、前々皇女之御振合ニ不混、先者円台院殿之御取扱振ニ被準、毎物御大造ニ不相成様、兼而御心得御取計可有之旨、得と及御示談置候様、是又年寄共ゟ申越候事、

幕府はそうした「先例」があるのであれば差し支えはないとし、御内慮伺いをしてもらってもかまわないとしている。ただし、猶子となっても、皇女の扱いではなく、あくまで円台院の扱いに準じるようにし、大造にならないようにと釘をさしている。

幕府からの許可が出たことで表向きに御内慮伺いが出され、[12]それに対する幕府からの返答では「閑院宮御事者不外御由緒ニも有之、殊ニ院中之御沙汰ニも候得者」[13]と、「先例」だけではなく、光格と嘉宮の由緒（叔父と姪）や院からの沙汰であることを考慮して許可を出していることがわかる。その後、嘉宮は文政元年（一八一八）六月七日に光格院の猶子となり、また院御蔵米からの三〇〇石についても許可されることとなる。[14]この猶子一件では、朝廷側が「先例」を発見することにより、要望を実現させたことが鮮明にわかる。

2　院御所から閑院宮家への経済援助

次に院御所からの経済援助の事例を紹介しておきたい。まずは次の史料をあげたい。

〔史料9〕「山科忠言卿伝奏記 四」文化十四年六月一日条

一 閑院宮御合力米之事、従当年以院中御沙汰可渡儀候半哉旨附武士申ニ付、両人彼是吟味之上、委細殿下申入、院中御備銀も無之、是迄之通従禁中御備銀之中給可然哉旨申入候、二日此通可然殿下被命、附武士申渡、

いつからかは不明であるが、禁裏から閑院宮へ合力米の援助をしていたようである。しかし光格が譲位するにあたり、今後は院中から合力米を渡すことになるのか、と禁裏付が伝奏に尋ねてきている。伝奏はこれを関白に申し入れたところ、関白からは院中には「御備銀」(15)もないため、従来通り禁裏の御備銀から出すのがよいとし、禁裏付に申し渡すよう命じている。

関白は院中の財政状況の関係から、これまで通りの指示を出したものの、禁裏付からは次のような提案がなされる。

〔史料10〕「山科忠言卿伝奏記 四」文化十四年六月五日条

一 附武士申、去二日示仰候、閑院宮御合力米代銀三貫目、御内儀江上被廻院中候而、院中御内儀ゟ閑院宮江被進候様仕度旨也、殿下申入之処、後々者格別、先是迄之通給方可然被命候、六日附武士申渡承候、七日関白殿申入候、

禁裏付は閑院宮家への合力米代銀三貫目を、まず禁裏の奥にその支出先を移し、その後その銀を院中にまわして、院の奥から閑院宮へ渡すようにしたいとの考えであった。伝奏は再びこれを関白に伝えたところ、後々にはそのようなことにもなるかもしれないが、当面は今のままで援助を行うことを再度命じている。この問題について、どのような結果になったのか不明であるが、これと関連したものとして、禁裏付から閑院宮への援助の願書がその後出されている。

〔史料11〕「山科忠言卿伝奏記　四」文化十四年十一月八日条

一　閑院宮御勝手向不如意、院中御助力先頃御願之儀、再御願関白殿申入、以但馬申入候、宜様可取計被申出候、
　渡辺阿波守（禁裏付渡辺胤）申渡候、

この願いに対し関白はその許可を出し(16)、幕府の正式な許可を得ることができて、翌年には次のような正式な申し渡しが行われている。

〔史料12〕「山科忠言卿伝奏記　五」文化十五年四月二十四日条

一　閑院宮勝手向不如意、自院中御助力（自当年寅至申年六貫目宛御助力願也）御願之儀、院中御備銀可相成銀子之内、自当寅年到来申
　年七ヶ年間可被進老中ゟ申越候旨、院附武両士以書取申越、関白殿申入之処、院江言上、宜取計被命候
　（後刻参院、以但馬申入候、御満悦宜取計被仰出候、猶院伝奏申聞、、閑院宮可申入旨申上候、則平松・日野両卿申聞、書取入披見候）

今年から七年間は院御備銀から年六貫目を閑院宮へ援助することを認める通達が幕府から来ている。伝奏はこれを関白へ申し入れ、院へ言上するよう命じられる。伝奏は院へ言上し、院からは「御満悦」との仰せがあり、その後、院伝奏平松時章および日野資愛へも書付をみせている。

さて禁裏から閑院宮への合力米内銀三貫目を院御所から拠出する件と七年間銀六貫目を宮へ援助する件についてであるが、前者は禁裏付さらには光格院が、みずからの御所からどうしても自身の実家である閑院宮へ援助したいという意向があったことが指摘できよう。しかし、結局それは院中財政の関係から認められることはなかった。一方後者は今後七年間六貫目という、前者の三貫目の倍を院中の備銀から拠出して渡すということが許可されている。これをどのように考えたらよいのであろうか。三貫目の方は禁裏から出されており、院中の奥向きの財政に余裕が出てきた、あるいは光格院御所の仕組みが整備されたため六貫目という援助が可能になったとも考えられるが、光格院御所全体

の財政の問題から改めて考察を試みたい。少なくとも、光格院は自身の実家である閑院宮家への財政援助を強く望んでいたことは確かであり、そしてそれは実質禁裏御所からの支出だが、表向きには院御所からの支出とすることを望んでいるのである。援助する財源の元がどこかではなく、表向きに院から閑院宮へ援助しているという事実に重きを置いている。また後者の事例については、七年間という期間限定であるため、この期間が過ぎた後、どのようになったのかについてみていく必要があろう。

3　鷹司政通の関白就任

鷹司政通は文政六年（一八二三）三月十九日に関白へ補任される。この関白補任については、前年にすでに武家伝奏広橋胤定から幕府の御内慮が済んだことの連絡を受けている。(17) そしてさらに父親である政熙から関白補任のことを聞いていたようである。

〔史料13〕「鷹司政通記」(18) 文政五年十一月二十五日条

一　従大殿（鷹司政熙）賜御書、

今日参院候処、慶事之一件内密御沙汰奉候、存外致寛々候、御時宜候、自関白申候様有之候、難分書端候、

（中略）

（頭書）

慥成風聞云、来二日関白詔御内意可有、宣下来月中旬云々、然処、今日御沙汰書云々如何之御時宜哉、

政熙が参院し、院から「慶事之一件」（政通の関白補任）について御沙汰を承っており、意外にも（関白への補任が）ゆっくりであると感想を述べている。さらにそれは関白一条から通達するよう申し出があったようである。すでに同

月四日に関白就任は幕府の許可も出ていたが、その時期については、広橋からも特に示されなかった。今回政熙が参院し、院を通じて補任のことを聞き、さらに頭書部分には来月二日に関白詔、中旬に関白宣下との風聞があることを記している。しかし実際には翌月にそうしたことはなかった。

〔史料14〕「鷹司政通記」文政五年十二月二十八日条

一　未刻斗大殿渡御、先是聖護院宮令渡給、去十五日彼入道親王ヲ以被仰上関白詔之事、昨日参洞言上云々、何之無子細、同年末ゆへ春迄御延引云々、（後略）

ここからは、聖護院宮が十五日に参院し、関白の詔のことを言上したところ、院からは年末のため春先に延引となったとの仰せを受けていることがわかる。当時の聖護院宮は盈仁法親王であり、光格院の弟にあたる人物である。こうみると、政通の関白就任日時をめぐっては、光格・その弟の盈仁法親王、従兄弟にあたる鷹司政熙と、血縁関係にある人物たちが情報を集め、動いていることがわかる。政通が関白就任後、こうした血縁関係が朝廷運営・朝議決定に影響をもたらしたのかどうか、今後検討していきたい。

おわりに

最後に本章で明らかになった点についてまとめておきたい。

光格院の院御料は最初七〇〇〇石で決定していたものを一万石に加増するなど、幕府は朝廷に対して財政援助を行い、また嘉宮の猶子については、朝廷側が「先例」を示したことで、幕府はそれに許可を出している。また後桜町院の聖忌を光格院御所で行う件については、おそらくは後水尾や霊元・桜町の先例があることから許可をしたと考えられるが、それにかかる費用も支出している。これらの事例からは、あくまで幕府は朝廷の要望に新規のことでない限りそれに応えていると考えられる。

一方朝廷側はどうか。光格は譲位前に自身が着用していた「御衣」を幕府・将軍家斉へ進呈している。[19] またその「御衣」とともに幕府へ口状書を渡している。

〔史料15〕「山科忠言卿伝奏記　四」文化十四年三月十五日条

一　賜東武御衣以但馬両人江被出、明日加賀守宅江御使可勤仕、御口状書目録等被出、如左、

御在位中万の事御丁寧に御申沙汰御満足の御事、殊に多年御位にて被為在、神事・公事あまた御再興とも被為在候御事、偏に御申沙汰厚ゆへ、思召のままに行はれ候御事とも、誠に〳〵不浅叡感に渡候、（中略）此已後猶々幾久しく御申沙汰被有之、弥御繁栄之儀にと厚思召候御事、御沙汰候事、

光格は自身が在位中のことについて非常に満足であり、また多くの神事や公事が再興されたことは幕府のおかげであるとし、それへの感謝を述べている。また今後も長く「御申沙汰」あるようにと、自身の譲位後についても述べている。

ここからは、当該期の朝廷と幕府の関係は決して悪いものではなく、幕府も許容範囲内では朝廷の要望に最大限応え、朝廷側もそれに感謝を示すなど、表立った対立はみられず、良好な関係であったと結論づけられる。そのため、藤田覚氏の「朝廷尊崇を強化する対応を取らざるを得なかった[20]」という評価は妥当ではないと考えられる。

次に光格天皇（院）と閑院宮家・鷹司家との関係について。光格は自身の生家である閑院宮家への経済援助を強く望み、またみずからの姪を先例のない猶子とするなど、厚遇していることは明らかであろう。また鷹司家との関係でいえば、政通の関白補任時期について、従兄弟の政熙、弟の盈仁法親王らみずからの血縁関係から情報収集している。

以上の点をふまえれば、光格はみずからの血筋を相当重視していたことは明らかである。この血筋という点は、前章でみた中宮欣子内親王・後桜町上皇と光格天皇の関係とは対照的ではないだろうか。後桜町上皇とは東山天皇を同じ曽祖父に持つ又従兄弟という関係、中宮欣子内親王とも遠いながらも血縁のつながりはあったものの、一方は中御門院から続く直系で、自身は傍系であるということを強く意識していた。しかし、本章でみた血縁は、光格自身にきわめて近い血縁で、それは自身の出身である閑院宮家でつながっていた。血縁はつながっていても、決して意見ができるような関係でなかった後桜町上皇・中宮欣子内親王と比べ、従兄弟である鷹司政熙、弟の盈仁法親王といった、率直に意見をいうことができ、意見交換などができる者たちとの交流を常に持っていたと考えられる。だからこそ、本章でみてきたような閑院宮家への経済援助や、兄美仁親王の息女である嘉宮との猶子関係の取り結びなど、自身の血縁につながる者たちに特別な配慮をしてきたのではないだろうか。

また、朝廷運営の観点からは、朝廷統制の要である摂関は、血縁関係のない一条忠良が一〇年在職するものの、その後は再び血縁関係のある鷹司政通が就任し、光格—政熙、光格・仁孝・孝明—政通と、天皇—摂関の関係が血縁によって形成され、以後、幕末まで続くことになる。本来制度として幕府が確立させた統制機構の要である関白が、機構的な位置づけから属人的な位置づけへ変化していくのが、光格譲位前後であったと捉えることができよう。

注

（1）藤田覚「天保期の朝廷と幕府—徳川家斉太政大臣昇進をめぐって—」（『日本歴史』六六六、一九九九年、後に同著『近世天皇論』清文堂出版、二〇一一年所収、二二〇頁）。

（2）鷹司政熙は寛政七年（一七九五）十一月十六日から文化十一年（一八一四）九月十六日まで関白を勤めている。

（3）尊号一件については、藤田覚『幕末の天皇』（講談社選書メチエ、一九九四年、後に講談社学術文庫、二〇一三年）、長澤慎二「近世後期における朝廷の意思決定過程―尊号一件を事例として―」（『地方史研究』三三七、二〇〇九年）。
（4） 宮内庁書陵部所蔵。記主である山科忠言は、文化十年（一八一三）九月十五日から、文政五年（一八二二）六月十三日まで武家伝奏を勤めた。
（5） 「山科忠言卿伝奏記 三」文化十二年八月十八日・二十一日条など。
（6） 「山科忠言卿伝奏記 三」文化十二年十月二十二日条。
（7） 酒井忠進は、文化五年（一八〇八）十二月十日から文化十二年四月十五日まで京都所司代を勤め、後任に大久保忠真が任命された。
（8） なお、本事例については奥野高広氏が「仙洞御経済」の項で紹介している（奥野高広『皇室御経済史の研究 後篇』中央公論社、一九四四年、五三一頁）。
（9） 『天皇皇族実録』からは、女王で天皇の猶子となっている事例は何例か確認できる。しかしそれらはすべて尼門跡を相続している者たちである。
（10） 『系図纂要』第一冊（名著出版、一九七三年）。
（11） 円台院（宝暦九年〈一七五九〉三月十一日生）は有栖川宮職仁親王の子であり、母は家女藻塩（賀茂氏）とある。しかし職仁親王の嫡妻が二条吉忠の娘二条辰子であり、この辰子と後桜町院の母二条舎子は姉妹となる。実際の母は違うものの、辰子の「子」として育てられた可能性は高い。円台院と後桜町は従姉妹となり、この関係から後桜町院が世話をしていたものと考えられる。なお、前掲注(10)『系図纂要』第一冊の円台院（薫子女王）の欄には「安永三年正廿二参仙洞逗留」とあり、円台院が一四歳頃から後桜町院御所にて養育されていたことがわかる。
（12） 「山科忠言卿伝奏記 五」文化十五年四月二十二日条。
（13） 「山科忠言卿伝奏記 五」文化十五年五月二十九日条。
（14） 「山科忠言卿伝奏記 五」文化十五年九月一日条、前掲注(10)『系図纂要』第一冊。
（15） 御備銀については奥野前掲注(8)書、佐藤雄介「近世後期の朝廷財政と江戸幕府―寛政・文化期を中心に―」（『近世の天皇・朝廷研究 第一号―第一回大会成果報告集―』学習院大学人文科学研究所共同研究プロジェクト、二〇〇八年）、同「京都町奉行・京都代官と朝廷財政―文政～天保年間を中心に―」(『史学雑誌』第一一八編第三号、二〇〇九年)、両論考とも後に同著『近世の朝廷財政と江戸幕府』(東京大学出版会、二〇一六年所収)などを参照。

(16)「山科忠言卿伝奏記　四」文化十四年十一月二十六日条。

(17)「鷹司政通記」(函架番号＝鷹・682)文政五年十一月四日条。宮内庁書陵部所蔵。書陵部には「鷹司政通記」と「鷹司政通記草」(函架番号＝鷹・720)の、政通自筆の二種類の日記が残されている。

(18)「山科忠言卿伝奏記　四」文化十四年二月十二日条。

(19)藤田覚『近世政治史と天皇』(吉川弘文館、一九九九年)八〇～八一頁。

補論　光格院御所の形成と院執事鷹司政通

はじめに

本章は、文化十四年（一八一七）から天保十一年（一八四〇）まで、およそ二三年間にわたって、「院政」を行った光格院の院御所機構の形成過程の分析と、従来あまり注目されてこなかった院執事鷹司政通の職務について検討していく。

文政から天保期にかけての朝幕関係の実態を解明していくには、前章でも述べたように、他の時期と比較して研究蓄積が少ないため、まずは基礎的事実の発掘を丁寧に行っていく必要があると考える。(1)そして当該期の朝幕関係を考察していくうえで重要となるのは、光格院の存在であると考えられる。光格院が朝廷の意志決定や朝議立案などにどの程度関与していたのか、対幕府との交渉に際してどのような関与がみられたのか、この点を解明するには多くの朝幕交渉事例を発掘・検討する必要がある。当該期の朝幕関係の実態を把握するうえで不可欠な作業であろう。そのためにはまず光格院御所機構とその確立過程を解明しておく必要がある。すでに村和明氏により、光格院御所に参仕した公家の組織については、その制度と役割が具体的に明らかにされており、(2)本章第一節も村氏の研究によるところが大きい。

近世の院政についての研究は山口和夫氏、村和明氏による大きな研究蓄積があげられる。山口氏は近世院政期の実態解明、院伝奏、院評定衆、院参衆の機構と既知の朝廷機構との関係の解明を課題としてあげ、一七世紀の朝廷における御所群立、番衆の拡張に伴う家数増大による朝廷内の組織化・規律化が課題となり、霊元天皇（院）がそのなかで自身の権力構築のため制度を再編したことを明らかにした。霊元上皇のもとで院伝奏・評定衆などの機構が設置されたことなど、多くの基礎的事実の解明を行っている。(3)村氏は山口氏の成果や課題をふまえ、仙洞御所の機構が一七世紀後半に形成されていく過程を明らかにし、霊元院政期にその機構や体制が確立・定着することを明らかにした。さらには明正上皇の仙洞御所機構や桜町上皇の御所機構と朝廷政務との関係など、近世の院政や仙洞御所機構と禁裏御所機構との関係について研究を深化させた。また院両役と呼ばれる院伝奏・評定の役料は、東福門院の娘である明正上皇（なお、明正上皇御所では院伝奏一名で評定は置かれていない）の時は幕府からの支給であったが、霊元院以降は院御蔵から給付されていることを指摘し、朝廷統制機構の両役である武家伝奏・議奏とは役料の面では一線が画されていたことを明らかにしている。(4)

さてこうした研究蓄積があるなかで、院司(5)については、村氏が光格上皇期の院司についてその就任者や職務（院御所における儀式の運営・参加）を明らかにされているものの、(6)院執事はそうした儀式にはほとんど参仕しておらず、どのような存在で、その職務や、院伝奏・評定さらには院との関係など多くが不明である。院政の機構についてさらに研究を深めていくうえでも院執事についてその実態を把握しておく必要があろう。光格院の院執事は鷹司政通・二条斉信の二名が勤めたが、本章では、鷹司政通を取り上げる。なお、本章で主に使用する史料は、当時武家伝奏および譲位伝奏を勤めた山科忠言の公武御用日記である「山科忠言卿伝奏記」、および鷹司政通の日記である「鷹司政通記」「鷹司政通記草」である。(7)

一　光格院御所の形成過程

1　院御所の人員構成

光格天皇は文化十四年（一八一七）三月二十二日に譲位するが、すでに院御所の人的構成についてはその前年から「内意」として決定がなされている。

〔史料1〕「鷹司政通記」文化十三年十二月三十日条

卅日乙辰晴、巳刻過、前亜相胤定卿御譲位伝奏被来、則謁被申云、来三月於桜町殿天位受禅之后、余（鷹司政通）被補院大別当執事御内意被仰下云々、則畏申之、今日已下院司仰被出、交名被送、

院司別当　執事　下官　執権　権大納言家厚卿（花山院家厚）

御厩別当　権中納言実堅（徳大寺実堅）・重能（庭田重能）・公説（四辻公説）等卿

四位別当　俊明（坊城俊明）・隆起（櫛笥隆起）・治資（豊岡治資）等朝臣

判官代　年預経則（勧修寺経則）当時故障中明春出仕之上御沙汰云々、光暉（日野西光暉）　藤原助功（藤嶋助功）　源常顕（細川常顕）

蔵人　秦重仲　大江俊方　主典代　源元章　源忠長

譲位伝奏である広橋胤定から鷹司政通に対し、院執事に補任されたことが伝えられ、あわせて院司交名が送られてきている。(8)(9)

次に評定衆についてみていきたい。(10)評定衆については関白から「民部卿・右衛門督・左兵衛督院評定可被仰附」(11)と

あり、所司代に所意を尋ねるよう武家伝奏に命じている。それを受け武家伝奏は所司代亭を訪問する。

〔史料2〕「山科忠言卿伝奏記　四」文化十四年二月三日条

同役（六条有庸）同伴加賀守宅行向、院評定人体所意可被尋下旨、達之、

冷泉民部卿（冷泉為則）　鷲尾右衛門督（鷲尾隆純）　高倉左兵衛督（高倉永雅）

右院評定可被仰付被思召候事、

右切紙自筆渡之、加賀守無存意旨言上、且評定依初度所思ト被尋候、自今毎度御沙汰無之旨達候、殿下申入候、

所司代は特に所意はないと述べるが、その後、今回は（光格院御所で）はじめて評定衆を決定したので所司代へ所意を尋ねたが、今後はそのようなことはないと伝奏が述べていることに注目したい。評定は事前に幕府の許可を得ないことが明らかにされているが(12)、ここでは最初の人選については事前に所司代へ通達しているため、他の院政についても改めて事前の通達などを確認しておく必要があろう。翌日には関白から院伝奏と評定の「御内意被仰下」され、両役立ち会いのもとで八景間にて院伝奏、評定の順に申し渡される。

次に院伺候衆についてであるが、関白より二月二十五日にその人名二五名が伝奏に示される(13)。そのなかで「後日飛鳥井侍従被改、橋本少将可被供有御沙汰、但橋本故障所詮出仕院御沙汰云々」とあり、飛鳥井雅久が伺候衆から外され、橋本実久が加えられている(14)。理由は不明であるが、光格の意向によるものと考えられる。そして三月一日に伝奏・議奏列座のもとで、議奏甘露寺国長から伺候衆に正式に申し渡されている。

他の役職についてであるが、下北面については後に院伝奏となる日野から二月十八日より勤番する旨が命じられ、上北面・院蔵人へも伝奏および院伝奏列座のうえ「御内意」が申し渡される(15)。

表11　文化14年段階における光格院御所構成一覧および朝廷内構成

役　職	名　　前	備　考
院伝奏	平松時章，日野資愛	
評定衆	冷泉民部卿為則，鷲尾右衛門督隆純，高倉左衛門督永雅	
伺候衆	花山院家厚，徳大寺実堅，庭田重能，四辻公説，飛鳥井雅光，富小路貞直，堀川親実，藤谷為脩，倉橋泰行，外山光施，綾小路有長，大原重成，櫛笥隆起，六条有言，豊岡治資，風早公元，東久世通岑，高野保右，冷泉全，石山基逸，日野西光暉，裏松恭光，綿織久雄，大原重徳	花山院家厚は院執権および伺候第一，徳大寺実堅は御厩別当，四辻公説・庭田重能は院別当
四位別当	坊城俊明，櫛笥隆起，豊岡資治	櫛笥・豊岡は伺候衆
五位判官代	勧修寺経則（年預），日野西光暉	日野西は伺候衆
六位判官代	藤嶋助功，細川常顕	
蔵　人	秦重伸，大江俊方	
主典代	源元章，源忠長	
御附武家衆	渡辺阿波守，小笠原豊前守	
関　白	一条忠良	
武家伝奏	六条有庸，山科忠言，広橋胤定	六条は8月12日に辞任，その後に広橋が就任
議　奏	広橋胤定，平松時章，甘露寺国長，日野資愛，豊岡和資，正親町正光，園池公翰，冷泉為訓，徳大寺実堅	広橋は8月12日武家伝奏へ転任，平松・日野は3月1日院伝奏へ転任，徳大寺は12月1日に就任し，院伺候衆より外れる
京都所司代	大久保忠真	

※「鷹司政通記」文化13年12月30日条，『新訂増補国史大系 公卿補任』（吉川弘文館，1982年），『大日本近世史料 柳営補任』（東京大学出版会，1983年），『日本史総覧 補巻Ⅱ』（新人物往来社，1986年），『近世公家名鑑編年集成』第13巻（柊風舎，2010年），村和明「近世院政の組織と制度—光格上皇の「院政」を事例に—」（『論集きんせい』第24号，2002年）などをもとに作成した.

2　院御所参仕公家への役料

次に役料についてみていきたい。院伝奏・評定の役料の決定過程および給付の定着については、村氏がすでに明らかにしているところだが[16]、院両役以外についてもみていきたい。

〔史料3〕「山科忠言卿伝奏記　四」文化十四年四月一日条

一　先達而御附申達置候、院伝奏役料以下御扶持切米相済、院御附渡辺阿波守・小笠原豊前守切紙如左、

御役料米三拾石宛　　院伝奏
平松前大納言殿　　日野中納言殿

同二拾石宛　　評定
冷泉民部卿殿　　鷲尾右衛門督殿
高倉左兵衛督殿

二拾人扶持但一日六合　　御児一人

御切米二拾石　　上北面
三人扶持　宛　　吉田兵部大輔　　羽倉兵部権大輔
但一人一日六合　　松尾治部権少輔　　東辻兵部権少輔
松尾但馬守　　院蔵人松室左兵衛大尉

御切米拾石　　非蔵人
三人扶持　宛　　泉亭上野　　藤木壱岐

但一人一日六合　東辻備後

御切米拾五石　宛　下北面

堀川弾正忠　姉小路甲斐守

畑丹波守　三上尾張介

已上従院御蔵米中被下候、

院蔵人

北小路右兵衛権大尉

右知行六拾石是迄之通ニ而、此度院蔵人被補、尤倅年頃ニ相成、非蔵人被召出候節ハ、院蔵人料弐拾石三人扶持、従院御蔵被下知行、六拾石忰江可被下候事、

院伝奏・評定だけでなく、上北面・下北面・非蔵人、御児に対しても切米が院御蔵から支給されており、院蔵人へはもともとの知行六〇石があるため、倅が非蔵人として召し出された際には、院御蔵から二〇石三人扶持を北小路俊方へ、倅（北小路俊堅か）へ知行六〇石を与えるとしている。またこれ以外に白銀が下賜される先例があったようである。

〔史料4〕「山科忠言卿伝奏記　四」文化十四年三月十六日条

一　依先例院伝奏・評定に白銀各十枚、祗候に各五枚、松尾筑後・北小路下総幷御雇非蔵人十四人江白銀五十枚今日恩賜云々、筑後已下江給分五十枚自但馬請取、召招於奉行梅園前宰相申渡候、上北面是迄御扶持給分、院召出之非蔵人等不給之、

この先例がいつからのものなのか今後検討していく必要があろう。院伝奏および評定、祗候衆そして非蔵人までに

白銀がそれぞれ与えられている。院が召し出した非蔵人については下賜されないという点は、禁裏から院御所へ移動する者に限って下賜したものと推測できるが、詳細は不明である。

3　光格院御所の財政

次に光格院御所の財政についてみていく。仙洞の財政については次のような取り決めがなされる。

〔史料5〕「山科忠言卿伝奏記　四」文化十四年三月十一日条

一　院中口向御取締禁中之振可為御同様哉、当分賄頭羽田半蔵・勘使細淵専助・皆川定次郎時々参上可取計哉附武士伺、殿下申入、以但馬申入、可為其通被申出、附武士申渡候、十七日、同事両三年も万端禁中御振合可取扱旨、自江戸申来候由加賀守示越候、

この史料については、すでに奥野高広氏も紹介しているが、[17]改めて史料の内容を確認しておきたい。院中の口向財政の取り締まりについては、当面は禁裏御所の賄頭羽田と勘使の細淵・皆川が時折院御所の口向に参り取り計らうべきか禁裏付武士から伺いがきて、伝奏は関白へこの旨を申し入れている。その後、但馬（非蔵人藤嶋相雅）をもって関白は光格院へ申し入れたところ、（光格からは）禁裏付の示した通りで構わないとの返答があり、その旨を禁裏付に申し渡している。また、二、三年間の間は禁裏御所と同様の扱いで口向財政を取り扱うよう幕府から通達がきたことを所司代から示されている。

ここでは、光格院御所設置段階の口向財政については、禁裏御所の口向財政と同様の取り扱いをすることとされており、さらには当面の間は、院御所の賄頭や勘使ではなく、禁裏御所の賄頭や勘使が時折院御所へ参院し、財政を取り計らう方針であったことを確認することができる。

また、朝廷財政は幕府から宛がわれた禁裏御料のほかに、様々な経済支援を幕府から受けていたが、それに代表さ

れるものが取替金と御定高制であった。(18)

〔史料6〕「山科忠言卿伝奏記　四」文化十四年七月二十八日条

自関東申来条々申達、

（一箇条略）

一　仙洞御定高御賄、文化十年已前之通銀五百拾五貫目、奥御用金八百両、年々進上之儀、先達而申達之通相済候切紙、

一　仙洞小上﨟新大納言（園正子）・権中納言（勧修寺婧子）上﨟被仰付、各地方百石、二条蔵米廿石、院御蔵米廿石、先達而申達通済来切紙、

ここでは仙洞御定高が銀五五〇貫目、奥御用金が年八〇〇両と決まっている。さらに仙洞の女房の新大納言と権中納言に対しての知行給付もあわせて決定している。

しかしこの幕府からの通達以前、この仙洞奥御用金については次のようなやりとりが行われていた。

〔史料7〕「山科忠言卿伝奏記　四」

一（文化十四年六月十四日条）就御即位仙洞奥御用金之儀、先比ゟ御沙汰候処、御例無之趣附武士申条有之、参洞、以但馬申入置候、

一（文化十四年七月二十六日条）仙洞奥御用金雖無先例、御手支之由別段献備有之度事、春来以但馬御沙汰之処、無御先例旨附武士彼是応対、雖然、一向御不自由之旨堅殿下有被命旨、以書取附両人江申含、勘弁可取計示仰（書取写在一件帳）、直加賀守江可談答了、

「仙洞奥御用金」については禁裏付武士から「御例」、先例がないとのことを伝奏は聞かされたため、そのことを但馬を介して院へ言上している。七月二十六日条では、「仙洞奥御用金」については、先例がないとはいえ、今後差し

支えがあるかもしれないので、備えとして御用金を拠出してもらいたいとのことを、今年の春以来院から沙汰を出していた。禁裏付は先例がないとのことでいろいろと応対はしていたが、関白一条から御用金がなければ不自由であるため、そのことを強く書付で禁裏付に示し、拠出できるよう言い含めたと記されている。このように「奥御用金」については、院および関白から禁裏付への働きかけで実現したようである。一方、奥野高広氏は、仙洞御所御経済の節にて、安永七年（一七七八）に御定高の制度が確立したことを述べ、そのなかで、「御賄方及び勘使方の御費用は最高限度を銀五百十五貫匁とし、奥御入用金は七百両と定めた」と述べている(19)。奥野氏のいう「奥御入用金」がここでの「仙洞奥御用金」と同じものであれば、すでに安永年間には制定されていたものであり、後桜町院の時代にもすでに存在しており、先例がないとの禁裏付の言と矛盾する。また奥御入用金は七〇〇両であるのに対し、仙洞奥御用金は八〇〇両とその金額も違う。このような違いから、奥御入用金と仙洞奥御用金が同一のものとは考えにくいが、後桜町院御所の事例もふくめて検討する必要があろう。

また女房への知行給付であるが、幕府からもこの申し渡しの後、次のようなやりとりが女房家来との間で行われている。

〔史料8〕「山科忠言卿伝奏記　四」文化十四年八月二日条

一　新大納言局・権中納言局家来相招、仙洞女房両局已下御宛行被仰出候旨、以雑掌申渡候、此事無先例、春来両人東行中、代役取計方相違也、以但馬申談、如此可取計由内々御沙汰也、無難云々、

このなかで山科忠言は、仙洞女房に対しての宛行は先例がなく、自分や同役の六条有庸が年頭勅使として関東下向中に、武家伝奏代を勤めていた者が誤って（宛行があるという）取り計らいをしてしまったと述べている。しかし、奥野氏がすでに、寛政十年（一七九八）十一月四日に勘解由小路局が、幕府より地方知行として一〇〇石、仙洞御蔵米

として二〇石、幕府より（蔵米を）二〇石賜っていることを指摘しており[20]、先例がないわけではない。そのため、山科の勘違いの可能性も高いが、この件については改めて検討すべき必要があろう。

二　院執事鷹司政通の「職務」

本節では院執事としての鷹司政通の職務および光格院政について、鷹司の日記を通して若干の考察を行いたい。さて院執事については光格院御所だけでなく、それ以前の院御所においても置かれていた。前述した通り、その研究は村和明氏が光格院の院司として紹介しており、院執事は小番にはふくまれていないこと、桜町院の院執事が近世では慣例となっていた大臣ではなく、権大納言で武家伝奏の久我通兄であることを指摘しているほどである[21]。そこで本節ではまず政通以前に院執事を務めた久我通兄・近衛経熙二人の日記から、院執事の職務に関する事項を取り上げ、その後、鷹司政通の院執事としての職務について述べていきたい。また歴代の院執事については表12をご覧いただきたい。

表12　江戸時代院執事一覧

院	執　事	任命年月日	官　位
後水尾院	三条西実条	寛永6年(1629)11月8日	正二位内大臣
霊元院	鷹司兼熙 二条綱平	貞享4年(1687)3月21日 宝永6年(1709)6月21日	正二位右大臣 正二位右大臣
中御門院	久我惟通	享保20年(1735)3月21日	正二位内大臣
桜町院	久我通兄	延享4年(1747)5月2日	正二位権大納言
後桜町院	鷹司輔平 近衛経熙	明和7年(1770)11月24日 天明7年(1787)3月2日	従一位右大臣 従一位内大臣
光格院	鷹司政通 二条斉信	文化14年(1817)3月22日 文政6年(1823)3月21日	従一位右大臣 正二位右大臣

※『新訂増補国史大系 公卿補任』（吉川弘文館，1982年），『皇室制度史料 太上天皇2』（吉川弘文館，1979年）より作成した.
※三条西実条は「執事別当」との呼称.

1　久我通兄の事例

まず久我通兄についてみていく。久我通兄は延享四年（一七四七）四月二十一日に桜町天皇の御前に召され、その際、院司に補任される者たちの折紙を天皇から下され、それを通兄から補任される者たちに示すように命じられている。(22) この時、通兄は自身が院執事に補任されたことへの喜びを記している。(23) 彼が正式に院執事となるのは五月二日であるが、それ以前から院関係のことについて携わっていたようである。

〔史料9〕『史料纂集　通兄公記』第八巻、延享四年四月二十七日条

下官参御前之序、賜折紙一枚於院殿上被補院司次第也、右大臣被注進云々、被仰下云、可被補院司輩可廻覧、明日可令返上之旨者、退披見了、傳帥中納言（議奏広橋兼胤）、次第廻覧之後、明日可被返于予許之旨示告了、

通兄は桜町天皇から右大臣近衛内前が注進した院司次第を、院司に補任される者たちへ回覧するよう命じられている。これを受け、院執権である広橋兼胤へ回覧が済み次第、自分のところへ戻すよう指示をしている。

次に桜町天皇への尊号宣下をめぐる問題を取り上げる。

〔史料10〕『史料纂集　通兄公記』第八巻、延享四年七月二十五日条

参院、帥中納言被参、入夜下官・帥中納言等召御前、尊号御辞書之事有御沙汰、右相府（近衛内前）被候、相府雖非院司、院中之事所被仰合也、亥時過程下官・帥卿退出、

天皇が譲位すると、新たな天皇から上皇へ太上天皇の尊号が送られるが、それを辞退する場合、その辞退の意向を述べた「御辞書」という書状を新帝に送ることになっていた。桜町はこの太上天皇の尊号を辞退する意向であり、通兄・兼胤を召して御辞書を桃園天皇へ送るという考えを示している。ここで注目すべきは院司ではない右大臣近衛内

前もその場に同席している点である。彼は翌日の正式な御辞書御沙汰の際にも同席しており、またこの御辞書の儀式次第も作進している。[24]

次に院の四方拝についての記事をあげたい。[25]

〔史料11〕『史料纂集 通兄公記』第八巻、延享四年十二月二十七日条

予参院、帥中納言同参入、両人召御前、御腫物未全癒、膿汁令発給、仍来年元日御鎮守御拝者不可有、於四方拝者無子細思食、且花園院御宇、御面部雖有御腫物、有四方拝、旁来春可有四方拝之由被思食、尚亦両人有所存者可申之由被仰、文保元年花園院宸記抜粋以宸翰令注折紙被下之、下官申云、四方拝者非御神斎之間、無子細候歟、且有花園院御例、然而厳寒之時節、暁更御動揺之事、為不成御腫物之御障、被用略儀可然候歟者、帥卿被申旨大略同之、此後予退出、（後略）

桜町院は腫れ物ができており、来年の四方拝を見合わせた方がよいと思うが、花園院の時代に顔に腫れ物があっても四方拝を行ったという例もあるため、通兄・兼胤に意見を述べるよう求めている。通兄は四方拝は神斎ではないので、子細はないとの意見を言上し、さらに花園院の例の時は、厳寒であり、腫れ物に支障がないよう略儀を用いたと付言している。結果翌年の一日には四方拝を行っており、通兄は十二月二十九日に御裾役を命じられ役目を勤めている。[26] なお、寛延二年（一七四九）正月一日の四方拝では、広橋兼胤が御裾役を勤めている。[27]

院執事久我通兄と院執権広橋兼胤は、院からの多くの諮問を受けており、ほぼ毎日参院している。一方で、院司ではない右大臣近衛内前や武家伝奏柳原光綱も参院が多くみられる。

2　近衛経熙の事例

次に近衛経熙についてみていきたい。経熙は天明七年（一七八七）三月二日に院司である判官代日野西延光から院執事への補任を聞いている。(28)その後しばらく院関連の記事はみられないが、五月に入り徳川家斉将軍宣下の御礼として関東使が上京してくる。

〔史料12〕「経熙公記　五」天明七年五月二十日条

一　梅小路前宰相ゟ書翰到来、々廿二日関東使参院也、余可参之由被仰下、畏奉之由及返答、執事後初度也、

評定衆である梅小路定福から書状が到来し、五月二十二日に関東使が後桜町院御所に参院する予定である。ついては経熙にも参院してもらいたいとの院の意向であるという内容であった。経熙は執事になってからはじめての参院であると述べ、三月二日に補任されてから、二ヵ月以上にわたって、参院していないことがわかる。

さて二十二日に関東使が参院し、その場に経熙も同席した。

〔史料13〕「経熙公記　五」天明七年五月二十二日条

一　午刻参院、今日東使御対面也、余執事之後初而被候、着烏帽子小直衣以評定窺御機嫌、内々為執事御礼、

（後略）

経熙は関東使と院が対面している席に同席しており、その祇候も執事補任後はじめてであると述べている。

また関白鷹司輔平から次のような指示を受けている。

〔史料14〕「経熙公記　五」天明五年十一月三日条

於鷺間対謁被申云、院中之事、已来為執事之間年預或伝奏・評定ゟ可被申入義可有之由、為心得被申聞間、則承

之由令申了、

輔平からは院執事として院中のことを院伝奏や評定あるいは年預から経熙へ申し入れられたことについて、心得として把握しておきたいので、知らせるようにと指示を受けている。光格院政においては関白が参院し上皇と対面しており、院御所の儀式や人事面でも深く関与していることが指摘されている。[29] しかしこの輔平の言から考えれば、後桜町院時代には関白がたびたび参院することなどはあまりなかったと考えられる。むろん「経熙公記」の記事のみでは断定できないが、院の個性・院御所の性格あるいは関白の個人差によるものも大きいといえるのではないだろうか。なお、経熙はこの関白からの仰せを受けた後、すぐに参院し、吉書[30]を拝見したい旨の願いを女房から院へ言上し、十日に吉書を披見している。[31]

近衛経熙は執事補任後もまったく参院しておらず、少なくとも「経熙公記」からは、院伝奏や評定からの書状などもほとんど見受けられない。院執事としては関東使が参院した際に同席していたのが、一応は「職務」といえるが、関東使の上京・参院のたびに常に参院していたかどうかは不明である。

3　鷹司政通の事例

最後に鷹司政通についてみていく。前述したように、政通は文化十三年（一八一六）十二月三十日付で院執事補任の内意を受けている。光格の譲位は文化十四年三月二十二日であるため、おおよそ内意を受けてから三ヵ月ほど正式な補任まで時間があるものの、すでにその間日記には院関係の記事がみられる。

〔史料15〕「鷹司政通記」文化十四年正月四日条

一　従胤定卿（譲位伝奏広橋胤定）書中申送云、

右院判官代御内意被仰出之事、

恭光（裏松恭光）

武家伝奏兼譲位伝奏の広橋胤定から、裏松恭光の院判官代への補任の内意が出たことを書状で送られている。このように院御所の人事については院執事に連絡がきていたようである。また代始の吉書御覧について胤定から通達があり、後桜町院の年始始および遷幸の際の吉書御覧次第などが送られてきている(32)。院の吉書御覧については、実際に院執事が奉行や上卿を勤めることはないが(33)、吉書御覧当日には、政通は公卿座に候し、筥入の吉書を事前に覧じており、執事として儀式に参加していることが確認できる(34)。

次に譲位後についてみていきたい。最初に院伝奏から院御所への参院回数などについて示されている。

〔史料16〕「鷹司政通記」文化十四年四月二日条

一　従院伝奏被申渡非常参勤幷月中両三ヶ度可伺御機嫌事、

政通は院執事として、非常参勤（火事など非常時の際への参院）と一ヵ月に二、三度参院し、院へ御機嫌伺いすることが申し渡されている(35)。祗候衆のように番編成されているわけではないため、参仕すべき儀式の時と御機嫌伺い、そして非常参勤が基本的な政通の参院の理由となる。

さて院伝奏からの申し渡しをみたが、院執事と院とをつなぐ回路は、政通の日記をみる限りでは、その役目は評定にあったものと考えられる。評定からは院御幸、関東使参院、院司の任免および処罰、小番結改、院御所へ参院する者たちの事前通達、院による「天仁遠波」や三部抄などの伝授日時など、院御所についての事項はほぼ評定から通達（書状や本人が出向いてくるかのどちらかである）がきている(36)。そこでそれらの史料をいくつかみていきたい。

〔史料17〕「鷹司政通記」文化十四年五月七日条

一　従評定為則卿被示告条々、
　来八日未刻、御幸之事、
　来十日午刻、中務大輔正庸、金剛院権僧正演範、仁和寺院室参院仰被出事、

このように評定から御幸の日程や参院する者の氏名・日時などの連絡がその都度、政通に通達されている。

次に院司の任免や院昇殿許可の史料をあげたい。

〔史料18〕「鷹司政通記草　壱」文政元年十二月十八日条

一　院評定隆純卿申来、顕孝為院判官代年預

一　従院別当俊明朝臣（坊城俊明）申来、

　文政元年十二月十八日　宣

　　顕孝

　　為判官代年預

右院宣　　俊明奉

ここからは、まず評定である鷲尾隆純から、葉室顕孝が院判官代年預に補任されたとの通達が到来する。[38] そしてほぼ同時に、葉室顕孝が院判官代年預に任命されたとの院宣が出されている。村和明氏は、殿上人の院司任命についてはいずれも院宣を出すという手続きによったことを明らかにし、そうした院宣を奉じているのは、「管見の範囲ではすべて年預であった」と指摘している。[39] その年預を任命する場合は、その上位者である四位別当（坊城俊明）が院宣を奉じていることがわかる。

〔史料19〕「鷹司政通記」文化十四年四月十四日条

従評定隆純卿申来、

伏見宮殿上人　　　同

右馬頭長公朝臣　民部権大輔公義朝臣

已上聴院昇殿、

仰詞

依伏見宮被執申若江右馬頭・同民部権少輔等聴院昇殿事、但参内昇殿輩尤可存差別、且自今以院昇殿之例、内昇殿不可願申事等、元文元年・寛政二年・同十二年御沙汰可令存知候事、

一　院司従俊明朝臣院宣切紙到来、

文化十四年四月十四日

伏見宮殿上人

右馬頭菅原長公朝臣

同

民部権少輔菅原公義朝臣

已上聴殿

右　院宣　　俊明奉

伏見宮家の殿上人である若江長公・公義父子が、院昇殿を許されたことが評定鷲尾隆純から通知され、さらにその後四位別当（兼蔵人頭）の坊城俊明から院宣が奉じられている。先ほどみた年預と同様の形式となっている。さてこの院昇殿には、この院昇殿許可をもっての禁裏御所への昇殿を願うことは禁止すると書かれており、元文二年（一七

三七）・寛政二年（一七九〇）・同十二年の沙汰を心得えるようにと述べられている。

このように、院宣が出される場合、その前に評定から政通の元に通達がきて、同時に院宣についても切紙で到来するという、評定および院宣を奉じた年預もしくは四位別当という、二つの連絡回路が存在したようである。

次に院司の処罰の事例をあげたい。(40)

〔史料20〕「鷹司政通記」文化十四年八月二十七日条

一　従評定永雅卿申来、

右衛門督（鷲尾隆純）

就執奏之事不行届之儀有之、差扣被仰出云々、

評定高倉永雅から、同じく評定衆の鷲尾隆純が執奏のことで不行き届きがあったため、差し控えを院から命じられた、との通達が政通のところへきている。鷲尾が差し控えの処分を院から受けていることはわかるが、さらに詳細を知るためにもう一つ史料をあげたい。

〔史料21〕「山科忠言卿伝奏記　四」文化十四年八月二十七日条

一　亥刻、院伝奏両卿書状、鷲尾右衛門督就執奏之事、依有不行届之儀、差扣被仰附之旨被告示候、新例云々、子細依御即位、彼卿執奏満願寺如先例御祈被仰附御祈奉行ゟも被催、自議奏有御内意云々、自去廿日開闢至昨日七ヶ日満座、今日巻数可献上之処、依無其沙汰、於執奏家被取調之処、寺家来月之由存之、去廿日不開闢云々、依之、右衛門督鷲参内、殿下江被申入、院中及御沙汰、当時評定勤仕之人体、以院之御沙汰差扣被仰下以一族雖被仰下、勤仕柄依御憐愍相役第一以民部卿差扣被仰下云々、於禁中御沙汰者、満願寺住職差扣可申附、先住当時在摂州堺之由聞之間、早可呼登執奏江被誡仰、（後略）

仁孝天皇の即位に際して、鷲尾家が寺社執奏を勤めている満願寺にて、先例通り御祈りが命じられ、去る二十日から七日間にわたって行われた（はずであった）。そして今日読誦された巻数を献上するはずだったが、その沙汰がなかった。これにより執奏家である鷲尾家が取り調べたところ、満願寺は御祈りが来月と勘違いしており、今月二十日からは行わなかったことが判明した。鷲尾は驚きすぐに参内し、関白にこの旨を申し入れている。この一件により、鷲尾は当時院評定として院中に勤仕していることから、院から差し控えの処分が下され、禁裏の方では満願寺の住職に差し控えの沙汰を申し付けている。さてここで注目すべきは割書部分であるが、そこには鷲尾へは本来一族から差し控えの申し渡しが行われるはずが、（院の）御憐愍をもって、「相役第一」(41)である評定冷泉為則から差し控えを命じた、とある。本来は一族から申し渡されることがわかり、この点からは、院政を支える評定衆であっても、基本的には禁裏御所からの処分通達であったと考えられる。

以上、久我通兄、近衛経煕、鷹司政通の三人の院執事について検討を加えた。久我通兄は、院御所へほぼ毎日参院し、院から様々な件について諮問を受けているが、近衛経煕についてはほとんど参院しておらず、院からの諮問などを受けている事例もほぼ皆無であった。光格院政においては、鷹司政通が院評定からの連絡で院御所に関する事項についてはほぼすべてを把握する立場にいたことは指摘できよう。これらのことから、「院執事」という役職は、他の時期のそれと単純に比較検討できるものではなく、院執事の「職務」は、時の院の個性や院個人と院執事に任じられた者との関係、院御所の仕組みなどに大きく影響されるものであると考えられる。光格院御所内部のことについて、院執事が積極的に関与するという事例はほとんどみられず、あくまで事後報告・通達を評定から受けるという立場であった。

おわりに

最後に本章で指摘したことをまとめておきたい。

第一節では、光格院御所の形成過程を、人員・財政の二点からみてきた。人員構成では村和明氏の論考に大きく依拠したが、院伝奏以下に対し「先例」として白銀が下賜されていることを指摘できた。しかし、これがいつからの「先例」であるのかについては今後検討していきたい。財政については、奥野高広氏・佐藤雄介氏の研究に依拠したが、「仙洞奥御用金」の存在について新たに指摘した。奥野氏が明らかにした「奥御入用金」とは違う性質のものであったと考えられるが、今後解明していくべき点であると考えている。

第二節では、院執事鷹司政通の職掌・職務を他の執事と比較し検討を行った。政通は院評定を介して院御所での事項・事柄についてはほぼすべて通達を受けていた。一方で、近衛経煕の場合、管見の限りでは、そうした評定からの通達は確認できなかった。これはひとえに、院執事という制度的なものではなく、院の個性など属人的なものに依拠するものであったと考えられる。政通についていえば、光格院と血縁関係にあることもこうした通達が行われた理由の一つとも考えられるが、近世を通じて後水尾院・霊元院らの他の院執事がどのような職掌であったのかを総合的に検討していく必要がある。

注

（1）藤田覚氏は、徳川家斉太政大臣昇進をめぐる朝幕交渉を分析し、当該期の朝廷と幕府のあり様を、「幕府側が、天皇・朝廷権威に依存して、将軍権威の強化、荘厳化を図ろうとして、朝廷にいわばすり寄る形で「公武御和慇」という「公武合体」

状況が生まれたと」し、「この状況から修学院御幸、朝覲行幸、天皇号の再興などが展望される」と述べ、天保期の朝幕関係の実態を明らかにしている（藤田覚『近世天皇論』清文堂出版、二〇一一年、二四六頁）。

（2）村和明「近世院政の組織と制度―光格上皇の「院政」を事例に―」（『論集きんせい』第二四号、二〇〇二年、以下Aと略記）。

（3）山口和夫「霊元院政について」（今谷明・高埜利彦編『中近世の宗教と国家』岩田書院、一九九八年）、同「天皇・院と公家集団―編成の進展と近世朝廷の自律化、階層制について―」（『歴史学研究』七一六、一九九八年）、同「近世史料と政治史研究―江戸時代前期の院近臣の授受文書を中心に―」（石上英一ほか編『日本の時代史三〇　歴史と素材』吉川弘文館、二〇〇四年）、同「近世の朝廷・幕府体制と天皇・院・摂家」（大津透編『王権を考える―前近代の日本の天皇と権力―』山川出版社、二〇〇六年）。以上の論考は、後に同著『近世日本政治史と朝廷』（吉川弘文館、二〇一七年）に所収。

（4）村和明「近世仙洞御所の成立過程について―霊元院御所を中心に―」（『史学雑誌』第一一七編第三号、二〇〇八年、以下Bと略記）、同「近世の四方拝について―天皇・院の「政務」をめぐる一考察―」（『近世の天皇・朝廷研究　第一号―第一回大会成果報告集―』学習院大学人文科学研究所共同研究プロジェクト「近世朝幕研究の基盤形成」、二〇〇八年、以下Cと略記）、同「近世初期の朝廷機構と江戸幕府―明正上皇付公家衆を事例に―」（『論集きんせい』第三一号、二〇〇九年、以下Dと略記）、同「十八世紀の朝廷運営と上皇―桜町上皇の時代を例に―」（『東京大学日本史学研究室紀要　別冊「近世政治史論叢」』二〇一〇年、以下Eと略記）。村A～E論文は、後に同著『近世の朝廷制度と朝幕関係』（東京大学出版会、二〇一三年）に所収。

（5）院司とは、上皇または女院につかえて院中の諸事をつかさどる職員であり、院御所などの運営に当たった。後嵯峨院政以前では、院司が所属する院庁組織は上皇の家政機関に過ぎなかったが、後嵯峨院政以降では、院伝奏・評定衆は院政における中心的な機構として機能したことが明らかにされている。橋本義彦『平安貴族社会の研究』（吉川弘文館、一九七六年）、美川圭『院政の研究』（臨川書店、一九九六年）、槇道雄『院近臣の研究』（続群書類従完成会、二〇〇一年）などを参照。

（6）村A論文。

（7）「山科忠言卿伝奏記」および「鷹司政通記」「鷹司政通記草」ともに宮内庁書陵部所蔵である。

（8）仙洞御所は「下御所」と呼称されていたが、延享四年（一七四七）二月二十八日に「桜町殿」と改称された（『史料纂集 通兄公記』第八巻、続群書類従完成会、二〇〇二年）、村B論文注(7)を参照。記主の久我通兄は、寛保元年（一七四一）から寛延三年（一七五一）まで武家伝奏を勤め、右大臣まで昇進している。

（9）村和明氏は「実久卿記」同日条に、同じく院司の名が記されていることを指摘している（村A論文）。推測であるが、院御所への参仕もしくは院司などへ補任された者へはこの日に書状とともにその補任が通達されたのではないだろうか。

（10）なお、山科忠言の日記は文化十三年を欠いており、その間に院伝奏や評定、院司などの人選などのやりとりが行われた可能性は高いのではないかと考える。今回は史料上の制約から明らかにできなかったが、今後他の史料を利用することで、検討していきたい。

（11）「山科忠言卿伝奏記 四」文化十四年二月二日条。

（12）山口前掲注(3)「霊元院政について」。

（13）「山科忠言卿伝奏記 四」文化十四年二月二十四日条。

（14）橋本実久は文化十四年五月一日に番編成に加えられている（村A論文）。

（15）「山科忠言卿伝奏記 四」文化十四年二月十四日条、同年三月一日条。

（16）村B論文、七四〜七八頁。

（17）奥野高広『皇室御経済史の研究 後篇』（中央公論社、一九四四年）五八四頁。

（18）取替金・御定高制については、奥野前掲注(17)書、佐藤雄介「十八世紀の京都所司代と朝廷―取替金を中心に―」（『論集きんせい』第二九号、二〇〇七年、後に同著『近世の朝廷財政と江戸幕府』東京大学出版会、二〇一六年所収）。

（19）奥野前掲注(17)書、五六一頁。

（20）奥野前掲注(17)書、五四四頁。

（21）村A・E論文。

（22）『史料纂集 通兄公記』第八巻（続群書類従完成会、二〇〇二年）延享四年四月二十一日条。

（23）この桜町による異例の人事は、桜町が摂家を院御所の構成員から排除しようとした意図があったものと推測できる（当時の大臣は左大臣一条道香、右大臣近衛内前、内大臣二条宗基と全員が摂家であった)。これは第一部第三章でも触れたが、桜町は摂家が当主不在あるいは幼年の当主ばかりになってしまうという事態に対し、現任公卿を召して「群議」を行うよう指示をしたり、重要な事項については現任公卿を招いて「仗議」を行うように仰せを出すなど、摂家独占状態であった朝廷運営を、摂家以外の者たちが参画できる体制を構築しようとしていた意図が読み取れる。このことからも、院執事に摂家大臣を補任しなかったことは、摂家以外の者たちへの政務参加を促す意図があったものと考えられる。

(24) 『史料纂集 通兄公記』第八巻、延享四年六月二十八日条。
(25) 村C論文にて、院の四方拝については詳細が述べられている。
(26) 『史料纂集 通兄公記』第九巻(続群書類従完成会、二〇〇三年)延享五年正月一日条。
(27) 『史料纂集 通兄公記』第九巻、寛延二年正月一日条。なお、決して御裾役が院執事の職務ということではない。『天皇皇族実録』をみればわかるように、院執事でない者が多く勤めている。
(28) 「経熙公記 五」(東京大学史料編纂所所蔵謄写本)天明七年三月二日条。
(29) 村論文A。
(30) 吉書とは「吉日良辰を選んで奏聞する儀礼文書。平安・鎌倉・室町時代、公家、武家において、改元、年始、譲位、代替など事が改まった時に奏聞した文書」である(『日本国語大辞典』参照)。
(31) 「経熙公記 五」天明七年十一月十日条。
(32) 「鷹司政通記 一」文化十四年三月二・十一日条。
(33) 少なくとも文政元年から天保十一年までの吉書御覧については院執事が上卿・奉行を勤めてはいない(村A論文参照)。
(34) 「日次案」文化十四年三月二十四日条(『光格天皇実録』第五巻、ゆまに書房、二〇〇六年、一六八五~一六八六頁)。
(35) なお、祗候衆や評定も非常時の参仕を定められていた(村A論文、三〇頁)。
(36) この通達については、院執事だけでなく、院司にも通達されていた可能性も考えられるが、改めて検討したい。
(37) 年預とは院司に置かれた役職であり、中世においては院庁を監督して事務執行を担当する責任者であった。
(38) なお、前任者の勧修寺経則は文政元年十二月九日に従四位下に叙され、文政二年八月二十一日から四位別当を勤めている

（村A論文）。

(39)　村A論文、三七頁。

(40)　なお、霊元天皇（上皇）が勅勘・院勘により廷臣を処罰したことは山口和夫氏がすでに明らかにしている（山口前掲注（3）「霊元院政について」）。

(41)　当時鷲尾隆純は正三位権中納言、高倉永雅は従二位参議、冷泉為則が正二位権中納言であった（『新訂増補国史大系　公卿補任』第五篇、吉川弘文館、一九八二年参照）。

第四章　文政期の朝幕関係

はじめに

近世の天皇・朝廷研究は、近年多くの研究蓄積を有し、大きな進展をみせている。高埜利彦氏の研究により、近世を通じた朝廷統制機構や朝幕関係の展開の枠組みが提示され、(1)その後、朝幕関係や諸機構、構成員、儀礼、学問、文化、社会と天皇権威など多岐にわたる研究成果が発表されている。(2)一方で、近世後期に目を向けると、近世前期・中期に比して、その研究蓄積は少ないのが現状である。(3)また幕末における天皇・朝廷の政治的位置浮上をより詳細に理解するためには、近世後期の実証研究を蓄積していき、先学が明らかにしてきた事例と比較・検討していく必要があることは繰り返し述べてきた通りである。そこで本章では、近世後期、特に文政期の朝廷と幕府の関係について考察を加えたい。

文政期を扱った主な先行研究として、高埜利彦氏、藤田覚氏、佐藤雄介氏の研究があげられる。

高埜氏は、朝廷の自立化志向と幕府による朝廷統制の枠組みとの関係を考察し、「第一の変容」「第二の変容」と大きく二つの変容があることを明らかにした。そのなかで、寛政期を「第二の変容」と位置づけ、尊号一件について「幕府の主導の下で将軍権力の補強のために朝廷の権威を協調させる時代の終焉を意味した」と評価し、「文化・文政期以降、内憂外患の国家危機を原因として、朝廷権威が協調の枠から逸脱し、自立の途を歩み始めた」とし、幕末に至る変容の道筋を示した。

藤田氏は、文政から天保にかけての様々な幕府政策などを発掘・分析し、当該期を「本格的危機体制の時代」と位置づける。そして当該期の朝幕関係については、「幕府側の、自身の朝廷官位を上昇させようという志向と、朝廷を統制するより融和を重視する路線」[4]と述べ、さらに徳川家斉への太政大臣昇進、世子家慶への従一位昇叙、修学院御幸、朝覲行幸、天皇号の再興など数多くの事例分析から、「幕府が、朝廷権威に依存して将軍権威の強化、荘厳化を図ろうとして、朝廷にいわばすり寄る形で「公武殊和懇」という「公武合体」状況が生まれた」[5]と述べ、幕府が朝廷側に「すり寄った」「統制より融和を重視した」関係であると評価している。

佐藤雄介氏は、「日常的なレベルにおける幕府から朝廷への財政的基盤の保障や支援を検討すること」によって、より具体的に朝幕関係の内実を明らかにしようと試み、禁裏財政の基本的な枠組みや「取替金」、定高制など、朝廷に対する幕府の具体的な財政保障の実態を明らかにしている[6]。そのなかで文政から天保期については、従来のやり方だけでは朝廷からの臨時の要望に応えることはできず、口向定高の増額要望も認めなかったものの、京都町奉行や京都代官が取り扱っていた貸付金や京都代官管理の諸渡銀などの活用、さらに天保三年（一八三二）からは、奥定高金八〇〇〇両のほかに、毎年最低銀一二貫目を必ず奥に渡すことができるようにした（財源は余銀に加え諸渡銀）ことを明らかにした。そのうえで、幕府から朝廷への財政的基盤の保障や支援を支えていたのは、京都町奉行や京都代官ら在京幕府役人であったこと、財政保障の枠組みを超える禁裏からの要望にもある程度は対応していたことから、幕府は常に禁裏があまり「不自由な」状態に置かれないよう、一定度の財政的基盤の保障や支援を適宜変更を加えつつ行っていたとした。そしてその理由を、朝廷を体制のなかで無理なく存続・機能させるためであったのではないかと推測している[7]。

また幕末維新史研究では、家近良樹氏の研究があげられる。氏は、藤田氏の光格天皇時に天皇・朝廷権威の上昇がみられたという見解に対しては首肯するが、光格と孝明の間の仁孝天皇時と、安政前期の孝明天皇時に天皇・朝廷権威の上昇につながる動きがみられたのかを疑問として提示されている(8)。

こうした先行研究をふまえ、本章では、高埜氏の「朝廷が自立の途をたどった」という見通しや、藤田氏の幕府が朝廷に「すり寄った」「統制より融和を重視した」朝幕関係という評価の再検討、および当該期の朝廷側の財政面の幕府への要望の実態を明らかにしたい。また、光格上皇・仁孝天皇と血縁関係のない関白一条忠良との関係、さらには関白鷹司政通との関係もふくめ、光格上皇・仁孝天皇と摂家の関係の把握、当該期における幕府の摂家への対応などをみていきたい。なお、当該期の朝廷および京都所司代などの人的構成については、表13・14を参照していただきたい。

一　光格上皇・仁孝天皇と摂家

最初に光格上皇および仁孝天皇と、当時摂関を勤めていた摂家との関係についてみていきたい。主にその待遇・処

備考
文化12年譲位
光格上皇の従兄弟 仁孝天皇のはとこ
在職中死去

(吉川弘文館, 1982

表13　文化末から文政期の朝廷内構成

		在職期間
天皇	仁孝	
上皇	光格	
関白	鷹司政熙	寛政7年(1795)11月16日～文化11年(1814)9月16日
	一条忠良	文化11年(1814)9月16日～文政6年(1823)3月29日
	鷹司政通	文政6年(1823)3月19日～安政3年(1856)8月8日
武家伝奏	山科忠言	文化10年(1813)9月15日～文政5年(1822)6月13日
	広橋胤定	文化14年(1814)8月12日～天保2年(1831)1月23日
	甘露寺国長	文政5年(1822)6月13日～天保7年(1836)8月27日
京都所司代	酒井讃岐守忠進	文化5年(1808)12月10日～文化12年(1815)4月15日
	大久保加賀守忠真	文化12年(1815)4月16日～文政元年(1818)8月2日
	松平和泉守乗寛	文政元年(1818)8月2日～文政5年(1822)9月3日
	内藤紀伊守信敦	文政5年(1822)9月3日～同8年(1825)4月8日
	松平周防守康任	文政8年(1825)5月15日～同9年(1926)11月23日
	水野越前守忠邦	文政9年(1826)11月23日～同11年(1828)11月22日
	松平伯耆守宗発(資始)	文政11年(1828)11月22日～天保2年(1831)5月25日
禁裏附武士	曽我豊後守助弼	文化14年(1817)2月2日～文政3年(1820)8月13日
	渡辺筑後守幸	文政元年(1818)5月19日～同5年(1822)12月1日
	森川美濃守氏昌	文政3年(1820)9月10日～同8年(1825)5月9日
	松平伊勢守定朝	文政5年(1822)12月1日～同10年(1827)8月9日
院附武士	渡辺阿波守胤	文化12年(1815)1月20日～文政2年(1819)1月11日
	小笠原豊前守直信	文化12年(1815)1月20日～文政9年(1826)1月11日
	喜多村石見守正秀	文政2年(1819)1月11日～同3年(1820)10月8日
	成瀬因幡守正育	文政3年(1820)10月24日～同10年(1827)11月24日
	永井筑前守直堯	文政9年(1826)1月30日～天保5年(1834)12月27日

※『日本史総覧 補巻Ⅱ』(新人物往来社, 1986年),『新訂増補国史大系 公卿補任 第5篇』年),『大日本近世史料 柳営補任』(東京大学出版会, 1983年)をもとに作成した.

遇面から両者の関係を考えていく。

〔史料1〕「山科忠言卿伝奏記　二」(9) 文化十一年十二月六日条

一　未半刻許退出、不帰宅直酒井讃岐守（京都所司代酒井忠進）宅行向、御内慮之趣申達訖、如左、

別紙

鷹司前関白（鷹司政熙）当職多年無恙被相勤候而、勤労茂有之候間、家例年齢早速候得共、近来一列当職被勤候人ニ而、毎度被宣下候儀、其上度々被召留、廿箇年在職格別勤労有之候故、旁此度准三宮宣下被仰出度被思召候御内慮之趣、関東江宜被申入候事、

十二月

別紙

准三宮宣下

鷹司家例

兼輔公

天文十一年正月七日六十三才

右讃岐守落手、関東江可申達之旨申答、当冬中御請有之候様可申達関白殿被命、其趣演説、讃州承諾、七日申達候旨殿下申入了、

前関白である鷹司政熙への准三宮宣下についての朝廷と幕府のやりとりである。史料にもあるように、近年では摂関経験者の大半はその後准三宮宣下を受けており、今回もその例にならってのことであった。政熙は鷹司家の「家例」と比較すると早いものの、摂関在職二〇年という勤労があることから、幕府に対して准三宮宣下を行いたいとの

「内慮」が示され、それを伝奏は所司代へ伝えている。この後、幕府から政熙への准三宮宣下を許可する旨が伝えられたことで、政熙は准三宮宣下を受けている。[10] また政熙のあとを受け関白となった一条忠良も、関白在職一〇年で准三宮宣下を受けている。[11]

表14　文化末から文政期の大臣構成および摂家当主

文化 12 年（1815）：鷹司政熙関白辞職翌年			
関白	一条忠良	42歳	1月4日左大臣辞退
左大臣	近衛基前	33歳	1月4日右大臣より転任
右大臣	徳大寺実祖	63歳	1月4日任, 2月26日辞任
右大臣	鷹司政通	27歳	2月26日権大納言より越官, 左大将
内大臣	花山院愛徳	61歳	文化11年9月28日任, 2月26日辞任
内大臣	二条斉信	28歳	2月26日任, 兼任右大将
文政 3 年（1820）：忠良の次席であった近衛基前が死去			
関白	一条忠良	47歳	
左大臣	近衛基前	38歳	4月18日辞大臣隋身兵仗など
左大臣	鷹司政通	32歳	6月1日右大臣より転任
右大臣	花山院愛徳	66歳	6月1日任, 10月15日辞
右大臣	二条斉信	33歳	10月15日内大臣より転任, 左大将
内大臣	三条公修	47歳	10月15日任, 右大将
文政 6 年（1823）：一条忠良関白辞職			
関白	一条忠良	50歳	3月19日辞関白氏長者隋身兵仗など
関白	鷹司政通	35歳	3月19日詔関白
左大臣	鷹司政通	35歳	
右大臣	二条斉信	36歳	3月21日院執事(前任は政通)
内大臣	九条尚忠	26歳	
文政 13 年（天保元年・1830）			
関白	鷹司政通	42歳	
左大臣	二条斉信	43歳	院執事
右大臣	九条尚忠	33歳	
内大臣	近衛忠熙	23歳	左大将

※『新訂増補国史大系　公卿補任　第五篇』（吉川弘文館，1982 年）をもとに作成した.

一方、今回の両名の宣下を他の例（第一部補論の表3〜7参照）と比較すると、摂関在職一〇年以上の二条光平や近衛基熙、鷹司房輔、一条兼輝らは准三宮宣下を受けておらず、一条忠良との間でその待遇に差が出ていることが指摘できる。

次に摂家に対する幕府からの経済援助（恩典）についてみていきたい。まずは鷹司政熙の事例をあげる。

〔史料2〕「山科忠言卿伝奏記 二二」文化十一年十一月四日条

一　御附（禁裏付武士）申云、前殿下（鷹司政熙）就辞職、自関東永々在職励精錬、毎々被召留、苦労御満悦被思食候、（中略）是迄被遣候五百俵・白銀五百枚、是迄之通年々御生涯之間被遣候旨申来、鷹司殿諸大夫相招、申達候旨申聞候由也、関白殿（一条忠良）江申入置候、

政熙へ対していつ頃からかは不明であるが、米五〇〇俵と白銀五〇〇枚がこれまで渡されていたが、今後は生涯渡すことが決定している。

次に一条忠良についてみてみたい。

〔史料3〕「山科忠言卿伝奏記 七」文政四年八月二十八日条

一　両人召御前、関白殿（一条忠良）御代始之後、精勤彼是被賞度、自関東心附ニも有之候歟、給物ニも可有之歟、相考取計有之候様被為有度叡慮之趣奉仰候、猶取調及言上旨申上候、

武家伝奏両人が仁孝天皇の御前に召され、仁孝天皇自身より、関白一条忠良の仁徳天皇即位後の精勤に対して、幕府から心附や給物を出してもらいたい旨が伝えられている。ここから忠良への恩典は仁孝天皇から発せられたものと考えてよいであろう。これを受け伝奏は先例を取り調べることになる。それが次の史料である。

〔史料4〕「山科忠言卿伝奏記 七」文政四年九月四日条

一　頃日蒙御沙汰候、関白被賞賜物被為有度旨、両人取調候処、近衛准后（近衛内前）御三代当職精勤ニ付、被仰遣自関東賞賜、伽羅幷羽二重三十疋有之候、且亦有栖川宮故職仁親王、御両代和歌御師範、依之、自関東心附在勤中現米百石宛被下候、右等以准拠、先内談被仰遣方可有之歟、草稿等両人参御前言上候、猶仙洞江御相談被仰進候、両人参洞可申与有仰、両人参院、御前言上候、各被聞食、草稿之通宜被思候、尤先両人内談之儀被思召旨申上有仰、再参内、参御前、院仰之旨言上候、被聞召、両人和泉守江可内談、仰有之候、

武家伝奏は先例について調べたところ、近衛准后（近衛内前）が桃園・後桜町・後桃園の三代にわたって摂関を精勤したことにより、幕府から伽羅と羽二重を賜ったこと、また有栖川宮職仁親王が後桜町・後桃園の両代の和歌御師範を務めたことにより、師範を務めている間、現米一〇〇石が宛がわれたことを発見している。伝奏はこれを准拠として所司代との内談を（天皇から）命じてもらうのがよいのではないかとし、この草稿を持参し、天皇へ言上した。天皇からはまず光格院へ相談するよう命じられる。院へ言上すると、院からは草稿の通りでよいとの返答があり、改めて参内し、仁孝へ光格院の仰せを言上し、仁孝から所司代と内談するよう命じられている。伝奏はこれを受け、四月十八日に所司代と会談し、先例が記された書面を渡し、幕府からの返答を待つことになる。

十一月に入り、ようやく幕府からの返答が届く。以下に史料をあげる。

〔史料5〕「山科忠言卿伝奏記　七」文政四年十一月二十六日条

一　辰半刻出宅、向同役宅、同伴向松平和泉守、直面会依招也、関白殿依勤功賞賜有之度旨、先達而両御所思旨及内談候処、右内談御内慮等之訳ニ不拘、関白当今御在坊之間傅勤労、且御代始御大礼無滞勤仕、毎々朝参用途繁多之旨於関東年々被聞及、以格別之儀、現米百石宛在職中年々被宛行候旨達之覚書写在二条往来、両人披見、早速可及言上、同役被答候、

幕府は関白が仁孝天皇の東宮傅を精勤し、また関白に就任してからは御代始の大礼も滞りなく勤めたことなどから、関白に在職中年に現米一〇〇石を宛がうと返答してきた。ここでは、この関白への賞賜を「両御所」、つまり禁裏と院双方が望んでいると記されていることに留意したい。

伝奏は早速参内し、この幕府からの返答を言上した。仁孝は「御感悦」と、その喜びを表現していることがわかる。また仁孝からは、明日参院し院へも言上するよう命じられる。伝奏は翌日院へも言上するが、やはり「御感悦」とその喜びを表している。

一条忠良の跡を受けた関白鷹司政通へも幕府からの経済援助があった。

〔史料6〕「鷹司政通記草　十一」[12]文政十年閏六月五日条

鷹司関白殿（鷹司政通）当職未数年無之候得共、別段勤労も有之趣被聞召、（中略）外摂家方ゟハ薄禄之儀候間、以思召、職務中別段米五百俵年々可被進との御内意、御所向御時宜心付可有之哉、御両卿へ可及御内談旨、年寄共ゟ中越候事、

政通はまだ関白を勤めて数年であるが（政通は文政六年に関白となる）、「外摂家方ゟハ薄録」、つまり他の摂家と比較して知行地が少ないことを理由に、毎年米五〇〇俵が進上されることが決まっている。[13]一方で、忠良への「心付」の際に先例として登場した近衛内前（摂関在職二四年）に対しては、こうした恩典は管見の限りみられない。

以上みてきたが、文政期における光格上皇・仁孝天皇と摂家の関係は、血縁関係にある鷹司政熙・政通父子だけでなく、血縁関係のない一条忠良へも、仁孝みずから幕府に財政援助を求めていることから、その関係は決して悪くはなかったものと考えられる。また政熙や忠良、政通への財政援助は、歴代の摂関の在職年数や功労などと比較すると、いささか手厚すぎる待遇といえるが、これはむしろ幕府が、摂関（摂家）をより厚遇するようになったと評価できる

であろう。

二　朝廷から幕府への様々な財政援助要望

本節では、文政期に朝廷から幕府に対して交渉が行われた財政援助の案件について取り上げ、それに対する幕府の対応をみていきたい。

1　文政二年御内儀御文庫新造

最初に、禁裏の文庫新造についての朝幕交渉を取り上げる。

〔史料7〕「山科忠言卿伝奏記　六」文政二年四月二十三日条

一　和泉守（京都所司代松平乗寛）申云、頃日及内談候御文庫御造立一件熟慮候、今明年関東倹約年限中ニ候得者、如何可有之哉、御不自由ニハ可被為有候得共、乍恐、是迄被為済候事ニ候ヘハ如何様とも取計、今明年之処御見合之方可然哉、夫共是非示談之事ニ候得者、以演説書可申達、左候ハヽ、以書面可及返答、（中略）両人承知候、（中略）廿四日殿下（一条忠良）江申入候、

これより少し前に所司代へ新造について内談があったようであるが、所司代は、今年と来年は幕府は倹約中であるため、新造については来年までは見合わせてもらいたいとの意見を武家伝奏へ伝えている。またそれでもどうしても願い出るのであれば、書面で申し入れをしてもらえれば、幕府側も書面で回答すると述べるなど、表向きに願い出ればこちらも正式に回答すると述べている。この点は幕府側の強気の姿勢がうかがえよう。

この内談から三年後、改めてこの新造の問題が持ち上がる。それが次の史料である。

〔史料8〕「国長卿記　三二」文政五年六月二十九日条[14]

一　一昨年御内儀被申出御内儀御文庫新造之儀、長橋被承知度追々御物増加候故、尚又更被申出之間、申立之候儀宜取計、且一昨年以来之処、両三日中可申入以大和被申出、尚相調可申入答了、即条々同役（広橋胤定）へ申入畢、

伝奏の甘露寺国長は長橋局から文庫新造について現在どうなっているのか幕府側に尋ねるよう指示を受け、同役の広橋胤定へ長橋局からの指示を伝えている。

〔史料9〕「国長卿記　三二」文政五年七月二日条

一　御内儀御文庫一箇所新造之事、一昨年被申出候之処、于今無音如何成行有之哉之事、過日同役（広橋胤定）へ申通候所、其節所司代（松平乗寛）参会、即被演候処、関東有略中故、右年限相済候後、申立可然之旨申之候間、其旨御内儀へ申入有之由同役被示、即此旨以伯耆申入、但過日更被申出之間、此節取調申之旨申入畢、

伝奏が再び所司代松平乗寛に尋ねたところ、現在幕府は倹約中であるため、その年限が過ぎた後に、改めて願い出るのがよいとの返答があった。これは先にみた文政二年（一八一九）の際と同様であり、幕府としては新規の支出を最大限抑える方針であったものと考えられる。伝奏はこの返答を御内儀へ伝えるが、御内儀からはその年限はいつまでなのか禁裏付に尋ねるよう指示を受けており、それを受け伝奏は禁裏付に年限を尋ね、未年（文政六年）までであるとの言質を得ている。[15]

禁裏付からの返答を聞いたにもかかわらず、奥からはさらに新造の許可を得られるよう、伝奏に働きかけを行って

いる。

〔史料10〕「国長卿記　三一」文政五年九月十一日条

一　御内儀御文庫新造之事、御内儀御文庫御物清御品混合被納置候処、追々御物等相増御文庫狭少ニ相成、依之、清御品別ニ被納度年来御沙汰被為有候得共、廉立候儀、且的当之御例茂無之候故、御猶予被為有候処、此度和泉守幸参府有之候ニ付、何卒新造御内儀御文庫一箇所出来候様、和泉守厚勘弁有之度、自御内儀被申出候、其許可然勘弁以御准例、宜取計有之度候事、

割書の部分では、早く新造してもらいたいが、適当な先例もなく、また幕府へ「廉立」することにもなってしまうので待っていたが、今度所司代が参府するとのことなので、その際にぜひ新造を許可してもらえるよう願っていることがわかる。ここでは、この文庫新造は先例がないこと、幕府側は基本的には倹約を理由に許可していないことに留意したい。

この後どのような交渉が行われたのか管見の限り史料がないためわからないが、鷹司政通の日記に文庫の「手始」（「手斧始」のことか）についての記載が確認でき、[16]また文庫の「御模様変図」が議奏から伝奏へ提出されるなど、[17]最終的に許可はされたようである。

2　文政六年新皇嘉門院跡女房からの薙髪願いと御入用銀申立

次に新皇嘉門院跡女房からの入用願についてみていく。新皇嘉門院とは、鷹司繁子のことで、鷹司政熙の娘である。文化十年（一八一三）に恵仁親王（後の仁孝天皇）のもとへ入内するが、文政六年四月二日に死去してしまう。死後に院号と皇后を追贈され、新皇嘉門院となる。新皇嘉門院が死去してしまったことで、その御所と女院付の女房たちの処遇が問題となったのである。

〔史料11〕「国長卿記　三三」文政六年九月二日条

一　新皇嘉門院上臈先達申立有之候四百金之事、関東返答有之、自紀伊守（京都所司代内藤信敦）申越書取、
准后（新皇嘉門院）江年中両度金弐百両充被進候処、当四月薨去ニ者候得共、御入用多、彼是御不都合ニ付、
当未年壱ヶ年分被進候様上臈ゟ相願候書付、先達而拙者参内之節被相渡候付、関東江相達候処、無御拠趣ニ
相聞候間、当年分之内、金弐百両被進候間、其段御達可申旨、年寄共ゟ申越候事、　九月
右三日関白殿（鷹司政通）入覧候、四日参本所桂殿、以右衛門督局申入、上臈承知旨被申出書取、五日被返畢、

死去した准后（新皇嘉門院）御所詰めの上臈から金子の拝領願いが出されたようであり、幕府はこれに対して、もともと准后が存命であれば進上予定であった年間金四〇〇両のうち、半金の二〇〇両を支給することを決定し、これを武家伝奏に伝えている。伝奏はこれを関白へ伝え、その後本所桂殿（新皇嘉門院御所を指す）へ赴き、右衛門督局をもって上臈へ申し入れている。またこれとは別に御入用銀一〇〇貫目についても幕府へ要求していることがわかる。それが次の史料である。

〔史料12〕「国長卿記　三三」文政六年十月二十一日条

一　新皇嘉門院御跡御入用銀上臈申立百貫目之事、関東返答書取附武士申越、其要、
去午年御物成銀江足被進銀等ニ而当年御定高江御備銀差加、凡銀高百九拾九貫目余之内、六拾五貫弐百目
余者当正月ゟ三月迄御入用之分引之、残銀之内ニ而、御凶事幷御仕仏式御遣方ニ相成候見込を以、凡残銀
三拾三貫八百目余ニ可相成、且当時御収納米有高之内、御切米御扶持方差引、残米百七拾四石余者、右引
払迄臨時御用米も可有之候得共、残米之分ハ御払之見込ニ而、凡代銀拾貫弐百目程ニ可相成候間、右残銀
江差加、凡之積ニ而、四拾四貫目余ニ相成候由取調候趣、上臈差出之書付共江戸表へ相達候処、右者此度
被申立ニ依而被進銀之儀者不被及御沙汰、併入内後御手数不被為在御余銀御貯等御手薄ニ而、御手支之段

無御余儀筋ニ相聞候間、別段之訳を以右御支払残銀之分四拾四貫目余被進候間、其段可達旨、年寄衆ゟ申来候間、得其意可被相達候、右之段内藤紀伊守申聞候付、此段申上候事、九月

右廿二日殿下（鷹司政通）申入、廿四日本所上臈申入之処、右之通ニ而者、御納戸甚御不足難渋之由、尚可被申立哉之旨被示、

幕府はこれに対して本来は「不被及御沙汰」、つまり渡す必要はないが、「無御余儀」ことであるため、残銀四四貫目余を進上すると返答している。このように本来であれば支出の必要のないものについても、朝廷からの要望があれば、幕府はある程度までは認めていたことが指摘できる。

またこれとほぼ同時並行で、新皇嘉門院付女房の薙髪願いが出されている。

〔史料13〕「鷹司政通記」文政六年四月二十三日条

一　国長卿（武家伝奏甘露寺国長）伺条々、

一　女房薙髪願書被見了、

右一紙奉書四つ折

一　上ろうふみ廿八才、きく卅三才、御乳人右衛門督四十五才、年より藤瀬卅九才、とせ二十四才、たつ三十五才

此六人髪をつみ、菩提寺つとめ申度願に御座候、

表使清田三十三才、御物書みね二十七才、三ノ間すか卅六才

此三人も髪をつみ、御菩提をつとめ申たく願ひ御座候、

上ろふ二人、御乳人御年より御扶持御切米毎々いままて通ニ願候由、伝奏衆江長はし局御沙汰、かようにても御申し下され候事、

つまり新皇嘉門院付の女房たちは、本来御所に支給される金銀のほかに、個人に宛がわれる「扶持」「切米」もこれまで同様に、幕府から支給してもらいたいと願い出ているのである。この薙髪願いに対して幕府は次のように返答している。

〔史料14〕「国長卿記　三三」文政六年十月五日条

一　新皇嘉門院女房薙髪九人、先達申達之処、両人可減之旨老中申達有之ニ付、自紀伊守（京都所司代内藤信敦）内談申越、依之、一人者可減先達申達可然処、自老中申越候儀今一応勘弁、今一人可被減過日内談有之、殿下（鷹司政通）申入置之処、今一人減少之事、種々被加勘弁候得共、皆々愁申、甚々六ヶ敷、依之、両御所へも被申上候間、今一人減少之儀難相成旨、宜加勘弁可申達、今度総自関東厚被取扱、且於紀伊守も色々厚被加勘弁候上、右被申入之事与門院御間柄、別斟酌被存候得共、無余儀子細も有之間、此旨宜可申達之旨被命、関東六ヶ敷事に□（虫損）候□□（虫損）称薙髪可被留哉に候得共、何卒右八人薙髪願之通被仰聞度被命了、

幕府は薙髪する女房たちの人数を二人減らしてもらいたいとの要望を出しており、朝廷側も一人は減らすことは認めたものの、もう一人減らすことについては難色を示している。薙髪と称して実際には髪を下ろさないという案や、「門院御間柄、別斟酌」と、新皇嘉門院が鷹司政煕の娘であることから、政煕と光格上皇、仁孝天皇とも血縁にあるとの「間柄」を持ち出すなどして、八人の薙髪を認めてもらうよう、幕府へ再度願い出ている。なぜ薙髪する人数に幕府がこだわっているのかについては、後述する。

幕府はこの朝廷側からの再度の願いを結局は認めることとなり、八人の薙髪が認められている[18]。しかし、御所詰め女房への下賜米については、次のように制限を設けている。

〔史料15〕「鷹司政通記」文政六年十月二十七日条

一　従関東本所女房薙髪輩御雇、是迄之通米可賜、自余輩御一周忌迄可賜、而有付次第返上可有云々、就長橋披露、則可申渡云々、従武伝以本所取次申渡云々、

薙髪した女房たちへの下賜米についてはこれまで通りとし、それ以外の者たちへの下賜米は新皇嘉門院の「一周忌」までとすることを伝えている。ここから、幕府が薙髪する人数にこだわっているのは、彼女たちへ、おそらく生涯にわたって、幕府が米を下賜することになるためであることがわかる。幕府としてはなるべく支出を減らしたいがために、人数を減らすよう要望していたのであろう。しかし、薙髪しない者たちへの支給については、一周忌までという時限的措置を取り、その支出抑制に努めていることに留意したい。

3　内侍増員をめぐる朝幕交渉

最後に内侍の一人増員をめぐる朝幕交渉をみていきたい。

〔史料16〕「国長卿記　三一」文政五年八月八日条

一　長橋局被及老年所労等有之、内侍御用向自然御不自由ニ相成、甚被恐入、依之、掌侍一人御雇被仰出度、先達掌侍御雇之儀彼是武家中候得共、於掌侍御雇無之事ニ成行而者、尚更如何敷、已宝暦・安永之比御雇有之間、両人（武家伝奏広橋胤定・甘露寺国長）尚勘考、宜取計以女房被申出、尚可申演答畢、九日附武士申達、

長橋局から、自身が老年となり、御用向きを行うのに不自由になったため、掌侍一人を新規に雇ってもらいたいとの願書が武家伝奏へ提出されている。宝暦・安永期に「御雇」した先例も付しており、決して新規の事案でないことを強調している。伝奏はこれを禁裏付に伝えている。

この願いに対して所司代から以下の返答が到着する。

〔史料17〕「国長卿記 三二」文政五年八月十日条

一 内侍御雇之一件書取一紙、和泉守（京都所司代松平乗寛）申達之処、老人病気人体有之とて、御雇被召出候而者、際限無之儀、尤丑年内侍一人当分御雇有之候得共、是者御譲位万端御用多、其上追日両御所（光格上皇・仁孝天皇）之内へ被召抱、御譲位後御人増ニ者不相成候て、全当分之御雇平常ニ候へとも相違、此度之見合ニ者難相成儀、尚勘弁有之候様申子細、

長橋局からの願いに対し、所司代は勤仕している長橋局がいくら老年とはいえ、そのつど新規に雇い入れていては際限がない。丑年（文化十四年を指すと考えられる）に内侍を一人当面の間雇ったのは、光格天皇の譲位の準備で多用であったためであり、その後は院御所・禁裏御所へ召し抱えられ、光格天皇の譲位後に内侍の人数が増加しているわけではないため認められたものである。今回は平常時のことでもあり、増員の願いは見合わせてもらいたいと返答している。この所司代からの返答に対し、長橋局は従来の主張を繰り返して伝奏に再度かけ合ってもらいたいと述べ、さらに「自然於被申触差支之事候ハヽ、自御所蔵賜候様取計有之度旨被申出」[19]と、内侍を雇うための米などを禁裏蔵より出しても構わないと、幕府からの新規の財政支出を求めないことまで述べている。

こうした長橋局および武家伝奏からの再度の申し入れに対し、幕府はこれまでの方針を変更し雇い入れの許可を出す。

〔史料18〕「国長卿記 三十三」文政六年七月二十七日条

一 此節内侍御無人、依之、御雇被召出之事、先例不容易之旨言上有之事故、於今度茂同様之事候得共、誠無拠御手支之事、来年新内侍重服相済出勤迄之御雇可被仰出旨、自関東申越由紀伊守（京都所司代内藤信敦）申旨書取、附武士附之、廿九日殿下（鷹司政通）入覧、如例宜取計之旨被命、以女房申入、

所司代は「不容易」事ではあるが、「誠無拠御手支」であるため、新内侍の重服が明け勤仕できるまで雇い入れを許可すると返答している[20]。つまり、あくまでも新規の増員ではなく、時限的措置であることに留意したい。

以上三つの事例をみてきたが、いずれももともとは幕府側が難色を示したり、拒否したりしていたが、結果をみると先例がないものでも、「無余儀」「無拠」と幕府側が譲歩し、朝廷側の希望が通っていることがわかる。しかし、これらの事例は毎年発生する支出ではないこと、また時限的措置が取られているものであり、幕府の恒常的な支出ではないことを強調しておきたい。

三　公家衆の財政窮乏と知行加増・役料願い

公家衆の財政窮乏はすでに先学が明らかにしているように、寛延・宝暦年間からみられ、その際に拝領金、拝借金願いが武家伝奏を通じて幕府側へ出されており[21]、近世中期から恒常的な問題となっていた。当該期においても、公家衆救済のために拝領金や拝借金は支給されている[22]。またその拝借金の延納願いも、次の史料にあるように、毎年のように出されていたようである。

〔史料19〕「国長卿記　三三」文政六年七月八日条

一　小禄人々拝借金返上・延納幷御救金拝領願書十一通、覧殿下（鷹司政通）於里亭小時返給、

幕府が拝借金を拠出しても、それを返す目途も立たず、延納願いを提出し、同時並行で拝領金願いも提出するなど、悪循環に陥っている状態にあったといえよう。

こうしたなか朝廷側から、公家衆への知行加増の願いと役料支給の願いが、当時の老中である水野忠邦へ出されている。

〔史料20〕「文政十三年堂上以下加増之件ニ付武辺返答留[23]」

文政十三正十三答

堂上方何茂小禄困窮ニ候内、取分三十石以下之衆者、別而必迫ニ而、今日之調度類茂近年追々高価ニ相成、自然取続勤之儀茂難出来、中ニ者心得違之向等有之、不絶御世話も有之候得共、元来小禄貧窮ゟ起候事故、厳敷御取計茂難相成、又者禁中ゟ無拠向江者御救等被下候得共、是以追年出方多候間、難御行届被成候、依之、兼而松平周防守江も御噂被置候通、三十石以下之堂上方江者、少々宛御加増被成下候様被成度候処、左候而者、五十石以下之衆茂何角可申出、其分江茂御取扱有之候得者、又百石以下之衆と申様ニ相成、末ニ者御大造之儀ニ付、迚茂被仰上茂難相成候付、厚被御思惟候処、禁中百官之分伝奏衆・議奏衆・評定衆等之外、役俸茂無之候間、重而少々宛ニ而宜候間、其役々定人数丈役俸被宛行候様相成候者、勤仕之分者勿論、其外迄茂自然慎触相成、禁中御取締之事ニ候、且又役俸之方者、御加増ゟ格別相減定高ニ茂有之、永代不動事故、却而関東ゟ之御世話茂少候間、右之儀御都合次第被仰進候様被成度旨、水野越前守（老中水野忠邦）当地勤役中御逢被成候節、被仰聞候付、関東江申達候処、御所向役之内ニ者、掛り役ニ而茂御手当等不被下茂多分有之哉ニ相聞候、臨時拝借御手当筋と茂違ひ、数年済来候事ニ而、新規役俸被下候義者、後来之御定ニ茂相成、不容易儀ニ付、難被及御沙汰候間、其段程触御達申上候様、年寄共ゟ申越候事、

三〇石以下の公家衆たちの窮乏について触れ、なかには「心得違」いを起こす者もあり、治安も乱れてくること、禁裏からも世話をしているが（前述の救済金や拝借金）、それでも追いつかない状況になっている。そうした状況について、水野の前任である松平周防守康任に相談したところ、三〇石未満の者へ加増をすれば、今度は五〇石未満、ついで一〇〇石未満と際限なく求められ「大造」になってしまい、とても幕府へ相談できることではないとの返答があった。そこで、禁中百官のうち、伝奏や議奏、評定らは役料を（幕府から）拝領しているが、それ以外の者たちは拝

領していない。そこで少しずつでも構わないので、その他の役に就いている者たちの人数を定め、彼らへも役料を支給してもらいたい。そうすれば、禁中の取り締まりもよくなり、また役料は変動がないため、かえって幕府の負担も軽くなるのではないかと（水野が所司代勤役中に）幕府へ相談してもらうよう願いを出した。

これに対して、水野は「御所向」役のなかには、「掛り役」（常置の役）で手当などがない者も多くいると聞くので、臨時の拝借とは違い、数年で済む話ではなく、また先例となってしまうため、容易には沙汰することは難しいと返答している。ここから、幕府は臨時的な支出については許容していたが、恒常的な支出に対しては難色を示していることがわかる。また朝廷側が、武家伝奏や議奏だけでなく、朝廷内の各役に対しても幕府より役料を支給してほしいと主張していることに留意したい。

幕府から拒否された役料支給であるが、再度朝廷から幕府に対して働きかけが行われている。次の史料は史料20の後半にあたる。少々長いが重要な箇所であるため、すべて引用したい。

〔史料21〕「文政十三年堂上以下加増之件ニ付武辺返答留」

当時百官百司之分少々宛録物被宛行度、先達而被仰入置候件々、関東江御申達有之候所、数年済来候事ニ而、新規役俸被下候義者不容易儀ニ付、御沙汰難被及旨、此程御対面之節委細被仰述候趣被成御承知、御尤之儀ニ思召候、其上推而被仰入候義者如何なから、元来右御内談被仰入候御趣意者、先達而茂被仰述候通、堂上何レ茂小禄困窮ニ而、其外地下官人家禄無之上、節会其外公事毎度無下行ニ而参勤之者多有之、一統愁歎罷在、堂上初地下官人一統小禄或ハ無禄故、困窮ニ迫り不宜之行状も有之歟ニ相聞候、兼而両御所（光格上皇・仁孝天皇）・関白殿（鷹司政通）多年不便ニ思召、御心痛被為在候御事ニ御座候、此御時節柄実ニ古今希有之御治世ニ而、文学故実ヲ被追、万事旧儀ヲ被賞候御事、古今未曽有之御治世ニ候事者、偏ニ御仁政且者諸役明断格別之御事、実ニ叡感御満足之御事ニ而、其外御孝道茂厚被感候程之御事茂被為在候御儀、其験数歳之後ニ相及、万代亀鑑ニ被成度、右件々之振合如何様共成被進候得者、御光沢数千歳之後迄相残、師範一人儀刑四海せられ候、御仁息無窮ニ残り、両御所厚キ叡慮不空相成、誠ニ以広太之御事ニ被為在候、尤新規役俸ニ而者、不容易御事ニ可在之候得共、御再興ト申御事ニ而、位田・職田之形聊宛ニ而茂被宛行度思食、御内談被為在候御趣意ニ御座候、御用脚莫太之御事ニ候者、関東御物入多御時節、御斟酌可被成候得共、格別広大之御事ニ而も無之、当時如此公武一致上下和睦格別目出度御時節ニ無之候而者、又々御時節難計候間、何卒少々宛ニ而も成被進候者、其振合ニ依、俸禄・位田・職田・禄物等之中、其道ニ相応シ候様御評議御差略可被成候間、何卒御内談之通少々ニ而も成被進候様、別段厚御勘考ひたすら頼思召候、若右之御振合者難調筋ニも御座候ハヽ、宝永二年御増地被進候御例茂御座候間、其筋之御振合、又者寛政年中御所々々江御定高之外、御賄金年々被進候御振合ニ相成候ハヽ、夫ヲ以夫々江少々ツヽ被宛行候様、何卒右等之中格別目出度御時節柄、別而厚キ御勘考有之候様願思召候、万一御評議御憐愍之御沙汰ニ茂相成候得者不被仰立、従関東被仰進候様ニ相成候得者、不一方御満足ニ可有之、於一統も誠畏入候事ト思食候、

役料支給への幕府からの反対を受けて、現在、堂上公家や地下官人が非常に困窮しており、地下官人は家禄もなく、節会などで参仕しても下行米も出ない状態であること、またそうした状況から不行状におよぶ者も出てきており、院や天皇、関白鷹司もずっと不憫に思っていることを述べ、朝廷の窮状を訴えている。また今の幕府（家斉）の治世に対して、「万事旧儀ヲ被賞候御事、古今未曽有之御治世」であるとし、大変な仁政であり、光格院・仁孝天皇ともに大変満足していることを述べる[24]。新規役料は無理であるならば、「御再興」ということで、位田・職田を少しでもよいので、宛がってもらいたい。当時は「公武一致上下和睦格別」の時であるので、「御勘考」をお願いしたいとして

いる。もしそれでも難しければ、宝永期の「御増地」の例[25]をもって、寛政期の御所への賄金などの振り合いでそれを少しずつ各々へ宛がってもらいたいと願いを出している。

この朝廷の返書からいくつか指摘しておきたい。第一に、寛政期から当該期にかけての、幕府の朝廷に対する様々な援助への感謝の表れ。またそれが光格院・仁孝天皇両御所から出されていること、あくまで治世は将軍にあり、仁政を行っているという認識を院も天皇も持っているということである。援助を引き出すための方便であるとしても、そこに幕府への反感、あるいは対抗という意識を読み取ることはできない。第二に、朝廷側の当時の朝幕関係の認識が「公武一致」であることや、これまで幕府が寛成期の内裏造営、修学院御幸、朝覲行幸といった「御再興」を持ち出し、それを理由に宛行を望んでいることである。この点は、藤田氏のいう「朝廷のねばり強さ」が表れているといえよう。一方、朝廷が朝廷内の各役に対して、幕府から役料を支給してほしいと願い出ていたことがわかり、また幕府は臨時の出費には柔軟な対応をしたが、恒常的な出費については、明確に拒否していることがわかる。

おわりに

本章で明らかになった点について最後にまとめ、文政期の朝廷と幕府の関係についての実態を述べたい。

第一に、光格上皇・仁孝天皇と一条忠良の関係についてである。忠良、政煕への准三宮宣下や、忠良に対する幕府からの財政援助などをみる限り、その関係は決して悪くなく、良好なものであった考えられる。光格はみずからの血縁に当たる政煕と朝廷運営を協調して行ってきたことはすでに指摘したが、仁孝天皇についても、血縁というつながりはないが一条忠良へは信頼を置いていたものと考える。

第二に、摂家と幕府の関係についてである。准三宮宣下や摂関への財政援助などの事例を近世中期の摂関と比較して考えると、当該期の幕府の財政状態や、財政窮乏している公家衆への対応と比較すれば、より厚遇したと評価できないだろうか。またそれは尊号一件で幕府寄りの姿勢であった鷹司家だけでなく、摂家五家（特に摂関就任者）を厚遇したといえると考えられる。

第三に、朝廷からの幕府への財政援助要請についてである。先例がないもの（御内儀文庫新造）や最初は幕府が難色を示した事案についても、最終的には許可していることを確認した。この点についてだけいえば、佐藤雄介氏が指摘したように、「幕府はつねに禁裏があまり「不自由な」状態に置かれないよう、一定度の財政的基盤の保障や支援を適宜変更を加えつつ行っていた」との評価は妥当と考える。

一方、家禄増加要求や役料支出の要請といった、いわば恒常的な（恒久的な）支出になるものについては、朝廷からの強い要望があったとしても、許可していない。右に述べた摂関への財政援助も「在職中」「生涯」など期限を区切っているものであり、また家禄が他摂家よりも少ないとの理由でも、知行地を増やすのではなく、現米支給となっている。(26) このことから、幕府は臨時的な支出、一時的な支出については、かなり柔軟に対応したが、恒常的な支出になるものについては、原則認めていないといえよう。

役料の支出についても、朝廷は武家伝奏や議奏以外の御所内で役を担っている者たちへ役料を支出してほしいと願い出ているが、(27) 幕府はこれを明確に拒否している。もし幕府が認めれば、朝廷が幕府により内包されていく、いわば丸抱えになることとなり、藤田氏の言を借りれば、朝廷の幕府への「すりより」と評価できるのではないか。(28)

光格院や仁孝天皇は、寛政期の太上天皇の尊号を求めた時のような、幕府の許可を得ずに強行するという姿勢は見受けられず、幕府に対して財政援助を期待していることが指摘できる。また、（援助を引き出すためだとしても）将軍が治者であり、仁政を行っていると文言で表明していることは重視すべき点であり、当該期の上皇・天皇に幕府への対抗や反感という動向をみることはできない。

これまで検討してきた諸事例から、文政期の朝廷と幕府の関係について、その実態について述べたい。幕府は、藤田氏が明らかにした朝覲行幸の再興、修学院御幸、あるいは今回明らかにした摂家に対する恩典、文庫新造、内侍増員など、朝廷の費用に関する財政援助については、原則認めていた。しかし、それらはあくまで臨時的な支出に対してであり、恒常的な支出になると原則認めない方針であった。こうした点からいえば、徳川家斉の太政大臣昇進、家慶への従一位昇叙など、朝廷権威を利用したことは確かであるが、朝廷にすり寄っているわけではない。佐藤氏の指摘のように一定度の財政的基盤の保障・支援は行っていたが、そこにはそれが臨時であるということ、恒常的な支出や家禄増地といった事案については明確に拒否していることなど、たんなる融和ではなく、朝廷統制を基本路線としたなかにおける融和といった方が妥当と考える。一方で朝廷は、幕府ときわめて良好な関係を改めて構築し、朝廷側が必要とする財政援助をいかにして幕府から引き出すか、この一点に注力していたと考えられる。そのためには幕府との関係は、「尊号一件」時のような悪化・対立した状況は相応しくなく、良好な状態を維持し続ける必要があったのである。幕府からの官位昇進要求などに対しては、可能な限り応じてきたのもその一環であろう。藤田氏が指摘するように、それに唯々諾々と応じていたわけではなく、財政援助という「実利」も引き出していた[29]。しかし、御所内のすべての役に幕府からの役料支給を願うといった点は、「朝廷が自立の途を歩み始めた」という高埜氏の見通しや、藤田氏の朝廷の「粘り強い」交渉や、幕府から「実利」を引き出すという朝廷の姿とは、一線を画していよう。朝廷が幕府により内包されていく状況が生み出されていくのが、文政期の朝幕関係の実態と考える。

注

（1）高埜利彦「江戸幕府の朝廷支配」（『日本史研究』三一九、一九八九年、後に同著『近世の朝廷と宗教』吉川弘文館、二〇一四年所収）。

（2）多くの研究成果があるため、ここではその列挙を省略するが、研究史整理として久保貴子「近世朝幕関係史研究の課題」（同『近世の朝廷運営』岩田書院、一九九八年、初出は一九八九年）、山口和夫「近世天皇・朝廷研究の軌跡と課題」（『講座前近代の天皇第五巻　世界史のなかの天皇』青木書店、一九九五年）、西村慎太郎「近世天皇をめぐる研究動向と課題」（『人民の歴史学』第二〇〇号、二〇一四年）、田中暁龍「近世の天皇・朝廷研究の到達点と課題」（『歴史評論』七七一、二〇一四年）。

（3）藤田覚氏は、文政から天保期の朝廷と幕府の関係に関する研究について、「きわめて乏しい現状にある」とし、幕末維新期とこの時期をつなげるためにも、基礎事実の発掘から始めて研究を深める必要があると述べている（藤田覚「天保期の朝廷と幕府―徳川家斉太政大臣昇進をめぐって―」『日本歴史』第六六六号、一九九九年、後に同著『近世天皇論』清文堂出版、二〇一一年所収、二二〇頁）。

（4）藤田覚『近世政治史と天皇』（吉川弘文館、一九九九年）四〇頁。

（5）藤田前掲注（3）書、二四六頁。

（6）佐藤雄介「十八世紀の京都所司代と朝廷―取替金を中心に―」（『論集きんせい』第二九号、二〇〇七年）、同「近世後期の朝廷財政と江戸幕府―寛政～文化期を中心に―」（『近世の天皇・朝廷研究　第一号―第一回大会成果報告集―』学習院大学人文科学研究所共同研究プロジェクト「近世朝幕研究の基盤形成」、二〇〇八年）、同「江戸幕府と朝廷財政」（『歴史評論』七七一、二〇一四年）。以上の論考は、後に同著『近世の朝廷財政と江戸幕府』（東京大学出版会、二〇一六年）所収。

（7）佐藤雄介「京都町奉行・京都代官と朝廷財政―文政～天保期を中心に―」（『史学雑誌』第一八八編第三号、二〇〇九年、後に佐藤前掲注（6）書所収）。

（8）家近良樹「幕末の摂関家支配」（『中央史学』第二九号、二〇〇六年）

（9）宮内庁書陵部所蔵。記主の山科忠言は、文化十年（一八一三）九月十五日から文政五年（一八二二）六月十三日まで武家伝奏を勤めた。

(10)「山科忠言卿伝奏記 三」文化十二年正月二十九日条。
(11)「広橋胤定公武御用日記 二」文政十一年八月二十七日条。当該史料は国立公文書館内閣文庫所蔵であり、記主である広橋胤定は、文化十四年(一八一四)八月十二日から天保二年(一八三一)正月二十三日まで武家伝奏を勤めた。
(12)宮内庁書陵部所蔵。
(13)藤田氏はこの政通への恩典が、天皇への金二〇〇〇両、上皇への銀一〇〇〇貫目毎年支給と同事に伝えられていることを指摘しており、家斉太政大臣昇進を認めた朝廷への「御礼」(経済的支援)と捉えている(藤田前掲注(3)書、二四六頁)。
(14)国立公文書館内閣文庫所蔵。文政五年(一八二二)から天保七年(一八三六)まで武家伝奏を勤めた甘露寺国長の日記。なお、「国長卿記 三三」は表紙には「文政十年」とあるが、その内容は文政六年のものである。
(15)「国長卿記 三一」文政五年七月三日条。
(16)「鷹司政通記」文政六年九月二十六日条、宮内庁書陵部所蔵。
(17)「国長卿記 三三」文政六年九月六日条。
(18)「鷹司政通記」文政六年十月二十六日条。
(19)「国長卿記 三一」文政五年八月十一日条。
(20)なお、新規に雇われたのは今城定成の娘で、今城婷子であり、満喜と称された(「禁裏取次詰所日記」文政六年十月十五日条『仁孝天皇実録』巻五所収)。
(21)高埜前掲注(1)書、六六頁。
(22)佐藤前掲注(7)論文、六九頁。
(23)宮内庁書陵部所蔵。鷹司本。
(24)位田・職田の再興については、文政九年頃から、幕府側と交渉していたことが先学で明らかにされている(藤田前掲注(3)書、二四六頁)。
(25)宝永二年(一七〇五)に幕府は朝廷に一万石を献上し、以後禁裏御料が三万石となる。
(26)天和二年(一六八二)に、一条家、鷹司家が五〇〇石ずつ加増を受けるなど、近世前期には家禄の加増もみられる(山口

和夫「朝廷と公家社会」『日本史講座六　近世社会論』東京大学出版会、二〇〇五年、後に同著『近世日本政治史と朝廷』吉川弘文館、二〇一七年所収)。

(27)　村和明氏は、公家への役料について「幕臣への役料と同様に、基本的な性格は堂上公家に将軍が宛行う知行・俸禄の補塡であり、知行・俸禄同様に、将軍が期待する機能を朝廷が十全に果たすために給付されたと思われる」と述べ、「近世の公家に対する最上の加恩は、幕末の例からみても、近世を通じて家領の加増であったと考えておくべき」としている。一方で、「公家の役料観が常に同様であったことを意味するものではない」とし、役料観の認識の変化については検討すべきものと考える(村和明『近世の朝廷制度と朝幕関係』東京大学出版会、二〇一三年、八〇頁および九五頁注(150))。

(28)　藤田氏は水野忠邦が朝覲行幸の再興、その費用の拠出の際に、「公武一体」「公武御為第一」というように、朝幕関係の安定に深く配慮し対応し、幕府財政よりも朝幕関係の安定という課題を優先したとするが(藤田前掲(4)書、二一五頁)、同じく幕府財政の問題で、水野忠邦が、史料21などで、朝廷からの要望や「再興」にあたる位田・職田を宛がうことに難色を示している事実もふくめて、天保期の朝幕関係のあり方を考える必要があろう。また朝廷側も「公武一致」など、朝幕関係の安定を強調している点もふまえる必要があると考える。

(29)　藤田前掲注(3)書、二四五頁。

終章　結論と課題

本書では近世における摂家の特質・特権と近世中後期の朝幕関係の実態ついて、摂関と院・天皇の関係を中心に、解明することを目的としてきた。最後に第一部、第二部それぞれで明らかにしてきたことについてまとめておきたい。また、残された課題についても述べる。それらをふまえ、最後に幕末・維新期への展望を示したい。

一　近世摂家の特質—相続・再興・官位叙任—

第一部では近世摂家の特質について、相続・再興・官位叙任の三つの視点からそれぞれ検討を加えた。養子相続では、血脈上のつながりがあっても、決して下位の家格である清華家からの養嗣子は摂家五家が認めなかったこと、家の再興では、摂家が増加することはなく、立家も「一代摂関」あるいは清華家での立家であったことを明らかにした。太政大臣への補任では、本来家格でいえば清華家も補任される家柄であるにもかかわらず、その願書提出自体を差し止めるなど、近世においては摂家以外の人物が補任される可能性はなかったといえる。ただし摂関・摂家も常に太政大臣に任官されたわけではなく、天皇加冠役や東宮加冠役、これまでの精勤・勤労に報いての任官であり、そこには時の院・天皇の意向が強く働いていたことを解明した。

高埜利彦氏が明らかにした摂家による大臣独占[1]、田靡久美子氏の勅問衆の摂家独占など[2]をふまえれば、摂家と他公家との家格差・待遇は圧倒的であったといえよう。それは幕府からの支持だけではなく、本書第一部第三章でみた、中御門天皇と近衛家久の事例のように、従来の先例を変更してまで家久の太政大臣任官を望んだ例や、後桜町天皇・後桃園天皇および青綺門院と近衛内前の事例のように、幕府から認められなかったものの、近衛内前の桃園・後桜町・後桃園三代への勤労から、近衛家への家領増加の願いを院・天皇の意向で出そうとするなど、時の院・天皇・女院と摂関・摂家の関係性も大きく影響していた。これは太政大臣任官の事例だけでなく、本書第二部第四章でみた鷹司政熙への准三宮宣下や白銀下賜などの恩典も同様である。院や天皇がそれだけ時の摂関を信頼していたことの証左である。こうした天皇・院との関係性がより摂家権威を盤石なものにしたといえるだろう。近世摂家の特質・特権は、幕府の強力な後ろ盾と、時の天皇・上皇・女院との関係性によったと結論づけられる。

一方、残された課題も多い。ここでは特に次の二点をあげておく。一点目は各摂家に伺候する家臣団の実態とその変化についてである。公家家臣団に関する先行研究は一定の蓄積があるものの[3]、各公家ごとの実態解明と、時期的な変化について解明していく必要があろう。摂家については中村佳史氏が幕末期の二条家家臣団について検討し、世襲家臣のほか、一代限りの者、商人などが礼金を納めて家臣の列に名前を加えられる「未勤」の家臣の存在などを明らかにしている[4]。また田中暁龍氏は、享保期の一条家家臣団の家内秩序や家臣統制のあり方について検討を加えている[5]。松田敬之氏は、幕末・維新期の一条家家臣団について分析を行い、諸大夫・侍・用人・近習らが、あくまでも自分たちは、一条家の家臣ではなく、「伺候」しているに過ぎないとの認識を有していたことや、天皇の直臣という意識を強く主張する者がいたことを明らかにしている[6]。この一条家家臣団の認識は、松澤克行氏が指摘した堂上公家らの摂家を蔑ろにする動きとも関係するのではないか[7]。松田氏も指摘しているが、こうした動きが他摂家ではどうであったのかについて、今後明らかにしていく必要がある。

二点目は、摂家の養嗣子相続の問題である。松田敬之氏がすでに明らかにしているが、明治維新直後の慶応四年（一八六八）六月、一条家当主の奈良麿が急死し、分家である醍醐家から、醍醐忠貞が養子に入っている(8)。明治維新後かつ分家筋とはいえ、これまで下位の家格であった家から養子を受け入れているのである。こうした相続に他摂家や一条家家礼たちが、当時どのような意識・認識であったのか、また他摂家はどうであったのかなど、検討する必要があろう。本書では、各摂家の家礼関係の実態やその変化については、論じることができなかった。これについても、近世中後期以降、松澤氏が明らかにした事例以外や、各摂家ごとの事例蓄積をしていかなければならないと考える。

二　近世中後期の朝幕関係と摂家・天皇・院

第二部では、近世中後期以降の摂関の特質や朝幕関係について、摂家・天皇・院の三者の関係性を中心にすえ、その実態を明らかにした。天皇が幼少もしくは女帝である場合、時の摂政は復辟後に関白となっても、実質的には「准摂政」をも兼任した状態の関白であったことを明らかにした。そしてそれは時の天皇や女院もそうした働きを関白に期待した結果であった。文化期の朝幕関係は、寛政四年（一七九二）の尊号一件で壊れてしまった関係を、双方が再構築しようとする時期であり、光格天皇と従兄弟である関白鷹司政熙の関係はきわめて良好であり、ともに協調して朝廷運営を行っていた。その後の仁孝天皇―関白一条忠良の関係も同様で、政熙や忠良に対して光格院や仁孝天皇は准三宮宣下や、朝覲行幸・修学院御幸の費用、内侍の増員といった経済援助を幕府へ望み、幕府もそれに応えた。さらに文政期に入ると朝廷は朝廷内の各役に対して幕府へ役料給付を望むなど、より朝廷が幕府へ内包されていくことを指摘した。また摂家については、光格天皇の従兄弟であり、関白在職二〇年の鷹司政熙、在職一〇年で血縁関係のない一条忠良を挟み、再び天皇と血縁関係のある政熙の子の鷹司政通が関白に就任し、三〇数年におよぶ在職を果たす。これは幕府が設定した朝廷統制機構（摂関―武家伝奏―議奏）の要である摂関が、機構としての位置づけから、属人的な位置づけへ変化したと評価したい。

朝廷統制機構が幕府の力を背景に、朝廷の上下（天皇・上皇・公家）を管理・統制してきた。しかし天保期以降、天皇・上皇（光格・仁孝・孝明）―摂関（政熙・政通）の関係が、血縁・血脈という人的な位置づけに変化したことで、天皇・上皇も朝廷統制機構として機能するようになり、公家たちの管理・統制を行うようになっていったのではないだろうか。

この点は、第一部で明らかにした近世摂家の特質・特権が、幕府の後ろ盾と時の天皇・院・女院との関係性によるとした結論と密接に関係する。近世後期（特に文化期以降）は、この関係性（血縁）が、摂関にとって朝廷運営・朝廷統制を行ううえで欠かせないものとなったと考えられる。それは特に、松澤克行氏が指摘しているように、公家の財政窮乏を始まりとする、十八世紀中期以降の摂家権威の動揺とも関係する。(9) すでに同時代から、幕府から困窮公家たちの拝借金などの援助を引き出せず、さらには摂家である九条家さえも幕府に二万両の拝借を願い出るといった、摂家の政治的無力さの露見や醜態から、摂家を軽んじる雰囲気が公家社会に生じ始める。そして公家たちが摂家を蔑ろにするようになっていった。そうした公家たちを抑えてきたのが、血縁という属人的な関係にあった仁孝天皇・孝明天皇―関白鷹司政通のラインだったのではないかと考える。

本書では、鷹司家以外の摂家と仁孝天皇・孝明天皇の関係性がどうであったのかについては、検討することができなかった。特に天保期以降、鷹司政通の関白への長期在職という事態により、他摂家が摂関になることができない状況が生じてくる。本書第二部第二章で鷹司政熙が摂家による摂関巡任について触れているように、この巡任が崩れたことで、他摂家の鷹司家への反発などが生まれてくるのは必然と考える。天皇―摂関・摂家の関係だけでなく、摂関家同士の関係性についても、その変化を解明していかなければならない。この点を今後の課題としたい。

三　幕末・維新期への展望

最後に先学をふまえつつ、幕末・維新期の朝幕関係について展望し、結びとしたい。

幕末期の朝廷の「政治化」が如実に現れたのは、安政五年（一八五八）の条約勅許問題が始点であり、それが画期となるという見方は、大方の同意を得ているものと考える。私もこの条約勅許問題により、孝明天皇と太閤鷹司政通が対立し両者の関係が壊れたことで、摂関・摂家が堂上公家を制御できなくなり、最終的には、幕府がつくり上げた朝廷統制機構が瓦解していったという見通しを持っている。本書ではそこまで具体的に論じることはできなかったものの、文化・文政期を境として、朝廷統制機構が制度的なものから属人的なものへ変化したことをふまえれば、属人的な関係（孝明天皇―太閤鷹司政通）の対立をきっかけに、朝廷統制機構も瓦解していったと見通すことが可能ではないだろうか。

しかし、それに至る過程については様々な見方がある。藤田覚氏は孝明天皇が通商条約反対を貫くことができた理由を、祖父である光格天皇の君主意識に見出している(10)。井上勝生氏は、孝明天皇と鷹司家の政争を、光格天皇期の尊号一件に由来するとした(11)。しかし、本書第二部第二章などでみたように、尊号一件をその起点とする見方は妥当ではなく、朝幕関係は文政期も幕府統制下の協調体制にあったのである。一方、家近良樹氏は、井上氏・藤田氏の見方に疑問を呈し、光格天皇の息子である仁孝天皇時と、安政前期の孝明天皇時に天皇・朝廷権威の上昇につながる動きがみられたのかどうか検討する必要があるとした[12]。私も家近氏があげられた時期について、詳細な検討が必要と考える[13]。

また佐藤雄介氏は、嘉永期の朝幕関係の特徴を、徳川家基への追贈問題を事例に分析している。徳川家基とは一〇代将軍徳川家治の嫡男で、明和三年（一七六六）に元服し正式に将軍世嗣となったが、安永八年（一七七九）に急死してしまう。嘉永元年（一八四八）三月、幕府はこの家基に正一位太政大臣を追贈したい旨を朝廷へ要望したが、朝廷は将軍嫡子への正一位太政大臣追贈の先例がないため、問題となっていた。結果的には関白鷹司政通が先例をみつけ追贈がなされた。幕府はこの徳川家基への追贈問題によって、鷹司政通の朝廷内における影響力・政治力をより一層認識した。その一方で朝廷側は、この家基追贈が新規の要望であり、幕府の姿勢に対して非常に強引さ感じていたことを指摘した。また、この強引な追贈へ要求に対する許可の見返りとして、朝廷側は普請費用などを要望したが、なかなか受け入れられなかった。これを佐藤氏は、「朝廷の要望に対する幕府の対応の遅れ・関心の薄さ」と表現している。その理由として、幕府側に朝廷の要望を十分に応えるだけの財政的な余裕がなかったこと、朝廷の要望より優先して行うべき政策課題（江戸城本丸再建や窮民の救済、海防問題など）が多数存在したことをあげている[14]。特に佐藤氏が事例としてあげた、即位礼の道具掛への賜物については、文化期には認められていたにもかかわらず、嘉永期には認められていない。佐藤氏は「幕府の対応の遅れ・関心の薄さ」と幕府側の対応を評価するが、私は、本書第二部第四章で明らかにしたように、幕府は朝廷へ「臨時的な支出、一時的な支出については、かなり柔軟に対応したが、恒常的な支出になるものについては、原則認めていない」方針であったものが、嘉永期になると、幕府はその方針よりさらに一歩進めて、一時的な支出などへの柔軟な対応すら難色を示すようになり、文化・文政期より厳しい態度で朝廷に臨むことができるようになったと展望している。ただし、この展望をより明確にしていくには、さらなる実証的蓄積が必要であり、今後の課題としたい。

また幕末・維新期との関係でいえば、近世天皇・朝廷の終焉・終着点がどこなのかという問題も存在する。山口和夫氏は慶応三年（一八六七）の王政復古が、「幕府とともに近世の朝廷機構と公家社会とを遍く否定・解体するものであった」と述べ[15]、近世朝廷の終着点を王政復古とみる。一方で箱石大氏は、「朝幕関係という枠組みを設定すれば、王政復古により幕府が廃止された時点を近世の終着点とする理解」や「摂家による統制という側面を重視する立場からすれば、やはり王政復古によって摂関が廃止された時点で近世的な朝廷・公家社会が否定・解体されたとする理解」も妥当性があるとしながらも、「一朝にして近世的な天皇・朝廷のあり方が完全に消滅する訳」ではなく、「王政復古によって、何が解体され、何が存続し、何が変容を余儀なくされ、そして何が新たに創出されたのかという点を解明することで、逆に近世的なものとは何であったのかということを考える手がかりになるのでは」という、重要な論点を提起している[16]。筆者の立場では、特に本書第一部で述べてきた、近世摂家の特質がこの論点に大きく関係していると考える。摂家だけが就くことのできる摂関は廃止されたとしても、家の相続や他公家との家礼関係といった、摂家が有していた他の特質や特権がどのように変容していったのかについて、今後解明していければと考えている。

注

（1）高埜利彦「禁中並公家諸法度」についての一考察—公家の家格をめぐって—」（『学習院大学史料館紀要』五、一九八九年、後に同著『近世の朝廷と宗教』吉川弘文館、二〇一四年所収）。

（2）田靡久美子「近世勅問衆と朝廷政務機構について」（『古文書研究』五六、二〇〇二年）。

（3）箱石大「近世堂上家家臣団の編成形態について—清華家・広幡家の家臣を事例として—」（『徳川林政史研究所研究紀要』二七号、一九九三年）、藤實公美子「近世後期西園寺家の家臣—諸大夫を中心に—」（『学習院大学史料館紀要』一〇、一九九九年）、松田敬之「近世期　宮方・摂関方殿上人に関する考察—「若江家所蔵文書」を中心に—」（『大倉山論集』第四九輯、二〇〇三年）など。

(4) 中村佳史「摂家の家司たち」(高埜利彦編『身分的周縁と近世社会8 朝廷をとりまく人びと』吉川弘文館、二〇〇七年)。
(5) 田中暁龍「近世摂家の家臣統制と家内秩序」(『東京大学史料編纂所紀要』第二七号、二〇一七年)。
(6) 松田敬之「幕末・維新期における摂家一条家家臣団の動向と朝臣意識」(東京大学史料編纂所研究成果報告二〇一三―五『近世の摂家・武家伝奏日記の蒐集・統合化と史料学的研究 平成二十二〜二十五年度科学研究費補助金基盤研究(B)』研究代表者・松澤克行、二〇一四年)。
(7) 松澤克行「近世の公家社会」(大津透・桜井英治・藤井譲治・吉田裕・李成市編『岩波講座日本歴史 第一二巻近世3』岩波書店、二〇一四年)。
(8) 松田敬之『次男坊たちの江戸時代』(吉川弘文館、二〇〇八年)。
(9) 松澤前掲注(7)論文。
(10) 藤田覚『幕末の天皇』(講談社選書メチエ、一九九四年、後に講談社学術文庫、二〇一三年)。
(11) 井上勝生「幕末政治史のなかの天皇」(『講座前近代の天皇巻二 天皇権力の構造と展開その2』青木書店、一九九三年、後に同著『幕末維新政治史の研究』塙書房、一九九四年所収)。
(12) 家近良樹「幕末の摂関家支配」(『中央史学』第二九号、二〇〇六年)。
(13) 田中暁龍氏は、「近世朝廷制度の基本的理解のあり方と幕末維新期のそれとを共有し、近世の朝廷制度のあり方について、幕末維新期と接続しながら、その変容をどうとらえていくかという課題があると思われる」と述べ、幕末期に出現する制度や枠組みが、近世朝廷の基本的理解とどう異なるのかを抑えたうえで、検討する必要があるとする(田中暁龍「近世の天皇・朝廷研究の到達点と課題」『歴史評論』七七一、二〇一四年)。きわめて妥当な見解であろう。
(14) 佐藤雄介「嘉永期の朝幕関係」(藤田覚編『幕藩制国家の政治構造』吉川弘文館、二〇一六年)。
(15) 山口和夫「近世の朝廷・幕府体制と天皇・院・摂家」(大津透編『王権を考える―前近代日本の天皇と権力―』山川出版社、二〇〇六年、後に同著『近世日本政治史と朝廷』吉川弘文館、二〇一七年所収)。
(16) 箱石大「コメント」(『近世の天皇・朝廷研究 第六号―第六回大会成果報告集―』科学研究補助金基盤研究(C)「近世天皇・朝廷研究の基盤形成」、二〇一三年)。

初出一覧

序章　新稿

第一部　近世摂家の特質─相続・再興・官位叙任─

第一章「近世摂家相続の原則と朝幕関係─寛保三年（一七四三）九条家・鷹司家養子相続を事例に─」（『日本歴史』第七二一号、日本歴史学会編、吉川弘文館、二〇〇八年）をもとに加筆・修正した。

補論　新稿

第二章「「摂家」松殿家の再興─寛永・明和期の事例から─」（『人文』第六号、学習院大学人文科学研究所、二〇〇七年）をもとに大幅に加筆・修正し、論旨についても一部変更した。

第三章「近世朝廷における太政大臣補任の契機とその意義」（『近世の天皇・朝廷研究　第二号─第二回大会成果報告集─』学習院人文科学研究所共同研究プロジェクト「近世朝幕研究の基盤形成」、二〇〇九年）をもとに一部修正した。

第二部　近世中後期の朝幕関係と摂家・天皇・院

第一章「近世中期における摂政・関白と天皇「政務」─「復辟」を事例に─」（『歴史科学と教育』第二七号、歴史科学と教育研究会、二〇〇九年）をもとに一部修正した。

第二章　「文化期の朝廷と幕府」（『日本史研究』五九〇号、日本史研究会、二〇一一年）をもとに一部修正した。

第三章　新稿

補論　新稿

第四章　「近世後期の関白と天皇・院―文政期を中心に―」（『近世の天皇・朝廷研究　第六号―第六回大会成果報告集―』科学研究補助金基盤研究（C）「近世天皇・朝廷研究の基盤形成」、二〇一五年）を改題した。

終章　新稿

あとがき

本書は二〇一二年九月に学習院大学に提出した、学位申請論文『近世摂家の特質と朝幕関係』をもとにしている。審査を担当してくださったのは、高埜利彦先生（主査）、家永遵嗣先生、山口和夫先生であり、二〇一三年三月に学位を授与された。なお、刊行にあたって、学習院大学人文科学研究科博士論文刊行助成金の支給を受けたことも、あわせて記しておく。

私が近世の天皇・朝廷、朝幕関係を研究しようと考え始めたのがいつ頃だったのか、実のところ、ほとんど記憶がない。大学三年生の最後のゼミ報告の時、卒業論文へ向けてどのようなテーマで進めていくのかということを報告する機会があったと思う。その時、書評したのが藤田覚さんの『近世政治史と天皇』序章「近世後期政治史と朝幕関係」および第一章「寛政期の朝廷と幕府」であった。さらにその後、高埜利彦先生の「江戸幕府の朝廷支配」（『日本史研究』三一九号、一九八九年）と「後期幕藩制と天皇」（『講座前近代の天皇2　天皇権力の構造と展開その2』青木書店、一九九三年）も書評し、朝幕関係に大きな動きがみられる天明・寛政期（尊号一件）、朝廷内部に弛緩がみられるようになる宝暦期（さらには宝暦事件）といった先学に接した。そのなかできわめて漠然とではあるが、そうした動きはそれ以前から生じ始めているのではないか、その微妙な変化を捉えることはできないのか、といったことを考えていたと思う。

しかしどうそれを明らかにしていけるのか悩んでいた時、房総史料調査会で初めてお目にかかり、当時学習院大学大学院人文科学研究科博士後期課程に在籍されていた西村慎太郎さんから、『広橋兼胤公武御用日記』を紹介された。当時六巻まで刊行されており、社会科専攻の図書室でひたすら読解し、論点になりそうな事項をノートにメモし続けていた。そのなかから一条道香が摂政から関白に復辟する事例をみつけ、宝暦前期の朝廷運営という視点からどうにか卒業論文をまとめることができた。本書第二部第一章のもとになった論文である。当時（今もだが）西村さんにはいろいろな事柄を質問し、ご教示をいただいた。

翻って、私がなぜ歴史学、日本近世史を学んでいこうと思ったのか。大学入学時の記憶を辿りながら、書き連ねてみたい。

千葉大学へ入学した際、法律学や政治学、また歴史学と、高等学校までのいわゆる「社会科」に該当する学問全般を学びたいと考えていた。そのため、それらをほぼすべてカバーしている教育学部の社会科専攻への進学を決めた。大学一年の時に通期で四単位必修の科目として、水曜日五限に設けられていたのが「日本史概論」という講義形式の授業であった。この講義との出会いが、私が歴史学、特に日本近世史を学びたいと思った原点だと思う。講義は豊臣政権期から始まったように覚えているが、その内容は、私にとってはまさに驚きの連続であった。近世の軍隊と戦国時代の軍隊の違い、いわゆる「鎖国令」（第一次から第五次）について、大政委任論、巨大城下町江戸の日用層や表店と裏店、大店三井の経営や家守の存在、日本橋魚市場の特質、海付村落と海石高など、自分がまったく知らないことばかりで、配布される資料をみつつ、懸命にノートをとっていた。この講義を担当していたのが、一九九八年四月に着任したばかりの後藤雅知先生であった。

大学二年生から日本史ゼミを受講した。当時、ゼミでは割元名主の御用留を輪読しており、担当となった箇所の目録、読み下し文、現代語訳を行い、そこから疑問点・論点を抽出し、報告するという形式であった。右も左もわからなった私は、当時修士課程に在籍されており、後に千葉市史編纂でもご指導いただくことになる遠藤（大関）真由美さんに、いろいろとご面倒をおかけした。後藤先生には、このゼミや、昼休みに行われるくずし字読解の授業、さらには定期的に開催していた読書会を通じて、参考文献の探し方や用語や人物などを調べるためのツールといった基本的な事柄から、史料の読み方、そこからなにがわかり、どう展開できるのかといった、史料をしっかり読み込み分析することの大切さ、歴史学を勉強していくうえでの基本中の基本を教えていただいた。先生から受けた学恩は、ここにはとても記しきれない。

また西洋史の田村孝先生にも、大変お世話になった。特に修士論文執筆時、私は病気治療中で、退院し投薬治療の真っ最中であった。挫けそうになったりした時、先生の研究室を訪ねると、先生はご多忙にもかかわらず、いつも笑顔で出迎えてくれて、先生のご専門の古代ローマの遺跡の話や、歴史学全般の話、あるいは日常の他愛ない話などをしてくださり、私を和ませ、また奮い立たせてくれた。先生とのあの時間がなければ、あの時期を乗り越えることはできなかったといっても過言ではない。

学習院大学大学院で一年研究生として通学し、その後博士後期課程に進学した。指導教授である高埜利彦先生には、研究生としてゼミを受講していた時から、本書の上梓にいたるまで、そして今現在も、多大な学恩を受けた。先生からは日本近世史全般や歴史学の意義、歴史研究とはなにか、そうしたことを様々な場で学ばせていただいた。また朝幕研究会の運営や、酒席の場での処し方など、ゼミ報告の場以外でも大いに学ばせていただいた。不出来な学生であった私は先生に多く迷惑をおかけしたと思うが、それを見捨てずに、時には厳しく諭してくださり、そして根気強く、面倒をみ続けていただけたことは、感謝してもしきれない。

また研究生・大学院時代には、先輩である小松賢司さん、西村慎太郎さん、現在の職場の上司でもある小宮山敏和さんには、様々な場でご助言やアドバイスをいただいた。そして今なおお世話になっている。房総史料調査会では、原史料と直に接することができ、またそれをどのように調査・保存していくのか、史料保存の重要性を学ぶことができた。

修士課程入学当初に始まった門跡研究会（女院御所研究会・公家日記研究会）では、ともに学び合った村和明さん、佐藤雄介さん、田中潤さん、長澤慎二さん、千葉拓真さんらと、学問の話からくだらない話まで、会話が尽きず非常に楽しかった。今でもその時の経験は私の貴重な財産である。朝幕研究会では、近世の天皇・朝廷を研究するための基盤づくりに参加させていただき、また研究報告もさせていただいた。この分野の研究を切り開いてこられた方々との交流、そして報告でご意見を頂戴できることは、とても緊張感があり多くのことを学ぶ重要な機会となった。

本書の刊行にあたっては、元になった博士論文を審査していただいた先生方に感謝申し上げたい。また、書籍製作では吉川弘文館の斎藤信子さん、大熊啓太さんにお世話になった。なお、索引作成や校正作業では、後輩の林大樹さんや寺島宏貴さんのご協力を得た。多大な負担を強いてしまい、お二人には本当に御礼の言葉しかない。

最後に、こうした研究活動ができたのは、ひとえに両親を始めとした家族の支えや理解があったからこそである。心からお礼を述べたい。

二〇一七年十二月

長坂良宏

著者略歴
一九八〇年　群馬県に生まれる
二〇〇四年　千葉大学大学院教育学研究科社会科教育専攻修了
二〇一二年　学習院大学大学院人文科学研究科史学専攻博士後期課程修了・博士（史学）
現在、国立公文書館公文書専門官

〔主要論文〕
「近世中期における御殿造営―緋宮御殿造作を中心に―」（詫間直樹編『京都御所造営録　造内裏御指図御用記（五）』中央公論美術出版、二〇一五年）

近世の摂家と朝幕関係

二〇一八年（平成三十）二月二十日　第一刷発行

著者　長《なが》坂《さか》良《よし》宏《ひろ》

発行者　吉川道郎

発行所　株式会社　吉川弘文館
郵便番号一一三―〇〇三三
東京都文京区本郷七丁目二番八号
電話〇三―三八一三―九一五一〈代〉
振替口座〇〇一〇〇―五―二四四番
http://www.yoshikawa-k.co.jp/

印刷＝株式会社 理想社
製本＝株式会社 ブックアート
装幀＝山崎 登

ISBN978-4-642-03485-2

索　　引

I 事　　項

あ 行

か 行

さ 行

た 行

な　行

は　行

や　行

ら　行

II　人名・家名

あ　行

か 行

さ 行

た 行

な 行

は 行

ま 行

や 行

ら 行

わ 行

Ⅲ 史料名

あ 行

か 行

さ 行

た 行